메타버스 유토피아

메타버스 유토피아
누구나 돈을 버는 디지털 세계의 탄생

STEP INTO
METAVERSE

마크 반 리메남 지음

김혜린·이주현 옮김

21세기북스

스스로 소유하고 통제하는 메타버스를 위해

제이미 버크
아웃라이어 벤처스의 창업자이자 CEO

《스노 크래시Snow Crash》(1992년에 출판된 미국 작가 닐 스티븐슨의 공상과학 소설-옮긴이)와 《레디 플레이어 원Ready Player One》(어니스트 클라인의 SF 소설로, 영화로도 제작되었다-옮긴이) 같은 공상과학 이야기 속의 메타버스는 오락거리 및 가치 추출이라는 면에서 무한한 잠재력을 가진 가상세계로 묘사된다. 두 소설에서는 중앙화된 플랫폼 기업이 메타버스에 입장하는 사람은 물론이고 그 세계 안의 데이터와 디지털 자산을 포함한 모든 것을 통제한다. 우리가 현실에서 이미 중앙집중식의 폐쇄적이고 독점적인 착취형 인터넷을 구축했다는 점을 고려하면, 책 속의 모습은 실제 세계에서도 이루어질 수 있는 반反이상향의 미래라고 할 수 있다. 현재 웹은 사용자 중심이 아닌 주주 이익 지상주의로 돌아가고 있으며, 우리는 이러한 플랫폼을 '무료'로 이용하는 데 너무나 익숙해 있다.

하지만 소위 무료 서비스에는 단점이 있다. 개인정보 보호를 약화하고 우리 각자의 데이터 및 신원에 대한 통제권을 빼앗아가는 것이다. 그런 이유로 나는 2014년 벤처투자사인 아웃라이어 벤처스Outlier Ventures를 설립했다. 기존의 공상과학 소설 속 가상세계와는 다른 이야기가 필요했기 때문이다. 블록체인, 암호화폐, 인공지능 및 혼합 현실 등의 기술 집약을 통해 최종 사용자가 디지털 삶을 되찾는 그런 이야기가 필요했다. 여러 해 동안 우리는 웹 3.0 기술이자 웹 3.0 혁신의 핵심이 되는 세 가지 계층인 인프라, 미들웨어(여러 프로그램을 함께 운용하는 소프트웨어), 애플리케이션을 구축하는 여러 회사에 투자했다. 웹 3.0 기술을 이용하면 사용자 및 신원 중심의 탈중앙적이고 비허가적인 개방형 디지털 경제가 활성화되고 데이터 이동성이 높아진다. 그러면 더 공평하고 포용적인 인터넷을 만들 수 있을 것이다. 특히 메타버스, 즉 차세대 인터넷이 시작되는 이 시점에서 웹 3.0 기술은 탈중앙화를 향한 패러다임 전환을 받아들이는 데 반드시 필요하다.

웹 2.0과 소셜 웹으로 대규모 데이터를 수집할 수 있었다면, 몰입형 디지털 환경에서는 과연 어떤 일이 생길까? 데이터를 모으고 분석할 수 있는 기회가 기하급수적으로 증가함에 따라 전례 없는 수준의 기업 혹은 국가 감시가 가능해질 것이다. 그렇기에 우리는 선별된 기술 엘리트 집단이 아닌 사용자 스스로 소유하고 통제할 수 있는 개방형 메타버스가 필요하다.

처음 이 책에 관해 들었을 때 나는 오픈 메타버스의 청사진을 만들고자 하는 마크 반 리메남의 비전에 감탄했다. 메타버스로 시작될 완전히 새로운 경제에서는 물리적 세계와 디지털 세계, 혹은 가상의 삶과 물리적 삶 사이의 경계가 흐려질 것이다. 경제적 관점으로 메타버스를 생각하면 중대한 의문이 생긴다. 과연 그 경제가 얼마나 포용적일까, 그리고 그런 디지털 세계에 뛰어들 수 있는 이는 누구이며, 포기하는 이는 누구일까? 반 리메남은 디지털 자산의 상호운용성과 자기 주권 신원, 그리고 암호화폐가 필수적인 역할을 담당하게 될 개방형 메타버스 경제를 어떻게 하면 공고히 할 수 있을지에 관해 뛰어난 주장을 펼치고 있다.

웹 3.0은 오픈 메타버스를 위한 필수적인 기술로, 아웃라이어 벤처스가 지원하는 회사들은 모두 여기에 기여하고 있다. 오픈 메타버스 속에서 마침내 사람들은 인류 역사상 처음 나타나는 보편적이고 비허가적인 경제에 기여하며 거기에서 이득을 창출할 수 있을 것이다. 이 책은 마법 같은 디지털 경험을 가져다줄 몰입형 인터넷 구축 방법을 간단명료하게 설명하고 있다. 몰입형 인터넷이야말로 완전 개방형 경제 체제를 설립하면서, 디지털 자산의 상호운용을 이루어내고, 가치 추출형 사회를 가치 생산형 사회로 변화시킬 수 있기 때문이다.

메타버스, 유토피아 혹은 디스토피아

이시한

성신여자대학교 겸임교수

메타버스는 미래다. 그것도 매우 확정된 미래다. 예정된 미래를 향해 나아가는 우리 발걸음의 속도에 차이는 있을지 몰라도 그 방향은 이미 결정되어 있다. 하지만 메타버스라는 윤곽만 분명할 뿐, 그 미래의 색채가 어떨지는 아직 모른다. 메타버스에 대한 논의를 바른 방향으로 이끈다면, 미래의 메타버스는 디스토피아가 아닌 유토피아가 될 수 있다는 것이 이 책의 저자 마크 반 리메남의 이야기다.

이 책은 지금까지 논의되었던 메타버스와 관련된 모든 주제와 논쟁에 대한 집대성이라고 할 수 있다. 메타버스의 시작부터 전개, 현황과 전망, 확장과 문제점까지 한달음에 다루고 있다. 도대체 메타버스가 어디까지 와 있는 것이며 어디로 가고 있는지 궁금하다면 바로 이 책에 그 답이 있다. 지금까지 메타버스의 발전에 대한 연감이자, 앞으로 발전 방향에 대한 가이드가 바로 이 책이기 때문이다.

이 책은 메타버스뿐 아니라 NFT, 창작자 경제 등 관련된 모든 것을 친절하게, 논리적으로, 그리고 때로는 다양한 사례를 섞어가며 재미있게 설명해주고 있다. 그렇게 책을 읽다 보면 우리가 도달하는 여정의 끝에는 바람직한 메타버스로서의 탈중앙화된 개방형 메타버스가 놓여 있음을 발견하게 된다.

하지만 이런 메타버스는 주어진 것이 아니라 같이 만들어가야 하는 것이다. 메타버스의 미래에 대해 궁금한 이들은 물론이고, 메타버스에 대한 우려 혹은 기대를 가진 사람이라면 반드시 이 책을 보기를 바란다. 어차피 올 미래라면 그 미래를 바람직한 것으로 만들어 갈 책임이 지금의 우리에게 있기 때문이다.

머리말

2021년 10월 28일, 페이스북을 소셜 네트워크에서 인터넷의 미래인 메타버스로 전환하겠다는 마크 저커버그의 발표와 함께 디지털 세계가 멈춰버렸다. 동시에 저커버그는 차세대 인터넷을 표방하며 페이스북이라는 이름을 '메타Meta'로 바꾸었다. "우리에게는 사용자가 만들어나가는 개방적이며 상호운용 가능한 메타버스가 필요하다"라는 그의 말은 옳지만, 그것을 믿는 사람은 소수에 불과하다.* 사실 포레스터 리서치Forrester Research에서 진행한 설문조사의 응답자 700명 가운데 75퍼센트는 저커버그가 만드는 메타버스를 신뢰하지 않는다고 답했으며,¹ 〈월스트리트저널〉에서 1,058명의 미국 인터넷 사용자를 인터뷰한 결과, 72퍼센트가 페이스북을

---

* 상호 운용성은 매우 중요한 부분이라서 더 자세히 다룰 예정이다. 이는 기본적으로 데이터와 디지털 자산을 여러 플랫폼 사이에서 자유롭게 옮길 수 있음을 의미하며, 현재는 불가능하다.

거의 또는 전혀 신뢰하지 않는다고 대답했다. 이런 결과는 내가 진행했던 링크드인LinkedIn의 설문조사 결과와도 일치하는데, 469명 중 78퍼센트가 저커버그의 차세대 인터넷을 믿지 않는다고 응답했다.[2] 그가 얼마나 성공할지는 시간이 지나야 알 수 있겠지만, 만약 한 사람이 소유하고 통제하는 세상 또는 창작자가 소유하고 통제하는 세상, 둘 중에서 하나를 골라야 할 경우에 사용자와 콘텐츠 창작자들이 어떤 세상을 선택할지는 쉽게 알 수 있다.

지난 몇 달 동안 나는 메타버스에 빠져 시간이 가는 줄 모르고 있었다. 책을 위한 자료 조사차 메타버스 구축에 관여하는 100여 명의 창작자 및 제작자와 이야기를 나눴으며, 또 다른 관련자 133명은 메타버스에 관한 긴 설문조사에 참여해주었다. 그들 모두가 새로운 인터넷의 개척자로서 개방적이고 탈중앙적이며 포용적이고 상호운용 가능한 메타버스를 만들어나가고 있다.

우리를 얽매는 것이라고는 스스로의 창의력뿐인 이 마법 같은 세상을 알아가며, 여러분도 나와 같은 즐거움을 누릴 수 있기를 기대한다. 이 책을 통해 메타버스가 앞으로 무엇이 될지 나의 비전을 공유하고, 또 메타버스가 우리의 정체성과 놀이 방법, 사교 방법, 쇼핑 방법, 그리고 일하는 방식을 어떻게 바꾸어놓을지 살펴볼 것이다. 그렇지만 조심하자. 우리 앞에 숨어 있는 위험을 피해야 웹 2.0 또는 소셜 인터넷 당시에 저질렀던 실수를 반복하지 않을 수 있다.

이 책에 있는 각각의 장은 그 하나만으로도 한 권의 책이 될 수 있을 정도이다. 그만큼 메타버스에 관해서는 할 이야기가 많고,

세계는 끊임없이 변화하고 있다. 그러나 가능한 한 많은 내용을 간략하게 담아내려고 노력했다.

차례

프롤로그
메타버스, 새로운 기회와 마법이 시작되는 공간

2020년 11월 13일과 14일, 미국의 래퍼이자 가수 겸 작곡가이며 본명은 몬테로 라마 힐이라고 알려진 릴 나스 X가 로블록스_{Roblox}의 가상 무대에 나타났다. 로블록스는 어린이들이 열광하는 글로벌 게임 플랫폼이다. 로블록스에서 주최한 첫 번째 콘서트는 놀랍게도 3,300만 명의 관객들이 참여했고, 사람들은 가상 세계 속에서 독특한 공연을 즐겼다.' 그리고 개척자라고 불리는 릴 나스 X의 경우, 팬데믹으로 물리적인 공연이 불가능한 시기에 가상 콘서트로 수백만 명의 팬들과 연결되는 독특한 경험을 했다. 대면 콘서트에는 공연장 수용 인원 등 여러 가지 물리적 제약이 있지만, 가상 공연에서는 팬들을 기쁘게 하고 마법 같은 경험을 전하기 위해 무엇이든 할 수 있다. 릴 나스 X는 콘서트 기간 동안 새로운 싱글 앨범 '홀리데이'를 발표했고, 이 가상 콘서트는 모든 면에서 성공적이었다고 말할 만했다. 로블록스와 릴 나스 X 모두 언론의 주목을 받았다. 로블록스는 새로운 엔터테인먼트 구성 방식을 론칭하여 디지털 의상, 액세서리, 아바타 스킨 등 사용자가 게임 내 화폐인 로벅스Robux로 구매할 수 있는 상품을 판매하고 약 1,000만 달러를 창출했기 때문이다.[2]

릴 나스 X는 요란한 디지털 트윈으로 나타나더니 서부 세계부터 눈 쌓인 겨울 나라까지 총 네 가지 테마의 세계로 사용자들을 안내했다. 로블록스 사용자들은 독특한 경험을 좋게 평가했다. 다만 친구들과 함께 공연을 보고 싶어 했던 일부 어린이들의 바람은 이루어지지 못했다, 현대 하드웨어의 제약 때문에 3,300만 명의 관객을 하나의 서버에 모으는 것이 불가능했기 때문이다. 플레이어 주변에서 실시간 공연을 관람하는 관객들은 약 50명 정도였으니 허전한 느낌은 어쩔 수 없다. 이렇듯 새로운 경험에 예상되는 약간의 오류를 제외하면, 콘서트는 눈부신 성공을 거두었다.

1년도 지나지 않은 2021년 10월, 가상현실 플랫폼 디센트럴랜드Decentraland는 한 명의 콘서트가 아니라, 예술가 80명이 나흘 동안 공연을 하는 메타버스 축제를 기획했다.[3] 디센트럴랜드는 완전히 탈중앙화된 3D 가상 세계이며, 사용자가 자신만의 고유한 디지털 경험을 구축하고 상호작용을 할 수 있는 탈중앙화 자율 조직DAO, decentralized autonomous organization이 제어하는 곳이다. 이 가상 축제의 회심의 카드는 바로 캐나다 전자음악 제작자 겸 DJ 데드마우스와 패리스 힐튼이었다. 로블록스와 릴 나스 X는 젊은 플레이어를 대상으로 했던 반면 메타버스 축제는 최신 기술에 능숙한 크립토 커뮤니티에 더욱 집중했다. 사용자는 게임 속 가상화폐인 마나MANA를 이용하여 아바타가 착용할 수 있는 디지털 기기 등의 디지털 상품을 구매할 수 있었고,[4] 모든 참가자는 지갑에 '출석 증명'인 대체불가 토큰NFT[*]을 받았다.[5]

이 책을 읽는 독자들은 메타버스 책에서 왜 두 가지 가상 이벤트를 언급하는지 궁금하게 여길지도 모른다. 과연 이게 맞는 책일까? 대답은 '그렇다'이다. 앞선 두 콘서트 및 '포트나이트Fortnite'[**] 등의 게임 속에서 진행된 다른 많은 콘서트를 보자. 그것은 실제 세계와 가상 세계 사이의 경계가 서로 뒤엉키는 경험이다. 가장 기본적인 형태의 메타버스는 물리적 세계와 디지털 세계가 만나는 피지털phygital(오프라인의 물리적 공간을 의미하는 '피지컬physical'과 온라인을 의미하는 '디지털digital'의 합성어-옮긴이) 경험으로 수렴되는 장소인데, 이곳에서는 가상 세계와 실제 세계가 모두 확장된다. 이제 알게 되겠지만 메타버스는 우리 사회를 근본적으로 변화시키고, 현재의 시각에서는 마법처럼 보일 경험을 선사해줄 것이다. 처음으로 엿본 메타버스의 모습은 이미 경험할 수 있게 되었고, 전 세계

---

[*] 대체불가 토큰에 대해 간단하게 살펴보자. 대체 불가능nonfungible이란, 카지노 칩이 돈으로 교환되는 것과 달리 디지털 자산인 토큰을 다시 거래할 수 없다는 뜻이다. 즉 대체불가 토큰 하나를 다른 대체불가 토큰으로 바꿀 수 없는데, 서로 가치가 다르기 때문이다. 카지노 칩이나 달러 지폐는 대체 가능하다. 1달러짜리 지폐나 칩은 다른 1달러 지폐나 칩으로 교환해도 가치가 동일하다. 포켓몬GO 카드는 하나의 카드가 다른 것보다 가치가 높을 수 있으니 교환하면 가치가 변하게 되므로 대체 불가능하다.

[**] 포트나이트는 2017년 에픽 게임즈에서 개발한 온라인 비디오게임이다. 배틀 로얄 게임이라고도 불리는데 마지막 한 명의 플레이어가 남을 때까지 싸우는 게임이다. 다양한 모드가 있어서 싸움뿐만 아니라 콘서트를 보고 섬을 만드는 등 친목 활동을 할 수도 있다.

메타버스 유토피아

사람들은 그런 메타버스를 살아가고 경험하며 탐험하는 중이다. 앞으로 10년 안에 메타버스가 우리 눈앞에 펼쳐지며 독특한 혼합 경험이 (가상) 현실이 되기까지는 그리 오랜 시간이 걸리지 않을 것이다.

메타버스에 오신 것을 환영합니다

앞에서 언급한 대규모 양방향 실시간 이벤트MILEs, massive interactive live events는 인터넷의 미래와 차세대 월드 와이드 웹이 만들어갈 기회를 보여주는 첫 번째 지표다. 몇 년 전이었다면 과연 3,300만 명이 동시에 콘서트에 참여할 수 있다고 생각할 사람이 있었을까? 관객 모두가 감상하기 좋은 자리를 차지하고서 전 세계에 흩어져 있는 친구들과 같은 경험을 공유하며, 물리적 연결이 불가능한 시기에도 집단적 추억을 만들어낼 수 있다. 팬데믹이 휩쓸기 전에도, Z세대(1990년대 중후반부터 2010년 사이에 태어난 세대)와 특히 알파 세대(2010년 이후 출생한 세대)에게 온라인 엔터테인먼트나 가상 게임 환경 속에서 친목 활동을 하는 것은 정말 흔한 일상이었다.

세대 전체가 21세기에 태어난 알파 세대는 이미 이전 세대와는 철저하게 다른 방식으로 디지털 세계를 바라본다. 이 아이들이 태어난 시기에 아이패드가 출현했고, 페이스북이 소셜네트워크를 지배했으며, 대규모 멀티플레이어형 온라인 게임들MMOs이 수백만 사용자를 끌어들이기 시작했다. 2011년경에 화제가 된 영상이 하나 있다. 그 영상을 보면 한 살 된 아기가 아이패드는 손쉽게 다루면서 종이로 된 잡지를 들고는 손가락으로 확대가 되지 않자 어쩔 줄 모르고 있다. 아기에게 잡지는 고장 난 것이나 다름없다.[6] 물론 알파 세대는 어린이 책이나 색칠 놀이 같은 물리적인 형태를 지닌 인공물에도 익숙하다. 하지만 이 아이들이 아주 어린 시절부터 쉽사리 디지털 영역을 넘나들었다는 사실을 생각해보면 그들의 뇌가 처음부터 디지털 세계와 연결되어 있다고 예상할 수 있지 않을까.

그 뒤로 10년 후, 아이패드를 조작하던 아기가 자라난 세상은 어디서든 버튼만 누르면 인터넷을 사용할 수 있고, 온라인 소통이 물리적 소통만큼 일상이 된 곳이다. 그 아이는 지금 세상을 이끄는 베이비붐 세대는 물론이고 밀레니얼 세대와도 완전히 다른 시각으로 세상을 바라본다. 그리하여 이 책에서 살펴볼 가상 세계의 여러 가지 문제점에도 불구하고 무한한 가능성과 기회가 있는 가상 세계에 너무나 편안히 몰입해버린다. 그런 아이들은 언제나 메타버스와 함께해왔다. 우리의 (디지털) 기술이 발전할수록 물리적 세계와 디지털 세계가 더 깊게 어우러지고, 아이는 피지털 세계라고 불리는 세상에서 더욱 편하게 즐길 수 있을 것이다.

메타버스가 가져다준 신기하고 새로운 경험 중의 하나가 바로 대규모 양방향 실시간 이벤트MILE이다. 알파 세대에게 있어서 양방향 실시간 이벤트는 현실 세계의 콘서트에 비해 실질적인 이득이 된다. 우선 참여가 쉽다. 어디에도 나갈 필요가 없으니 부모의 허락을 받을 필요도 없고, 편안하게 집에서 참석할 수 있다. 두 번

메타버스 유토피아

째로, 가장 마음에 드는 옷차림이나 캐릭터로 콘서트에 나타날 수 있다. 현실 세계의 개성을 연장한 아바타를 사용하여 최대한으로 자신을 표현할 수 있는 것이다. 유니콘 모습으로 콘서트에 가고 싶으면, 그렇게 하면 된다. 유니콘이 되기 위해 대단한 것이 필요하지도 않다. 다음으로, 전 세계의 친구들과 함께 콘서트에 참여한다는 점을 들 수 있다. 알파 세대는 아무런 거리낌 없이 전 세계에 친구를 만들고 그들과 소통한다. 실생활에서 만나본 적도 없고 앞으로도 실제로 만날 일이 거의 없는 이들과 우정을 나눈다. 알파 세대에게 이와 같은 세계화는 나쁜 일이 아니다. 비록 가상이라고 할지라도 새로운 사람을 만나고 다양한 문화를 배우는 기회가 있기 때문이다.

마지막 장점은, 공연에 늦더라도 첫 번째 줄에서 콘서트를 관람할 수 있다는 것이다. 가수가 공연하는 동안 그 경험을 스크린숏으로 찍어서 그 자리에 없는 친구들과 공유하며, 가장 좋아하는 가수의 바로 옆에 서 있을 수 있다. 또한 콘서트가 끝나는 동시에 집에 돌아와 늦지 않게 저녁식사를 할 수도 있다. 가장 멋진 사실은 바로 다음 주에 또 다른 콘서트에 갈 수 있다는 점이다. 입장권으로만 100달러의 비용을 쓰면서도 좋아하는 가수를 먼발치에서만 볼 수 있는 현실 세계의 콘서트와는 다르다. 많은 어린이에게 가상 콘서트는 좋은 경험이다. 아마 전통적인 개념의 실제 콘서트보다 훨씬 더 좋은 경험이 될 수도 있다.

메타버스는 이런 양방향 콘서트뿐만 아니라 소비자와 조직 양쪽이 무시할 수 없는 다양한 혜택을 제공한다. 우선 메타버스는 소비자와 연결되고 동료와 협력하는 새로운 사업 방식을 제시한다. 앞으로 살펴보겠지만, 메타버스에 발을 들인 기업은 이미 그 혜택을 누리고 있다. 이런 기업에서는 브랜드 충성도가 높아지고, 제품 디자인과 제작 과정이 최적화되며, 지속 가능성이 더욱 높아지고, 전체적인 순이익을 증가하고 있다. 1990년대에 처음으로 인터넷을 받아들였던 회사들, 그리고 2000년대 후반 소셜 미디어라는 미지의 세계에 뛰어들었던 회사들과 비슷하게, 이미 메타버스에 입성한 기업은 앞으로 10년 동안 형성될 새로운 조 단위 사회 경제로부터 이득을 얻을 것이다.

그러나 이 책에서 설명하겠지만, 메타버스는 일반적인 사업이 아니다. 몰입형 인터넷은 조직이 익혀야 할 또 다른 수단이지만 완전한 주의를 기울여야 하는 수단이기도 하다. 중대한 선행 투자와 시행착오, 공동체와의 강한 연대가 필요하기 때문이다. 결국 자신의 브랜드와 관련된 일련의 대체불가 토큰NFT 수집품을 디자인하거나, 소비자가 팬데믹 기간 동안 찾아볼 수 있도록 몰입형 디지털 버전의 본사를 만드는 등의 행위는 소셜 미디어 활동보다 훨씬 더 자본 (그리고 자원) 집약적이라고 할 수 있다. 게다가 원격 생산 시설을 지속해서 감시하고 결과물을 개선하기 위한 귀중한 통찰을 제공해줄 디지털 트윈(물리적 공정 혹은 물리적 자산의 가상 표현)을 만들기 위해서 그 과정을 '데이터화datafying'하고 조작 장비에 감지기를 내장하는 작업은 말처럼 쉽지 않다. 끝으로, '줌Zoom'이나 '팀Teams'과 같은 화상 회의 프로그램 대신 전 세계 직원이 함께 모여 협력하고 잠재적으로 더 많은 시간을 보낼 수 있는 가상현실의

메타버스 유토피아

회의실에 익숙해지려면 직원들의 행동 습성이 크게 바뀌어야 한다. 알다시피 기술을 만들어내는 것은 '쉬운' 영역인 반면, 사용자나 직원의 행동 습성을 바꾸는 것은 다른 종류의 문제이다.

물론 (알파 세대 및 일부 Z세대를 포함하는) 메타버스의 원주민이라면 메타버스를 쉽게 받아들일 것이다. 하지만 편재된 몰입형 인터넷에 익숙하지 않은 이전 세대에게 가상현실 및 증강현실을 받아들이면 놀라운 경험과 함께 새로운 기회를 얻을 수 있다고 설득하는 것은 쉬운 일이 아니다.

이 책의 목적은 메타버스란 무엇이고, 어떻게 작동하며, 거기서 혜택을 얻는 수 있는 방법은 무엇인지, 그리고 어떤 방식으로 만들어야 하는지에 대한 이해를 돕는 것이다. 따라서 당연히 메타버스의 기원을 설명하지 않을 수 없다. 메타버스라는 용어는 소설가 닐 스티븐슨Neil Stephenson이 1992년에 쓴 유명한 소설인《스노 크래시》에서 처음 선보인 개념이다. 이 소설에서 정의하는 메타버스란, 사람들이 가상현실 헤드셋을 통해 디지털 게임 같은 세상에서 소통하는 장소이다. 이 책은 특히 실리콘밸리 기업가들의 숭배를 받았으며, HBO는 이 소설을 드라마 시리즈로 제작하기도 했다. 메타버스를 다룬 또 다른 소설 어니스트 클라인Ernest Cline의《레디 플레이어 원》역시 2018년 스티븐 스필버그의 영화로 만들어졌다. 주인공의 표현에 따르면, 메타버스는 "할 수 있는 것을 찾아 들어오지만, 되고 싶은 것을 위해 머물게 되는 가상현실"이다.' 두 공상과학 소설 속의 메타버스는 모두 가상현실을 이용해 소통하는 디지털 세계로 그려지는데, 바로 이 점이 현재 구축 중인 메타버스와 비교하여 부족한 부분이다. 가상현실은 메타버스로 소통하기 위한 하나의 수단에 불과하기 때문이다. 게다가 두 작가가 이야기하는 메타버스는 사람들이 미래 세계의 반이상향적인 현실에서 벗어날 수 있도록 돕는 수단으로 상업적으로 이용되고 있다. 분명히 가능성 있는 미래이지만, 우리에게는 소수의 엘리트가 메타버스를 통제하고 지구는 기후 변화로 혼란스러워진 반이상향의 미래를 막을 기회가 반드시 있다. 길고 어려운 싸움이 될 것이다. 권력을 가진 사람은 사회에 그 권력을 넘기고 싶어 하지 않기 때문이다. 그러나 질 수 없는 싸움이기도 하다. 오히려 우리는 스티븐슨과 클라인이 묘사한 반이상향의 미래를 바라지 않으므로 반드시 커뮤니티 중심의 탈중앙화된 개방형 메타버스를 만들고 웹 2.0의 실수를 수정해야 한다.

이 책을 통해서 나는 여러분에게 개방형 메타버스를 만들 수 있는 도구를 쥐여주고, 인터넷이 오늘날보다 더 나쁜 형태로 치닫지 않도록 돕고 싶다. 이 책이 더 많은 이들이 몰입형 인터넷을 탐험하는 데 도움이 되기 바라며, 더 나아가서 빅테크Big Tech에 지배되지 않고 개방적이고 포용적이며 탈중앙화된, 메타버스를 구축하는 방법을 논의할 것이다.* 어쨌든 우리는 웹 2.0을 만들 때 저질렀던 실수를 되풀이하지 않아야 한다.

팀 버너스 리Tim Berners-Lee 경이 웹을 발명했을 때는 개방형이

---

* 이 책에서 말하는 빅 테크는 페이스북, 아마존, 애플, 마이크로소프트, 그리고 알파벳 등을 지칭하며, 중국의 경우 알리바바, 바이두, 텐센트가 있다.

메타버스 유토피아

고 탈중앙화되어 있으며 사용자가 데이터를 제어하는 웹을 꿈꿨을 것이다. 그러나 지금의 웹은 빅테크가 지배하는 저장소 수준으로 전락해버렸다.[8] 이제 우리는 인터넷의 다음 단계에 들어서고 있으며 기술도 준비되어 있으니 잘못된 일을 고칠 수 있을 것이다. 빅 테크 기업 또는 국가가 지배하는 폐쇄형 메타버스는, 우리가 무슨 수를 써서라도 막아야만 하는 반이상향의 악몽을 초래할 가능성이 상당히 높다.

우리는 또한 메타버스가 잘못될 경우에 관해서도 이야기할 것이다. 메타버스에 들어서는 이들에게 겁을 주려는 게 아니라, 현재 인터넷상에 사이버 범죄자가 활동하듯이 해커와 사기꾼도 계속해서 메타버스를 돌아다니며 범행 대상을 물색할 수 있기 때문이다. 메타버스가 해킹되면 사회, 조직, 그리고 개인에 어떤 손해를 끼칠지 모두 인지하고 있어야 한다. 2030년에는 75억 명의 사용자가 1,250억 개의 장치를 인터넷에 연결할 것으로 예상되는데, 이처럼 인터넷에 더 많은 장치가 연결될수록 사이버 범죄자가 인터넷 사용자와 그들이 운영하는 사업, 그리고 메타버스를 해킹할 가능성이 농후해지며, 2025년만 되어도 10조 달러에 달하는 피해를 입힐 것이다.[9] 메타버스에서는 사이버 범죄자가 다른 사람인 척 속이기가 비교적 쉽다. 만약 여동생처럼 생기고 목소리도 비슷한 사람을 보면, 우리는 그 사람이 정말 여동생이라고 금세 믿어버리게 된다. 하지만 이런 문제는 메타버스에 산재한 문제에 비하면 작은 편이다. 메타버스에는 괴롭힘 및 몰입형 필터 버블filter bubble(인터넷 알고리즘에만 의존하여 사용자가 편향된 정보에 갇히는 현상-옮긴이)을 만드는 불량 추천 엔진이 범람해 있어서 사회를 분열하고 양극화하며 개인에게 해를 끼칠 수 있다.

1장에서는 메타버스가 무엇인지, 그리고 무엇이 될 수 있는지를 자세히 다룰 것이다. 함께 메타버스의 혜택을 누리려면 새로운 개념에 대한 공통된 이해가 중요하기 때문이다. 메타버스의 특징은 무엇이며, 그 특징이 우리의 경험에 어떤 영향을 미칠까? 인터넷이 처음 등장했던 시기의 닷컴 버블(인터넷 분야의 거품 경제 현상-옮긴이)에 관한 이야기로 우리의 여정을 시작해보자. 웹 1.0 덕분에 개인용 컴퓨터가 연결되었고 그에 따라 인터넷이 안방에 들어왔지만, 접속은 가끔씩만 이루어졌다. 웹 2.0은 스마트폰과 함께 등장했는데, 웹 2.0으로 인터넷은 우리 가까이 다가왔고 그에 따라 우리는 늘 온라인에 접속할 수 있게 되었다. 하지만 아직도 휴대전화나 노트북 컴퓨터를 열어 '인터넷에 연결'하려고 노력해야 한다. 차세대 인터넷은 늘 존재하는 인터넷이라고 말할 수 있다. 항상 켜져 있으면서 연결된 상태의 인터넷이라 심지어 잠잘 때도 잠재적으로 연결되어 있다. 예를 들어 애플 워치의 수면을 추적하는 기능을 들 수 있다. 차세대 인터넷은 사용자가 원할 때나 필요할 때 언제든 상호작용할 준비가 되어 있다.

이러한 몰입형 인터넷에는 새로운 하드웨어 솔루션이 필요하다. 증강현실AR과 가상현실VR이 없다면 우리는 가상 세계의 활동적인 참여자가 아닌 관찰자로만 남게 된다. 따라서 우리는 가상현실과 증강현실이 무엇인지, 현재 상황은 어떤지를 논의할 것이다. 그리고 몰입형 인터넷이 주류가 되기 전, 물리적 세계와 디지털 세계가 정말로 하나가 되기 전에, 우리가 어디로 향해야 할지를 이야기해보려고 한다. 개방형 메타버스의 핵심 특성과 더불어, 사회에 최대 가치를 가져다줄 메타버스를 만드는 방법도 살펴볼 것이다.[10] 2장에서는 사용자를 노예로 만들지 않고 대신 권한을 부여하는 개방형 메타버스를 구축하는 방법과 함께 그런 메타버스가 사회에 어떤 이득이 될 수 있는지 이야기할 것이다.

3장에서는 디지털 세계에서 우리의 정체성을 2D 혹은 3D로 표현한 아바타와 디지털 인간의 등장 및 이러한 디지털 정체성을 통해 인간을 재정의하는 방식을 다룰 것이다. 그리고 아바타가 어떻게 우리의 정체성을 바꾸는지, 그리고 왜 가상 세계에서의 평판이 훨씬 중요한지를 살펴볼 것이다. 물론 아바타가 메타버스 세상을 알몸으로 돌아다닐 수는 없다. 따라서 몇 년 안에 디지털 패션과 디지털 상품이 폭발적으로 증가하여, 브랜드에 지속 가능하고 환경 친화적인 방식으로 소비자와 연결되는 새로운 접근 방식을 제공할 것이다.

4장에서는 우리가 메타버스에서 할 수 있는 일을 살펴볼 것이다. 인간은 늘 현실에서 도피하고 싶어 했기 때문에 불 옆에서 이야기를 나누거나 책을 읽곤 했지만, 이제 자신만의 공간을 만들어서 전 세계의 누구든 초대하여 함께하고 일상에서 벗어나 새로운 사회적 경험을 할 수 있다. 물론 단독 몰입형 경험을 선호하는 사용자 역시 메타버스에서 원하는 것을 즐길 수 있다. 현재의 인터넷과 비슷한 메타버스 공간은 수백만 개나 있으며, 메타버스를 대하는 자신의 방식을 이해함으로써 경험을 향상시킬 수 있다. 따라서 우리는 음악을 듣거나 게임을 하거나 운동을 하고 쇼핑하며 배우는 동시에 메타버스를 가로질러 몰입형 경험을 할 수 있는 방법을 이야기할 것이다.

당연한 말이지만 메타버스가 오로지 재미를 위한 것은 아니다. 조직의 입장에서 메타버스는 진지한 사업을 의미한다. 브랜드 충성도를 높이고, 디지털 트윈을 개발하며, 가상현실에서 협력하는 등 미래의 일자리는 메타버스를 중심으로 돌아갈 것이다. 5장에서는 브랜드가 어떻게 메타버스에 뛰어들 수 있을지에 대해 논의할 것이며, 이미 그런 모험을 시작한 수많은 브랜드의 사례를 살펴볼 것이다. 그리고 메타버스에서 성공을 거두기 위해 브랜드가 무엇을 해야 하는지도 짚어볼 것이다.

6장은 위치 데이터와 사물인터넷IoT, Internet of Things이 어떤 방식을 사용하여 집과 사무실, 공장, 공급망, 그리고 도시 전체를 메타버스로 이끌고 갈 원동력이 될지 이야기할 것이다. 비록 많은 기업용 메타버스 환경이 개인정보 보호 및 보안을 위해 '월드 가든walled garden(폐쇄형 네트워크 서비스)'이 된다고 해도, 소비자 버전의 메타버스는 오직 메타버스가 개방형이고 빅테크 기업이 아닌 사용자가 제어하는 포용적인 공간일 경우에만 작동할 것이다. 저커버그가 '메타'라는 이름으로 브랜드 이미지를 쇄신하며 메타버스를 차지하려 했을지 모르지만, 그는 절대로 메타버스를 소유하고 통제해서는 안 된다.

7장에서는 대체불가 토큰과 함께 메타버스 경제를 다룰 것이다. 2021년에 이미 수백만 달러에 달하는 디지털 부동산 거래와 디지털 자산 교환이 여러 차례 있었는데, 이건 시작에 불과하다. 디지털 토지는 다양한 메타버스 공간 전체에서 무한하게 공급되기 때문에 저렴한 가격을 기대할 수도 있겠지만, 실제로는 그렇지 않다. 가격은 사상 최고치에 이르고, 뉴스에 메타버스가 나올수록 이런 상황은 계속될 것이다. 다만 여기에도 주의해야 할 것이 있다. 포용적이면서 불균등을 감소시키는 메타버스를 만들려고 하면, 그렇게 되면 안 되겠지만 때 이른 골드러시는 계속될 가능성이 높다. 디지털 부동산은 어떻게 운용되며 메타버스 경제에는 어떤 영향을 미칠까? 좋은 것이기는 할까? 경제가 움직이는 방식을 정의하는 메타버스의 또 다른 측면은 무엇이 있을까? 메타버스 경제가 어떻게 움직이는지를 이해하려면 NFT를 자세히 살펴보아야 한다. NFT는 무엇이고, 어떻게 작동하며, NFT가 중요해진 이유는 무엇인가, NFT에는 어떤 어려움이 있는지, 그리고 NFT의 진짜 가치가 없는 그림 파일을 현재 수백만 달러로 판매되는 현상에 대해 살펴볼 것이다.

8장에서는 그런 문제를 피하는 방법 및 더 이상 사회 안전을 위협하지 않고 인류를 앞으로 나아가게 하기 위해 메타버스를 쾌적한 환경으로 유지하기 위한 노력에는 어떤 것이 있는지 살펴볼 것이다.

마지막으로 9장에서 메타버스의 미래를 살펴보고 책을 끝마치기 전에 메타버스의 어두운 면에 대해서도 이야기할 것이다. 기존의 웹에 다크 웹이 있듯, 메타버스에도 내재한 부정적 측면이 있어서 시민과 조직, 사회에 해를 끼칠 수 있다. 이때의 문제점은 무엇이며, 특히 그런 문제가 발생하지 않도록 예방하는 방법은 무엇일까? 우리가 논의할 메타버스의 위험과 윤리 과제는, 주로 사용자가 겪는 (정신) 건강과 개인 정보 보호 및 보안에 관한 여러 위험에 관련되어 있다. 메타버스는 재미있고 유용하지만, 그것도 우리가 올바로 구축할 때만 가능한 일이다.

우리 사회와 인간에 대한 정의는 앞으로 몇 년 동안 급격하게 바뀔 것이다. 우리는 물리 법칙에 얽매이지 않으면서 무엇이든 할 수 있는 대체 현실을 구축하려는 시점에 있다. 이 세계에서 마법은 현실이 된다. 나는 여러분이 이 책을 통해 메타버스가 무엇이 될 수 있는지, 소비자로서 메타버스를 즐기는 방법은 무엇인지, 그리고 조직이 소비자를 괴롭히거나 현재 웹에서처럼 뒤쫓지 않으면서도 메타버스에서 혜택을 얻을 수 있는 방법 등을 완벽하게 이해할 수 있기를 바란다. 제대로 알지 못하고 실수에서 배우지 못한다면, 닐 스티븐슨이 자신의 소설《스노 크래시》에서 묘사한 반이상향적 메타버스가 현실이 되고 말 것이다. 그러면 새로운 기회와 마법이 시작될 메타버스에 뛰어들어보자!

Chapter 1

메타버스,
무한한 블루오션

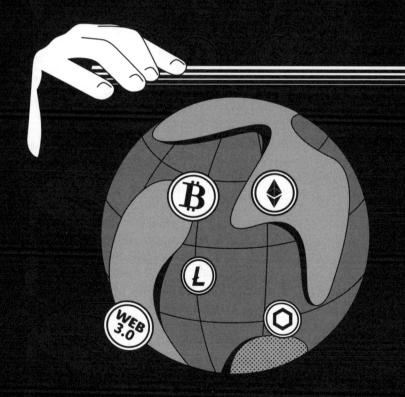

웹 1.0에서 웹 3.0에 이르기까지

메타버스가 우리를 어떻게 변화시킬 것인지를 이해하려면 먼저 메타버스의 유래와 몰입형 인터넷을 이끄는 원동력이 무엇인지 알 필요가 있다. 메타버스의 시작은 트랜지스터 기반의 2세대 컴퓨터가 시장에 출시되었던 1950년대로 거슬러 올라간다.[1] 트랜지스터 기반의 대형 메인프레임 컴퓨터가 기존의 진공관 컴퓨터를 대체한 것이 오늘날 정보화 시대의 출발점이다. 2세대 컴퓨터는 벨연구소에서 근무하던 과학자 윌리엄 브래드퍼드 쇼클리William Bradford Shockley, 존 바딘John Bardeen, 월터 하우저 브래튼Walter Houser Brattain이 트랜지스터를 발명한 덕분에 세상에 나올 수 있었다. 그리고 이 과학자들은 트랜지스터를 개발한 공로를 인정받아 1956년에 노벨상을 받았다.

메타버스 유토피아

불과 몇 년 만에 개인용 컴퓨터를 개발하는 데 필요한 컴퓨터 칩과 마이크로프로세서 같은 다양한 구성요소는 점차 소형화되어 우리를 새로운 시대로 이끌고 있다. 지난 수년 동안 하드웨어의 소형화 솔루션이 지속적으로 진행되어 현재는 1나노미터 길이의 트랜지스터를 생성할 수 있는 기계까지 개발되었다.² 1나노미터는 1미터의 10억분의 1이며 인간 DNA 한 가닥 굵기의 40퍼센트에 해당하는 길이다.³ 한마디로 무척 가늘다는 이야기다. 가상현실 헤드셋과 증강현실 안경부터 먼 미래에 나올 미래형 스마트 콘택트렌즈에 이르기까지, 크기가 작고 사용이 간편하며 저렴한 장치를 사용하여 메타버스에 접속하려면 정교한 하드웨어가 개발되어야 한다. 따라서 가상현실과 증강현실이 주류로 채택되려면 아직도 수년은 더 걸릴 것이다. 하지만 하드웨어를 개발하는 일은 몰입형 인터넷의 전제조건 중에 하나일 뿐이다.

몰입형 인터넷의 또 다른 구성요소는 소프트웨어다. 최초의 알고리즘은 19세기에 등장했다. 1840년대에 수학자이자 최초의 컴퓨터 프로그래머로 알려진 에이다 러블레이스Ada Lovelace(영국 시인 조지 고든 바이런의 딸-옮긴이)가 처음으로 알고리즘을 만들었다. 1843년에 에이다는 자신이 쓴 논문에서 미래의 기계는 '복잡성이나 범위의 정도에 관계없이 정교하고 과학적인 음악을 작곡할 수 있을 것'이라고 정확히 예측했다.⁴ 물론 컴퓨터 프로그램이 실제로 그렇게 할 수 있기까지는 175년 이상 걸렸지만 탁월한 선견지명 덕분에 그녀는 현대 컴퓨팅의 어머니로 인정받고 있다.⁵ 그로부터 120년이 지난 후, 우리는 1과 0을 사용한 프로그래밍에서 프로그래밍 언어의 시대로 넘어왔다. 1964년, 뉴햄프셔 주 하노버에 위치한 다트머스대학의 연구진은 베이직BASIC, Beginner's All-purpose Symbolic Instruction Code (초보자용 다목적 기호 명령 부호)을 공개했다. 이는 손쉬운 사용에 역점을 둔 고급 프로그래밍 언어들과 초창기 비디오게임에서 사용된 프로그래밍 언어를 담은 제품군이었다. 몇 년 후 휴렛팩커드는 베이직 프로그램을 실행하는 컴퓨터를 여러 대 출시했고, 1970년대에는 마이크로소프트가 마이크로소프트 베이직Microsoft Basic이라는 자사 프로그래밍 언어를 선보였다. 오늘날 세계적으로 높은 가치를 인정받고 있는 기업이 탄생하는 순간이었으며, 마이크로소프트는 그 후로도 큰 발전을 이루었다. 마이크로소프트는 2021년, 기업형 메타버스로의 진출을 선언하고 2022년에는 게임 회사인 액티비전 블리자드Activision Blizzard를 약 700억 달러에 인수한다고 발표하면서 이러한 사업 방향을 분명히 했다.

하드웨어와 소프트웨어의 기반이 마련된 후에야 비로소 미국의 국방고등연구계획국DARPA, the Defense Advanced Research Projects Agency은 최초의 컴퓨터 네트워크인 아르파넷ARPANET을 개발할 수 있었다. 아르파넷은 1970년대에 이르러 호스트 간 프로토콜과 네트워크 소프트웨어로 확장되었고, 그 결과 이메일을 포함한 다양한 네트워크용 애플리케이션이 탄생했다. 초창기 연구진은 매우 영리하게도 이메일을 주고받는 데 사용되는 애플리케이션이 무엇이든 상관없이 다양한 종류의 컴퓨터로 이메일 메시지를 보낼 수 있는 간단한 구조의 메커니즘을 개발했다. 이러한 상호운용성 덕분에 이메일은 인터넷의 주요 애플리케이션으로 빠르게 보급되었다.[6] 아르파넷은 군사 부문과 민간 부문으로 분리된 이후, 공공 웹으로 진화했다. 몇 년 후, 스위스 소재 유럽원자핵공동연구소CERN에서 근무하던 팀 버너스 리는 월드 와이드 웹이라는 개념을 창안했다. 버너스 리는 현재 웹에서 사용하는 세 가지 주요 기술인 HTML(하이퍼텍스트 기술용 언어), URI(통합 자원 식별자, URL이라고도 함)와 HTTP(하이퍼텍스트 전송 프로토콜)의 코드를 작성했다. 1990년 말에는 최초의 웹 페이지가 온라인에 등장했고, 1991년에는 웹 1.0이 대중에 공개되었다. 그리고 모두가 알고 있는 것처럼 오늘날 수백만 개의 웹 사이트와 수십억 개의 웹 페이지가 생겨났다. 웹이 오늘날과 같은 수준으로 진화하는 데 이러한 표준이 기본이 되었다는 사실이 입증된 셈이다. 상호운용 가능한 메타버스를 구축하고, 창작자에게 자신이 생성한 콘텐츠에 대한 보상을 제공하고 소유권을 부여하려면 메타버스에도 이와 유사한 표준이 필요하다.

아르파넷과 월드 와이드 웹이 모든 것이 폐쇄된 연구실 환경에서 개발되었다는 사실은 오늘날의 인터넷 작동 방식을 이해하는 데 매우 중요하다. 수년간 인터넷과 웹 개발에 몰두한 연구진은 TCP/IP, DNS, HTTP 등을 포함해 다양한 개방형 표준을 만들었다. 이러한 개방형 표준은 누구나 쉽게 네트워크에 연결하고 정보를 공유하거나 수신할 수 있는 비허가 네트워크permissionless network를 만들어냈다. 그런데 안타깝게도 이러한 표준과 프로토콜이 웹의 모든 부문으로 전파되지 못했다. 그 결과 이메일의 후신인 모바일 메시지에서는 상호운용성이 적용되지 못했다. 그로 인해 빅테크 기업의 네트워크 효과가 강화되었고, 오늘날 모바일 메시징 앱에서 흔히 보이는 '월드 가든walled garded(폐쇄형 플랫폼)'이 생겨났다. 2021년까지만 해도 왓츠앱WhatsApp(메타에서 운영하는 메신저 앱-옮긴이)에서 보낸 메시지를 시그널Signal(텔레그램과 함께 대표적인 암호화 메세지 앱-옮긴이)에서 수신하는 것이 불가능했다. 그 반대도 마찬가지였다. 메타버스에서는 이러한 상호운용성이 결여되는 것을 무슨 수를 써서라도 막아야 한다. 다행히 유럽연합이 디지털 시장법의 일부로 메신저 간의 상호운용성을 보장해야 한다는 법안을 발의했다. 메타버스에서는 포트나이트에서 보낸 문자 메시지를 로블록스에 있는 친구가 바로 받아볼 수 있고, 메타버스 안에 있는 하나의 세계에서 다른 세계로 이동하는 중에도 자연스럽게 친구와 대화할 수 있어야 한다. 물론 디스코드Discord*와 같은 플랫폼이 도움이 될 수도 있겠지만 디스코드 역시 '월드 가든'이다. 그러나 웹과 인터넷을 창조하는 데 참여한 조직들이 가진 의도는 선한 것이었고 그들이 구상한 웹은 누구나 접근할 수 있고 개방적이며 탈중앙화된 웹이었다.

그런데 안타깝게도 웹에는 또 다른 설계 결함이 있었다. 오랜 개발 기간을 거치면서 연구진은 오프라인의 신원을 온라인에서 사용할 수 있게 하는 신원 프로토콜identity protocol과 온라인에서 익명으로 활동하더라도 평판과 신뢰도를 평가할 수 있는 평판 프로토

---

* 디스코드는 2억 5,000만 명 이상의 사용자가 사용하는 무료 음성, 영상, 문자 채팅 앱으로 초창기에는 게이머들이 주로 사용했으나, 최근 몇 년 사이에는 NFT 및 메타버스 커뮤니티 플랫폼으로 인기를 얻고 있다. 디스코드를 사용하면 누구나 서버를 가동하고 공개 또는 비공개 커뮤니티를 시작할 수 있다.

콜reputation protocol을 만드는 것을 빠뜨렸다.** 이를 빠뜨린 이유는 단순했지만, 그로 인한 결과는 심각했다. 웹이 설계되었던 초기에는 신뢰할 수 있는 행위자만이 네트워크에 접속할 수 있었기 때문에 신원 프로토콜이나 평판 프로토콜이 필요 없었다. 이러한 결함의 결과로 인터넷에서는 '아무도 당신이 개라는 사실을 모르게 되었다'(1993년 피터 스테이너가 〈뉴욕타임스〉에 게재한 삽화에서 시작된 인터넷 익명성에 대한 격언이다-옮긴이).⁷ 인터넷상에서 우리는 그 누구라도 될 수 있고, 어떠한 행위도 할 수 있다. 더구나 현재 인터넷에서 사용되는 데이터와 신원은 만든 사람이 소유하고 제어하는 것이 아니다. 다시 말해 사용자는 자신의 데이터(신원과 평판) 및 디지털 자산을 한 플랫폼에서 다른 플랫폼으로 이전할 수 없고, 빅테크 기업의 독점을 초래한 월드 가든만이 더욱 강화된다.

소셜 인터넷 또는 모바일 인터넷(웹 2.0이라고도 함)이 몰입형 인터넷으로 전환될 때 데이터를 모으는 일은 더욱더 중요해진다. 몰입형 인터넷을 움직이는 것은 데이터다. 온라인 활동이 많아질수록 인터넷은 물리적 삶에 점점 더 통합되고, 디지털 세계와 물리적 세계가 점점 더 융합될수록 데이터의 중요성은 높아진다. 데이터는 이미 세계에서 가장 가치가 높은 자원이 되었다. 석유보다도 훨씬 가치가 높다. 2021년에 가장 가치 있는 50대 기업의 유형만 살펴보더라도 데이터 또는 (디지털) 기술 관련 기업은 18곳이나 되

** 전 세계의 개인정보 보호법, 특히 유럽의 GDPR(일반 개인정보 보호법)에서 요구하는 수준의 익명성에 도달하는 것은 거의 불가능하다. 리소스만 충분하다면 단 몇 개의 데이터 포인트만 가지고도 개인의 신원을 재식별하는 일은 언제나 가능하다.

지만 석유나 가스 관련 기업은 세 곳밖에 되지 않는다.[8]

데이터와 권력의 집중화 현상이 사회적 문제임은 말할 것도 없다. 케임브리지 애널리티카 사건(영국의 여론조사 기업 케임브리지 애널리티카가 수백만 페이스북 가입자의 데이터를 그들의 동의 없이 정치적 선전을 위한 목적으로 사용했다는 사실이 밝혀지면서 사회적, 정치적 논란이 된 사건-옮긴이)에서 분명히 알 수 있듯이 빅테크 기업은 사용자의 데이터를 소유하고 통제함으로써 사용자를 소유하고 통제한다. 그들은 데이터를 손에 넣으면 어마어마한 권력과 돈을 거머쥘 수 있다는 사실을 오래전부터 인식하고 있었다. 반면 사용자인 우리는 무료 서비스의 함정에 빠지고 거기에 중독되어왔다. 그 결과 빅테크 기업은 막강한 힘을 갖게 되었고, 정부는 고의적이고 지속적으로 소비자의 신뢰를 져버리고 개인정보와 자유를 침해하는 기업의 횡포를 막지 않고 있는 실정이다.

메타버스가 도래하면 데이터의 중요성은 더욱 높아질 것이다. 이미 2018년에 메타버스 연구자들은 20분짜리 가상현실 게임에서 신체 움직임을 포함해서 무려 200만 개의 데이터 포인트가 수집된다는 사실을 알아냈다.[9] 그러므로 메타 역시 VR 헤드셋 사용자로부터 방대한 양의 데이터를 수집할 것이라는 사실을 충분히 예상할 수 있다. 이 데이터에는 사용자가 어디를 얼마나 오래 응시하는지, 보고 있는 대상에 의해 어떤 감정이 환기되는지 뿐만 아니라 사용자의 손 모양, 방 안의 풍경, 방에 있는 제품과 사람들까지 포함될 가능성이 높다. 2021년 10월 28일, 마크 저커버그는 개인정보 보호와 보안의 중요성을 선언했지만, 페이스북이 계속해서 인간 행동 데이터를 수집하고 예측 알고리즘을 사용하여 점점 더 개인화된 광고를 판매하며 유해한 추천 알고리즘으로 우리 사회를 더 혼란스럽게 만들 가능성은 여전히 존재한다.[10] 그리고 2022년 2월 이러한 추측은 사실로 확인되었다. 유럽이 만약 메타가 유럽 내 사용자의 데이터를 미국의 서버로 이동하지 못하게 막는다면 페이스북과 인스타그램의 유럽 접속을 차단하겠다고 위협한 것이다.[11]

　메타만이 사용자의 데이터를 악용하는 것은 아니다. 제품에 대한 비용을 지불하지 않았다면 바로 자신이 제품이라는 유명한 말이 있다. 웹 2.0은 결과적으로 월드 가든으로 구성된 인터넷을 초래했다. 사용자는 단지 그 가치가 높다는 이유만으로 자신의 콘텐츠와 데이터를 한 플랫폼에서 다른 플랫폼으로 이전할 수 없다. 요즘에는 사용자가 곧 데이터인데 폐쇄적인 플랫폼이 메타버스라는 장밋빛 미래를 구현할 결정적인 요소인 자산의 상호운용성을 가로막고 있다. 게다가 빅테크 기업은 스스로에 대한 불신을 조장하고 있다. 2021년에 저커버그가 메타를 공개한 직후, 호주의 예술가인 테아 마이 바우만은 자신의 인스타그램 ID가 완전히 삭제된 것을 발견했다. 그녀의 인스타그램 ID가 'metaverse(메타버스)'였기 때문이다. 그녀가 10년 동안 작업해왔던 것이 순식간에 사라졌고 계정을 복구할 방법이 없었다. 처음에 메타는 그녀가 다른 사람을 사칭했기 때문에 계정이 차단되었다고 주장했다. 테아 마이는 인스타그램에서 계정 인증을 받으려고 시도했지만 메타로부터 아무런 답변도 받지 못했다. 〈뉴욕타임스〉가 사건에 개입하고 나서야 메타는 해당 계정이 "다른 사람을 사칭한 것으로 오인되어 제거되었다"라고 주장하며 그녀의 프로필을 복원했다.[12] 이것이 바로 탈중앙화된 개방형 메타버스가 필요한 이유이다. 메타와 같은 회사들이 이런 식으로 누군가의 신원을 간단히 삭제해버리는 사태를 막아야 하기 때문이다.

다행히도 터널 끝에는 빛이 있다. 웹은 탈중앙화하기 시작했고, 빅테크 기업에 집중되었던 권력도 서서히 커뮤니티로 옮겨가는 중이다. 중국이 모든 암호화폐 거래를 금지하는 것이나 빅테크 기업이 전도유망한 신생 기업을 먹어치워 경쟁 상대를 제거하는 것에서 볼 수 있듯이, 웹의 탈중앙화 과정에서 기존의 권력 점유자들이 맹렬히 저항하고 있는 것은 분명하다. 그러나 이 책의 전반에 걸쳐 기술하겠지만, 탈중앙화의 기세는 막을 수 없고 향후 10년 안에 현실화될 것이다. 또한 수백만 대의 컴퓨터에서 운영되기 때문에 아직까지 비트코인 블록체인 해킹에 성공한 해커가 없는 것처럼 웹의 탈중앙화를 빅테크 기업이나 권위주의적인 정부가 저지할 방법은 없다.

웹 1.0(읽기 전용)을 웹 2.0(읽기와 쓰기는 가능하지만 소유권은 없음)으로 발전시켰던 것처럼 지금 우리는 처음으로 그 모습을 드러내는 웹 3.0(읽기, 쓰기 및 소유가 가능)의 윤곽을 목격하고 있다. 웹 1.0을 구축할 당시에 웹사이트를 제작하는 도구는 지금보다 원시적이었을지 몰라도 웹사이트를 게시하는 데 필요한 지식의 수준은 더 높았다. 적어도 웹사이트는 지금처럼 구글이나 마이크로소프트, 아마존 웹 서비스AWS, Amazon Web Service가 제공하는 클라우드 저장소가 아니라 자체 서버에 게시했다. 웹 3.0을 사용하면 웹 2.0의

중앙집중식 성향을 상당 부분 되돌려 웹 1.0 시대와 유사하게 사용자가 데이터 권력과 신원 정보, 통제권을 되찾을 수 있다. 빅테크 기업과 극소수의 엘리트만이 아니라 사회 전체에 이로운 메타버스를 만들고 싶다면 탈중앙화된 웹 3.0을 받아들이고, 빅테크 기업의 통제와 영향력을 제한하여 메타와 같은 기업들이 메타버스를 단순히 데이터를 수확하고 악용하는 수단으로 삼지 못하도록 막아야 한다. 그리고 웹 3.0의 중심에는 블록체인이 있다.

분산원장 기술The distributed ledger technology은 2008년 사토시 나카모토Satoshi Nakamoto의 비트코인 백서에서 처음으로 언급되었다.[13] 그때부터 탈중앙화 생태계는 급속도로 발전했다. 블록체인은 우리가 사회를 운영하는 방식을 송두리째 뒤바꿀 수 있는 근본적인 기술이다. 쉽게 말하자면, 읽기, 쓰기 및 편집이 가능한 전통적인 데이터베이스와 달리 블록체인은 읽기와 쓰기만 가능한 데이터베이스라고 할 수 있다. 편집이 불가능하다는 사실은 단일 진실 공급원a single source of truth(모든 데이터가 하나의 공간에 저장됨-옮긴이)으로 귀결되어 블록체인에 접속하는 사람은 누구나 데이터가 변조되지 않음을 확신할 수 있다.

웹 진화의 세 번째 버전인 웹 3.0에서는 커뮤니티가 제어하고, 비허가적이고 영속적이며, 프로그래밍할 수 있는 인터넷이 가능하며, 그렇게 될 경우 개개인이 데이터, 자격 증명, 신원 및 콘텐츠를 소유할 수 있다. 웹 3.0은 분산된 데이터 스토리지와 컴퓨팅 전력을 기반으로 하기 때문에 누구나 이러한 웹에 기여하고 동시에 토큰도 벌 수 있다. 또한 내결함성이 보장되는데, 이는 곧 해킹과 공격, 데이터 침해의 영향을 덜 받으며 검열 저항성을 가지고 있음을 의미한다. 블록체인 덕분에 데이터는 불가역적이고 검증과 추적이 가능해져 개인정보를 보호하는 동시에 철저한 투명성을 확보할 수 있다. 스마트 계약으로 모든 산업에서 중개자의 개입이 축소될 가능성이 높다. 이렇게 되면 중개자가 부과하는 수수료는 사라지고, 이를 대체할 P2P 경제는 인간이 아니라 암호학이 좌우하게 된다. 흥미로운 시대가 열리겠지만, 아직은 갈 길이 멀다. 중앙집중식 인터넷에서 탈중앙화된 웹으로 전환할 때 발생하는 복잡한 문제들을 해결하기 위해서는 수많은 표준이 만들어지고, 각고의 노력과 헌신, 에너지와 자본이 투입되어야 하기 때문이다.

웹 3.0은 데이터와 신원에 관한 새로운 사회 계약을 만들어낼 것이다. 나중에 살펴보겠지만 웹 3.0은 개방형 메타버스의 전제조건이지만 필수조건은 아니다. 웹 3.0 인프라 위에 메타버스를 구축할 때 국가나 기업의 감시로부터 벗어나 자신의 데이터와 신원을 완벽하게 제어할 수 있는 권한을 가진 시민에 가까워질 수 있으며, 데이터가 나쁜 사람들의 손에 들어갈 위험이 그만큼 줄어든다. 우리가 데이터를 다루는 방식을 근본적으로 변화시킬 블록체인은 개방형 메타버스의 전제 조건이다. 무엇보다 사물인터넷,* 5G

---

* 사물인터넷Internet of Things은 센서가 내장되어 있고 데이터 인사이트 공유를 위해 인터넷에 연결된 제품, 장치 및 기계의 네트워크를 뜻한다. 유발 하라리Yuval Noah Harari는 만물인터넷Internet of All Things을 언급하며 프린터나 기상 관측소끼리의 연결이 아니라 웨어러블 기기, 트래킹 장치, 스마트링을 착용한 (신체를 가진) 개인에 관한 것이라고 말한다(유발 N. 하라리(2016), 《호모 데우스: 미래의 역사》, 랜덤하우스).

통신을 넘어 가상현실과 증강현실까지 더해지며 우리가 생산하는 데이터의 양은 제타바이트(10의^{21}바이트)에서 요타바이트(10의^{24}바이트), 결국 브론토바이트(10의^{27}바이트)까지 폭발적으로 증가할 것이기 때문이다.[14]

증강현실과 가상현실을 넘어 혼합 현실로

1955년 미국의 철학자이자 발명가, 영화감독이자 영화 촬영기사였던 모턴 하일리그Morton Heilig가 〈미래의 시네마The Cinema of the Future〉라는 제목의 논문을 발표했다.[15] 이 논문에서 그는 3D 입체 디스플레이, 스테레오 시스템, 선풍기, 냄새 발생기, 진동 의자를 활용하여 모든 감각이 총동원되는 '극장 경험Experience Theatre'을 즐길 수 있는 기계에 대해 기술했다. 그가 특허까지 받은 '센소라마Sensorama'라는 이 장치는 최초의 5D 개인 전용 영화관인 셈인데,[16] 관객에게 상상의 오토바이를 타고 뉴욕시를 가로지르는 경험을 제공했다. 시뮬레이션으로 만들어진 인파의 웅성거림과 자동차 소음, 솔솔 풍기는 피자 냄새와 선풍기가 만들어내는 바람은 실제로 도시를 달리는 듯한 착각을 불러일으켰다. 안타깝게도 그의 발명은 시대를 너무 앞서 나간 것이었고, 재정적 지원을 확보하는 데 실패한 탓에 대중화되지 못했다. 하지만 이 작업 덕분에 모턴 하일리그는 향후 가상현실의 아버지로 불리게 되었다.

그 이후로 가상현실은 획기적인 기술이 될 것으로 기대됐지만 매번 기대한 만큼의 성과를 이뤄내지 못했다. 가상현실을 위한 장치는 꽤 오랜 기간 동안 너무 크고 신체적인 불편감을 야기하는 수준에서 벗어나지 못했다. 그래픽도 평범한 수준이었고 어지러움증을 유발했으며 하드웨어는 지나치게 비쌌다. 가상현실과 관련된 기술이 주류에 편입되기 위해 필요한 매끄럽고 원활한 경험을 제공해주지도 못했다.

하지만 2010년 들어 18세의 기업가 팔머 럭키Palmer Luckey가 90도 시야를 지원하는 최초의 VR 헤드셋인 오큘러스 리프트Oculus Rift 헤드셋의 프로토타입을 만들며 모든 것이 뒤바뀌었다. 시야FOV, Field of View는 주어진 순간에 관찰 가능한 가상 세계의 양을 결정하기 때문에 가상현실에서 매우 중요한 부분이다. 시야가 넓을수록 경험의 몰입감은 높아진다. 팔머는 2012년 킥스타터(2009년 설립된 미국의 대표적인 크라우드 펀딩 서비스-옮긴이)에서 진행한 오큘러스 리프트 제작 프로젝트로 240만 달러를 모금하며 대성공을 거두었다. 그리고 불과 2년 후에 이 VR 헤드셋의 엄청난 잠재력을 꿰뚫어본 저커버그는 스탠퍼드대학의 가상 인간 상호작용 연구소Virtual Human Interaction Lab[17]의 창립 이사인 제러미 베일렌슨Jeremy Bailenson의 가상현실 시연을 지켜본 후, 오큘러스를 20억 달러에 인수했다. 이후 가상현실은 길었던 겨울잠에서 깨어나 빠른 속도로 추진력을 얻기 시작했고, 이는 2021년 10월 28일 페이스북의 메타버스 선언으로 이어져 메타버스의 동향에 세간의 이목이 집중되었다.

최근 몇 년 사이에 기업을 겨냥한 고급형 제품뿐만 아니라 일반 소비자를 대상으로 하는 저가형 제품까지 광범위한 종류의 가

메타버스 유토피아

상현실 헤드셋 제품이 시장에 출시되었다. 이런 헤드셋의 사용자는 유니티나 언리얼 엔진*과 같은 도구를 사용해 컴퓨터로 제작한 3D 환경이나 현실 세계의 행사를 360도 카메라로 녹화한 3D 환경과 상호작용할 수 있다. 가상현실은 물리의 법칙에 구애받지 않고 자유롭게 탐험할 수 있는 몰입 경험을 제공하는 것을 목적으로 한다. 가상현실 속에서는 상상력만 있다면 어떤 한계도 없는 무한한 공간이 펼쳐진다. 또한 게임이나 사교 모임과 같은 오락적인 활동은 물론이고 3D 가상 회의, 원격 안내, 협업 및 유지 관리, 몰입형 훈련과 같은 업무적인 활동을 위해 다른 사용자나 가상 세계와 상호작용하는 방식에 관한 것이기도 하다.

가상현실이 몰입 경험을 제공하지만 메타버스를 가능하게 하는 유일한 기술은 아니다. 증강현실이라는 기술도 있다. 이미 우리는 2016년에 나이언틱Niantic에서 개발한 포켓몬GO가 주류 시장에 채택되는 것을 목격했다.

가상현실이 확장된 시야로 완전한 몰입 환경을 제공하는 반면, 현실 위에 디지털 레이어를 얹는 증강현실의 시야는 훨씬 좁은 경우가 많다. 그러나 이러한 디지털 레이어는 언제 어디서든 활용될 수 있고, 사용자가 바라보는 위치에 따라 고유한 경험이 생성되기 때문에 가능성이 무궁무진하다고 할 수 있다. 자동차의 전방 표시 장치heads-up display(운전 중에 고개를 숙이지 않아도 계기판을 볼 수 있게

---

* 　유니티Unity와 언리얼 엔진Unreal Engine은 모두 3D 가상 세계를 만들 수 있는 게임 엔진이다.

하는 장치)와 구글 글래스(사용자의 모습을 녹화하는지 여부가 불분명하여 개인정보를 침해한다는 오명을 안고 있음)는 물론이고 매직리프MagicLeap (증강현실 헤드셋)나 홀로렌즈HoloLens부터 직접 망막에 정보를 투사하는 미래형 콘택트렌즈까지, 증강현실은 우리의 삶을 급진적으로 변화시키고 있다. 실제로 2021년에는 오랜 경력의 업계 전문가인 밍치 쿠오Ming-Chi Kuo가 2032년이 되면 애플의 아이폰이 증강현실 기기로 바뀌어 있을 것이라고 예측하기도 했다.[18]

　가상현실보다 증강현실이 우리 삶에 더 큰 영향을 미칠 가능성이 높지만 증강현실은 달성하기가 훨씬 어렵다. 끊임없이 변화하고 무질서하기 때문에 통제가 불가능한 현실 세계를 다루어야 하고, 좀 더 실감 나는 경험을 위해 디지털 객체를 실제 사물 뒤로 숨겨야 할 때도 있기 때문이다. 오클루전occlusion(가림 효과)이라고 불리는 이 개념은 특히나 풀기 어려운 과제이다.[19] 게다가 크고 무거운 기기를 머리에 쓰고 가상현실을 즐기는 것은 괜찮을지 몰라도 증강현실 경험을 위해 무거운 기기를 쓰고 거리를 활보하는 것은 이상적이지 않다. 불편한 것은 물론이고 안전하지도 않기 때문이다. 증강현실이 대중화하기 위해서는 착용이 간편하며 기왕이면 멋스럽고, 전방 180도에 가까운 인간의 시야 범위와 일치하는 시야를 제공하는 스마트 안경이 필요하다. 물론 이런 장치를 개발하는 것이 쉽지는 않지만 기술은 급속도로 발전하고 있다.

　2021년에 스냅Snap이 출시한 스펙터클 ARSpectacles AR은 시야 범위가 26.3도에 불과하고 배터리 수명이 30분밖에 되지 않았지만(이 책의 집필 시점에는 개발자만 사용이 가능했음) 기술적으로 가장 진보한 증강현실 안경이었다.[20] 그리고 2022년 소비자 전자제품 전시회CES에서 증강현실 글래스 전문기업인 쿠라Kura는 시야 범위가 150도이고 투명도는 95퍼센트이며 무게는 불과 80그램밖에 되지 않고 해상도가 한쪽 눈당 8K나 되는 쿠라 갈륨Gallium이라는 증강현실 안경을 선보였다.[21] 기술이 향상되고 있지만 높은 비용(홀로렌즈와 매직리프 모두 수천 달러에 이르며 쿠라 갈륨도 약 1,200달러에 달한다)과 오클루전 문제로 인해 증강현실 안경이 단기간에 대중화되기는 어려울 듯하다. 그러나 일단 하드웨어가 뒷받침된다면(애플 글래스 또는 어떤 이름이 됐든 애플의 증강현실 안경 출시가 분기점이 될 것으로 예상한다) 증강현실은 가상현실보다 우리 사회에 훨씬 큰 영향을 미칠 것이고, 메타버스로 가는 본격적인 출발점이 될 것이다. 해결해야 할 여러 과제가 있음에도 불구하고 앞으로 가상현실 기기나 증강현실 기기는 우리가 지금 늘 지니고 다니는 스마트폰 수준으로 보편화될 것이 분명하다.

이처럼 해결해야 할 과제가 있다고 해서 오늘날 우리가 증강현실을 경험할 수 없는 것은 아니다. 애플의 아이폰에서는 AR 키트를 사용해 다양한 AR 애플리케이션을 실행할 수 있고, 안드로이드폰에서는 구글의 AR 코어를 사용하면 된다. 스마트폰이나 태블릿에서 증강현실을 경험할 수 있는 앱은 이미 무수히 많이 나와 있다. 이런 앱을 이용하면 여행 중 주요 지형지물의 정보를 얻을 수도 있고, 휴대폰으로 스캔하기만 하면 실제 제품과 똑같이 생긴 3D 디지털 모형을 확인할 수도 있다. 한 가지 흥미로운 예가 있다. 2022년에 발행된 멕시코의 신규 지폐는 스마트폰으로 스캔하면 멕

시코의 역사와 문화에 관한 증강 애니메이션을 실행한다. 고유한 경험을 제공하고 교육적인 측면도 포함하면서 위조 방지를 위한 보안성을 향상시키는 데 증강현실을 활용한 훌륭한 예이다.[22] 물론 스마트폰을 사용한 증강현실 경험은 증강현실 안경, 궁극적으로는 스마트 콘택트렌즈를 사용하는 것만큼 편안하고 매끄러운 경험은 아닐 것이다.

　너무 먼 미래로 갈 필요도 없이 지금으로부터 5년에서 10년 후가 되면, 증강현실 기기를 휴대하지 않고 거리를 걷는 사람은 획기적인 거리 예술부터 하늘을 날아다니는 환상적인 생명체, 몰입형 개인 맞춤 광고(물론 증강현실 광고 차단 프로그램으로 차단 가능하다) 등 거리에서 경험할 수 있는 모든 볼거리를 놓칠 가능성이 높다. 다시 말해, 앞으로 5~10년 안에 증강현실이 현실 세계의 일부가 되리라고 예상할 수 있다. 증강현실을 경험할 수 있는 웨어러블 기기가 없으면 물리적 세계에서 소외될 공산이 크다. 증강현실이 새로운 현실이 되는 것이다. 현실과의 경계가 점차 흐려지고 가상현실과 증강현실은 확장현실XR, eXtended Reality로 병합되며, 가상현실과 증강현실을 넘나들면서도 기기를 바꿔 착용할 필요도 없어진다.

　이러한 단계에 도달하리라 예상되는 2030년대 초 무렵이면 메타버스가 도래해 있을 것이다. 스마트폰과 노트북을 사용하는 일은 가상현실용 기기와 증강현실용 기기를 따로따로 쓰는 것만큼이나 불필요한 일이 될 가능성이 높다. 엔터테인먼트를 즐기거나 사람들과 어울릴 때, 그리고 일을 할 때에도 날렵한 모양의 확장현실 안경 하나만 쓰면 모든 것이 해결된다.

가상현실과 증강현실은 현재 우리가 살고 있는 물리적 세계와 디지털 세계와의 격차를 줄이는 징검다리가 될 것이다. 두 기술 모두 사용자가 물리적 환경과 가상 환경에서 디지털 방식으로 만든 콘텐츠를 경험하게 하는 몰입형 기술이며, 우리가 일하고 즐기며 사람들과 관계 맺는 방식을 변화시킬 것이다.[23] 메타버스에서 가상현실과 증강현실이 중요하긴 하지만, 가상현실이나 증강현실이 메타버스로 진입하는 유일한 방법은 아니다. 특히 오늘날 우리가 접하는 메타버스 경험의 대부분은 누가 봐도 몰입형 3D 경험이 아니다.

가장 잘 알려진 예로 게임 분야를 들 수 있다. 포트나이트, 마인크래프트, 로블록스, 디센트럴랜드, 엑시 인피니티와 같은 인기 있는 게임들은 일부 사용자에게는 삶의 중요한 부분이 되기도 하는 가상의 2D 소셜 경험을 제공하며 수백만 명의 사용자와 수십억 달러의 자금을 끌어 모으고 있다. 이중 어떤 플랫폼도 가상현실 게임이나 증강현실을 활용한 게임을 제공하고 있지 않지만, 그 사실이 이들이 현재 메타버스를 주도하는 플랫폼이 되는 것을 막지는 못했다. 그러나 메타버스 공간에서 3D 가상 환경을 구현하는 것은 시간문제다. 솜니움 스페이스Somnium Space와 솔리스Solice 같은 플랫폼은 이미 웹 브라우저와 가상현실을 통해 접속할 수 있다. 가까운 미래에는 이와 같이 가상현실 얼리어답터와 웹 또는 모바일 브라우저 경험을 즐기는 주류 소비자층을 동시에 수용하는 하이브리드 형태의 환경을 더 많이 볼 수 있을 것이며, 이로써 우리는 그 어느 때보다 더 가까이 메타버스에 다가갈 수 있을 것이다.

메타버스, 마법과도 같은 상상의 세계

1973년, 전설적인 작가 아서 클라크Arthur C. Clarke는 "충분히 진보한 기술은 마법과 구별할 수 없다"라는 제3법칙을 고안했다.[23a] 메타버스의 여명을 경험한 오늘날, 이 법칙은 그 어느 때보다 더욱 진실로 받아들여지고 있다. 아직은 걸음마 단계에 있지만, 기술의 융합으로 향후 몇 년 안에 메타버스는 기하급수적인 속도로 발전할 것으로 예상된다. 2020년대가 막을 내리기 전에 모바일 또는 소셜 인터넷은 언제 어디서나 존재하며 끊임없이 마법이 일어나는 것처럼 보이는 영속적인 몰입형 인터넷으로 전환될 것이다. 메타버스는 새로운 시대, 즉 '상상의 시대Imagination Age'를 열 것이다.

'상상의 시대'는 디자이너 겸 작가인 찰리 머기Charlie Magee가 1993년에 만들어낸 용어다. 이는 이론적으로 창의성과 상상력이 경제 가치의 주요 동인이 되는 '정보화 시대' 이후에 이어지는 시기를 말한다.[24] 특히, 지금 존재하는 많은 직업들이 인공지능과 로봇공학으로 인해 자동화될 것이기 때문에 메타버스는 온 힘을 다해 상상의 시대를 촉발하여, 이론의 영역에 있던 상상의 시대를 현실 세계로 끌어낼 것이다. 메타버스는 전에 없던 방식으로 창의성에 대한 보상을 제공한다. 대체불가토큰NTF이 가진 변혁의 힘 때문이다. 콘텐츠 창작자가 생계를 꾸려갈 수 있게 되고, 창의성은 커뮤니티의 평가에 따라 보상을 받는다. 메타버스에서는 누구나 아티스트가 되어 자신이 만든 세계와 자신의 창작물을 공유할 수 있다. 그렇다면 우리는 메타버스를 어떻게 정의할 수 있을까?

먼저 한 가지 오해부터 짚고 넘어가자. 이 세상에 존재하는 메타버스는 단 하나이다. 인터넷이 하나인 것과 마찬가지이다. 메타버스 안에는 사람들이 휴식을 취하고, 엔터테인먼트를 즐기며, 타인과 관계를 맺고, 일하고 협업할 수 있는 공간 및 세계, 환경과 경험이 무한하게 펼쳐진다. 그중 일부는 메타의 호라이즌 월드Horizon Worlds나 에픽 게임즈의 포트나이트와 같은 월드 가든이 될지도 모른다. 그러나 우리가 올바르게 구축하기만 한다면, 개방적이고 탈중앙화되어 있으며 커뮤니티 중심적이고 사용자가 통제권을 갖는 세계가 다수를 구성하는 메타버스로 만들 수 있다. 물론 모든 것이 공개되고 커뮤니티 중심적이 될 수는 없다. 일부는 맞는 디지털 키를 소유한 사람만 접속할 수 있는 보안된 가상 공간이 될 수 있다. 회사 사무실도 거기에 맞는 물리적인 열쇠가 있어야 들어갈 수 있는 것과 같은 이치이다. 2장에서는 개방형 메타버스와 폐쇄형 메타버스에 관한 논의와 각각의 방식이 불러올 결과에 대해 자세히 살펴볼 것이다.

메타버스가 현실과는 거리가 먼 이야기 같지만 그것은 전혀 사실이 아니다. 메타버스의 일부가 될 구성요소와 플랫폼은 이미 수년 전부터 존재하고 있으며, 메타버스도 수년에 걸쳐 제작되고 있다. 이는 지난 2년을 거치면서 분명해졌다. 팬데믹 속에서도 한 줄기 희망이 있었다면, 그것은 바로 코로나19가 우리를 디지털 시대로 몰아넣었다는 점이다. 아주 오랫동안 우리 사회의 조직들은 다양한 이유를 들어 디지털 전환 계획을 미뤄왔다. 하지만 팬데믹이 닥치자 전 세계의 조직들은 사실상 하룻밤 사이에 원격 근무로 전환해야 하는 상황에 처했고, 다행히 이를 가능하게 할 기술이 있어서 대다수는 큰 문제없이 원격 근무를 시작할 수 있었다.

해마다 나는 다음 해의 기술 동향 예측 보고서를 작성하는데, 만약 내가 2019년 말에 3개월 후에는 대부분의 조직이 재택근무를 도입하게 될 것이라는 예측 보고서를 썼다면 사람들은 나를 미쳤다고 생각했을 것이다. 그런데 그런 일이 실제로 일어났다. 다행스럽게도 기술은 준비되어 있었고, 회사로 출퇴근하던 많은 사람들의 아침 통근 시간은 여유로운 기상과 아침식사 시간으로, 사무실 안에서 나누던 일대일 대화는 걸어 다니면서 하는 전화 통화로, 회의실에 옹기종기 모여 앉아 하던 회의는 자택 사무실에서 줌, 팀즈, 구글 행아웃을 통해 진행하는 것으로 바뀌었다. 물론 텍사스의 한 변호사가 온라인 법정에 고양이 모습으로 판사 앞에 등장하는 등 예상치 못했던 문제가 발생하는 경우도 있었다. 그보다 좀 더 심각한 데이터 보안 문제도 있었지만 이는 다행히도 비교적 빨리 수정이 되었다. 대체적으로 우리는 놀라울 정도로 잘 해냈다. 원격 근무로의 전환을 비롯해 온라인 사교 모임, 온라인 펍 퀴즈, 심지어 가상 버닝 맨 축제Burning Man festival(미국 네바다 주 블랙록 사막에서 매년 일주일 동안 개최되는 행사로, 사막에서 공동 생활을 하며 자신을 표현하는 창조적이고 자유로운 축제-옮긴이)를 완벽히 치를 수 있었던 것도 기술이 마련되어 있지 않았더라면 불가능했을 것이다. 팬데믹이 5년 혹은 10년 전에 발생했다면 이렇게 쉽게 디지털 시대로 전환할 수 없었을 것이다.

1990년대 말 인터넷이 시작된 이후, 우리는 서서히 아날로그

종족에서 디지털 종족으로, 다시 말해 '호모 디기탈리스Homo Digital-is'로 변화하고 있다. 오늘날 인류의 대다수에게 인터넷은 일상이 되었고, 우리는 하루의 많은 시간을 인터넷을 하며 지낸다. 나를 포함해서 많은 사람들이 하루의 대부분을 온라인에서 보낸다. 하지만 2022년 현재 약 29억 명의 사람들이 인터넷에 '접속'한 적도 없다는 사실을 잊어서는 안 된다.[25] 일론 머스크Elon Musk의 스타링크 Starlink 프로젝트(궁극적으로는 지구와 화성 간 통신망을 구축할 목적으로, 기존 통신망의 한계를 극복하기 위해 구상된 스페이스X의 신개념 위성 인터넷 사업-옮긴이) 덕분에 향후 10년 내에 지금껏 인터넷에 접속하지 못한 약 30억 명의 사람들이 인터넷과 곧 다가올 메타버스에 접속할 수 있을 듯하다. 모든 인간이 인터넷에 접속할 수 있을 때에 우리는 비로소 스스로를 '디지털 종족'이라고 말할 수 있을 것이다.

우리는 향후 몇 년 내로 디지털 여정의 역사상 가장 큰 변화, 즉 메타버스로의 진입이라는 진정한 패러다임의 전환을 경험하게 될 것이다. 인터넷과 분리가 가능했던 상태에서 벗어나 인터넷에 완전히 연결되고 푹 빠져들기 위한 의식적인 조치를 취해야 한다. 인터넷은 우리가 숨 쉬는 공기나 전자기기를 충전하는 데 사용하는 에너지처럼 우리 일상에 스며들 것이다. '인터넷에 접속한다'라는 말조차 사라지고, 인터넷은 메타버스에 가면 그냥 거기에 있는 것이 될 것이다. 언제라도 상호작용이 가능하다. 좋아하는 까페에 앉아 카페라떼를 홀짝이며 스마트 안경을 통해 사무실을 볼 수도 있고, 집으로 가는 자율주행 자동차 안에서 집에 있는 가전제품에 말을 걸 수도 있다. 수면 추적 앱이 간밤의 모든 움직임을 모니터

하여 수면 상태를 분석해주고, 그에 따라 기상 후 가상 명상 시간을 자동으로 조정해준다. 메타버스는 물리적 세계와 디지털 세계를 완전히 융합한다. 아니면 적어도 마이크로소프트의 CEO 사티야 나델라Satya Nadella가 말한 것처럼, (스마트폰, 컴퓨터, 증강현실/가상현실 헤드셋을 포함해 아직 발명되지 않은 미래의 기기와 같이) 우리가 상상할 수 있는 온갖 종류의 연결된 기기을 통해 두 세계가 상호작용하는 사이에, "컴퓨터는 현실 세계에 녹아들고, 현실 세계는 컴퓨터로 파고들어"[26] 양쪽 세계에 추가적인 계층을 창조해낼 것이다.

메타버스는 차세대 인터넷, 다시 말하면 디센트럴랜드, 마이크로소프트 메시Microsoft Mesh, 포켓몬GO, 포트나이트와 같은 몰입형, 대화형, 영속적인 형태의 온라인 디지털 경험을 지원하는 새로운 버전의 인터넷이라고 볼 수도 있다. 메타버스는 단일한 장소가 아니다. 영화 〈레디 플레이어 원〉에서 묘사된 것처럼 하나의 특정한 가상 세계도 아니다. 메타버스는 물리적 세계와 디지털 세계가 융합되는 곳으로, 그곳에서는 개인의 신원, 성격, 평판, 자산은 물론이고 모든 (가상 혹은 물리적) 장소와 조직과 사물에 관한 모든 역사와 느낌 및 감정 등의 모든 데이터를 전혀 새로운 방식으로 주고받고, 통제하고, 경험함으로써 사람과 사물이 마법과도 같은 경험, 상호작용, 그리고 환경을 만들어낼 수 있다. 인터넷이 1990년대 중반까지만 해도 전혀 상상할 수 없었던 완전히 새로운 애플리케이션을 만들어냈던 것처럼 디지털 세계와 물리적 세계의 융합은 아직 개발되지 않은 새로운 애플리케이션의 탄생을 가능하게 할 것이다. 서브스페이스Subspace의 CEO 바얀 토피그Bayan Towfiq

는 "메타버스는 콘솔로 조종하는 슈퍼 마리오 게임보다 더 비디오 게임 같다"라고 묘사했다.[7] 메타버스에서는 온갖 종류의 새로운 경험을 만들어낼 수 있다. 그런데 '메타버스'를 구축하고 있다는 회사들은 '인터넷'을 구축 중이라고 설명하는 회사와 같은 회사일지도 모른다.

메타버스에서는 인간과 기계 간에 2D 및 3D 콘텐츠, 공간적으로 구성된 정보와 경험, 실시간 동기식 통신이 매끄럽고 원활하게 상호작용한다. 브랜드들은 이미 너무나도 기발한 '피지털phygital' 경험을 경험을 개발하고 있다. 예를 들어, 2022년 초에 나이키와 EA 스포츠EA Sports는 나이키 런클럽NRC 앱을 실행하고 현실 세계에서 5마일(약 8.3킬로미터)를 달리면 매든 NFL Madden NFL(1988년부터 일렉트로닉 아츠에서 출시한 미식축구 비디오게임 시리즈-옮긴이) 게임에서 특별한 보상을 받을 수 있는 경험을 개발했다.[28] 이렇게 우리는 완전히 새로운 경험을 훨씬 더 많이 기대할 수 있게 된다. 메타버스의 일부로서 그 사용자와 조직, 사물은 기존의 시각과 청각을 뛰어넘는 데이터를 구성하고 상호작용할 수 있다. 예를 들면, 전 세계에서 발생하는 지진에 관한 뉴스를 보거나 듣는 대신 세계 표준 지진계에 무선으로 연결된 체내 센서를 통해 실시간으로 지진을 느끼는 것도 가능하다. 황당무계한 생각 같은가? 그렇지 않다. 이미 2012년에 스페인의 예술가인 문 리바스Moon Ribas가 정확히 이러한 상황을 구현해냈다. 그는 지구상에 있는 모든 지진 활동을 느끼기 위해 자신의 몸에 여러 개의 센서를 이식했고, 그 후로 7년 동안 지구의 진동을 감지한 것으로 알려져 있다.[29] 이와 같은 새로운 경험 또한 메타버스의 일부가 되어 미래에는 아주 흔한 일이 될 것이다.

인공지능, 기계 학습, 사물인터넷, 5G(및 곧 나올 6G)부터 가상현실과 증강현실에 이르는 다양한 기술을 활용하면 메타버스 내에서 현실과 가상 세계를 초월하는 온갖 종류의 몰입 경험을 만들어낼 수 있다. 이러한 경험에 한계를 긋는 것은 우리의 상상력밖에 없다. 물리적 세계와 디지털 세계는 이미 나날이 융합되어가고 있다. 줌의 가상 배경화면, 현실 세계의 물건을 구매할 수 있는 암호화폐를 생각해보라. 우리가 가상 세계와 물리적 세계를 구분하는 것을 멈추고 하나로 보기 시작할 때 메타버스가 진정 도래했다고 할 수 있다.

메타버스에는 엄청나게 다양한 가상 세계나 증강 세계, 경험과 환경이 생겨날 것이고, 인터넷과 마찬가지로 메타버스도 커뮤니티 중심, 콘텐츠 창작자 중심이 될 것이다. 차이점이 있다면 메타버스는 그 혜택을 커뮤니티와 콘텐츠 창작자가 공유함으로써 좀 더 평등한 사회를 이룰 수 있는 두 번째 기회가 될 것이라는 점이다. 최대한 사회에 이익이 돌아가게 하기 위해서 메타버스는 개방적이어야 하고, 자신의 신원과 데이터는 개인적인 것이어야 하며, (플랫폼 간의 상호운용성이 구현되어 신원, 평판, 자산, 데이터 등의) 이동이 가능해야 하고, (자신의 신원, 자산, 데이터를 본인이 관리하며) 비공개로 유지되고, (데이터, 신원, 창작한 경험이 본인의 동의 없이는 변경되지 않을 뿐만 아니라 언제든지 다른 경험으로 이동이 가능하며 이러한 경험은 시간의 흐름에 따라 진화하고 해당 경험의 창작자가 제거하지 않는 이상

사라지지 않는) 영속성을 가지고 있으며, (데이터와 신원을 도난당할 우려가 없도록) 보안이 보장되어야 한다.[30]

이러한 특징들은 다음 장에서 좀 더 자세히 살펴보기로 하자. 한동안은 메타나 포트나이트와 같은 월드 가든이 존재하겠지만, 궁극적으로 우리는 사회 전체에 도움이 되는 개방형 메타버스를 이루기 위해 노력해야 한다는 것이 나의 생각이다. 그렇게 되면 사용자가 열심히 노력해 이뤄낸 작업물과 수입을 다른 환경으로 이전할 수 있게 된다. 물론 폐쇄형 플랫폼이 존재하면 안 된다는 뜻은 아니다. 7장에서 설명하겠지만, 주주와 사회가 가져가는 이익은 그냥 못 본 척하기에는 너무나 크다. 월드 가든을 개방하고 상호운용성, 개인정보 데이터 보호, (개인 및 조직, 사물을 포함한) 자기주권 신원을 수용하는 기업은 상당한 이익을 얻을 수 있다.* 어떤 이유 때문에 우리 인류가 이러한 개방형 메타버스를 만들지 못하더라도 다양하고 놀라운 몰입 경험을 접할 수는 있다. 하지만 개방형 메타버스를 만들지 못하면 빅테크 기업이 우리의 데이터와 신원을 통제하고, 메타버스가 가져올 조 단위 가치의 대부분은 사회에 폭넓게 공유되지 않은 채 소수의 사람들과 회사들이 점유하는 웹 2.0의 패러다임에 계속 갇혀 있게 될 것이다. 더 큰 파이 조각을

---

* 2022년 3월 유명 대체불가토큰NFT 보어드 에이프 요트 클럽(BAYC, Bored Ape Yacht Club, 지루한 원숭이들의 요트 클럽)을 만든 유가 랩스Yuga Labs 사는 불과 1년 만에 4억 5,000만 달러를 모금했다. 보어드 에이프의 시장 가치는 40억 달러에 이르는 것으로 평가받는데, 보어드 에이프를 소유한 사람이라면 누구나 보어드 에이프의 저작권과 지적재산권을 공동으로 소유할 수 있게 하여 소유자들이 자신의 투자로 상당한 가치를 창출할 수 있도록 한 것이 시장 가치에 크게 기여한 것으로 보인다.

차지하기 위해 싸우는 대신, 개방을 통해 엄청나게 큰 파이를 만들기만 하면 빅테크 기업들까지도 이익을 볼 수 있다. 이는 더 말할 필요도 없는 일반적인 비즈니스 상식이다.

개방형 메타버스는 물리적, 시공간적 제약 없이 인류와 기술이 균형 잡힌 상호관계로 공존하며(즉, 윈윈 게임이 되는 상황, 제로섬 게임이 없는 사회), 계속해서 진화하고 탈중앙화되며 창작자가 중심이 되는 생태계이다. 그 안에서 인류는 예전에는 상상하지 못했던 방식으로 현실 세계와 디지털 세계를 경험하게 될 것이다.

메타버스의 6가지 특징

메타버스 내에서 우리를 구속하는 것은 자신의 창의력과 본인의 가처분 자산밖에 없다. 디지털 세계인 메타버스에서는 마음만 먹으면 무엇이든지 만들어낼 수 있다. 물리적 세계와 상호작용을 하더라도 결국 디지털 세계에서는 물리의 법칙이 적용되지 않는다. 이러한 관점의 변화는 메타버스 내의 가상 세계와 가상 경험을 구성할 때 열린 마음을 갖는 데 중요한 역할을 한다. 메타버스 경험을 개발하면서 고객과 몰입형 소셜 게임을 개발하고자 하는 게임 개발자 또는 자사 공급망에 디지털 트윈을 편입시키고 싶어 하는 산업체의 마음을 사로잡을 만한 브랜드를 만들 수 있다면 당신은 더 이상 현실 세계의 자원 부족과 제한된 여건에 얽매이지 않아도 된다.

그러므로 가상 세계에서 현실 세계를 모방하는 것은 말도 되지 않는다. 메타버스에는 무한한 공간이 있다. 사용자는 한 경험에서 다른 경험으로 순식간에 이동할 수 있다. 따라서 인위적으로 디지털 부동산을 희소하게 만드는 것은 소수의 내부자 그룹에는 유익하고 (2017년의 암호화폐공개ICO 당시의 과장 광고와 유사한 방식으로) 신생 기업에게는 자금을 모으는 새로운 방법일 수도 있지만, 다른 관점에서 본다면 아무런 의미가 없다. 메타버스에서는 누구나 자신이 원하는 것을, 원하는 곳에, 원하는 대상을 위해, 원하는 방식으로 만들어낼 수 있다. 이처럼 창작자에게 허용되는 완전한 자유는 틀림없이 매혹적인 경험을 만들어낸다. 하지만 그것이 개방형 메타버스에서 작동하게 하려면 창작자(개인, 신생 기업, 브랜드, 대기업, 그리고 정부도 포함됨)는 메타버스에서 가상 세계를 구축할 때, 앞서 언급한 데이터의 다섯 가지 원칙을 지키는 동시에 다음과 같은 메타버스의 여섯 가지 특징을 고려해야 한다.

- 상호운용성
- 탈중앙화
- 영속성
- 공간성
- 커뮤니티 중심
- 자기 주권

각 특징을 하나씩 살펴보면서 고유한 경험을 제공하는 개방형 메타버스를 어떻게 만들어야 할지 전체적인 그림을 파악해보자.

상호운용성

정해진 크기의 파이에서 더 큰 조각을 얻으려 하는 대신 더 큰 파이를 만들고자 한다면 가장 중요한 것은 상호운용이 가능하게 만드는 것이다. 상호운용성을 통해 네트워크를 확대하고 고객이 네트워크를 통해 얻는 외부 가치를 증대할 수 있기 때문이다. 상호운용성이 약한 플랫폼은 한번 플랫폼에 들어온 사용자를 계속 붙잡아두기 때문에 네트워크 소유자에게 압도적으로 유리하다. 왓츠앱이 좋은 예이다. 왓츠앱은 왓츠앱 계정을 가진 친구가 많을수록 더 쉽게 친구와 연락할 수 있으며, 이런 시스템을 통해 매우 강력한 네트워크 효과를 누리고 있다.

또한 상호운용성이 떨어질 경우 최종 사용자의 높은 전환 비용을 감수해야 한다. 짐작컨대 이는 2014년에 페이스북이 왓츠앱을 인수하면서 190억 달러나 지불한 이유 중에 하나일 것이다. 2021년 저커버그가 2014년에 자신이 한 말을 뒤집고 좀 더 정확한 타깃 광고를 위해 페이스북에서 왓츠앱 데이터를 공유하겠다고 발표하자 선택할 수 있는 소셜 메시징 플랫폼이 차고 넘치도록 많은 상황에서 많은 사용자들이 텔레그램이나 시그널로 옮겨갔다. 텔레그램과 시그널의 사용자 기반은 증가했지만, 왓츠앱의 높은 전환 비용 때문에 사실상 왓츠앱에 그다지 큰 영향을 주지는 못했다. 메시징 플랫폼 간에 상호운용성이 떨어지기 때문에 자신과 메시지를 주고받는 모든 친구들과 함께 플랫폼을 이동해야만 그 플랫폼에서 완전히 벗어날 수 있다. 하지만 모든 친구들과 함께 메시징 플랫폼을 옮기는 것은 사실상 거의 불가능하다. 수조 달러의 가치가 사회 전체에 돌아가게 하기 위해 메타버스에서는 이와 같은 플랫폼 간의 장벽이 형성되지 않도록 해야 한다.

상호운용성은 사용자가 한 플랫폼 내에서 생성한 가치를 어느 선까지 인출해 다른 플랫폼으로 가져갈 수 있으며, 마찬가지로 다른 플랫폼에서 생성한 가치를 아무런 장벽 없이 이쪽 플랫폼으로 얼마나 가져올 수 있는지가 관건이다. 상호운용성은 사용자가 한 환경에서 취득, 구매, 획득한 디지털 자산을 다른 디지털 환경 또는 다른 물리적 환경에서 사용할 수 있게 한다. 또한 사용자가 자신의 데이터와 자산을 한 플랫폼에서 다른 플랫폼으로 이전할 수 있고 공개 시장에서 결정된 시가에 따라 다른 사용자에게 판매할 수 있는 수단을 제공한다. 이러한 경험이 원활할수록 메타버스가 사회에서 창출하는 전체 가치는 더욱 커진다.

서로 다른 플랫폼을 쉽게 연결할 수 있는 이메일과 API(애플리케이션 프로그래밍 인터페이스)를 가능하게 하는 표준이나 프로토콜과 유사한 방식으로 모두가 동의하는 표준과 프로토콜 및 개발 프레임워크를 만들면 상호운용성을 달성할 수 있다. 하지만 메타버스에 대한 상호운용성을 보장하기 위해서는 해결해야 할 과제들이 있으며, 여기에는 글로벌 표준, 프로토콜, 프레임워크 이상이 요구된다. 또한 상호운용이 가능한 자산이 여러 가상 세계에서 사용될 수 있도록 그 기능과 규칙 등에 합의가 있어야 한다.[31] 회의가 너무 길어진다든가 동료가 또 신경을 긁는다고 해서 회의 중에 그랜드 테프트 오토Grand Theft Auto(1997년부터 록스타 게임즈 사에서 발매하기 시작한 비디오 게임 시리즈-옮긴이)에서 로켓을 발사하는 일은 방지해야 하니까 말이다. 게다가 세계가 다르면 설계 디자인도 달라지기 때문에 자산을 마인크래프트 같은 로우 폴리곤 세계a low-poly world에서 포트나이트 같은 하이 폴리곤 세계a high-poly world로 가져가거나 반대로 하이 폴리곤 세계에서 로우 폴리곤 세계로 이전할 때 사용자 경험이나 전체 환경이 깨질 수도 있다.[*]

이러한 관점에서 표준이라는 것은 모든 이가 실행하기로 결정한 상호운용성 프로토콜이라고 할 수 있다. 이는 또한 두 개의 서로 다른 사물이나 세계가 함께 작동할 수 있도록 하는 합의이며, 인류는 지금까지 그러한 합의를 도출해내는 데 뛰어난 능력을 보였다. 화폐 표준을 생각해보자. 우리는 원하는 제품은 무엇이든 미국 달러화나 유로화로 살 수 있다. USB 표준을 이용해서 (휴대전화와 같은) 하나의 하드웨어를 (노트북 등의) 다른 하드웨어에 쉽게 연결할 수 있다. 그 어떤 것의 표준도 만들어낼 수 있지만 메타버스에서는 상호운용성이 대부분의 디지털 자산의 형식이 될 것이다. 다시 말해, 자산 형식에 포함된 정보의 유형은 합의된 상호운용성 표준을 따라야 한다. 그래야 메타버스 어디로든 유형에 관계없이

---

[*] 모델 또는 환경에서 말하는 로우 폴리곤 혹은 하이 폴리곤은 환경 내에서 디테일의 수준과 리얼리즘의 정도를 결정하는 폴리곤의 개수를 뜻한다. 개발자는 직선으로 된 2D 평면 도형인 폴리곤을 결합하여 디지털 모델을 만든다. 폴리곤의 수가 많을수록 더욱 현실적인 모델을 만들 수 있으며, 아바타나 디지털 자산을 렌더링하는 데 더 높은 컴퓨팅 사양이 필요하다.

자산을 가져올 수 있고, 앞으로 있을 수백만 개의 메타버스 공간, 세계, 경험이 암호화된 디지털 자산을 풀고, 처리하며 사용하는 방법을 이해할 수 있다. 이는 당장에 우리 앞에 놓여 있는 거대한 도전 과제이다. 크로노스 그룹The Khronos Group의 선출직 회장인 닐 트레벳Neil Trevett이 말했듯이 "우리에게는 표준군群이 필요하다."[32]

실제로 국제표준기구ISO나 크로노스 그룹과 같은 표준 기구가 상호운용성 표준을 정립하려 노력하고 있다. 그러나 아무리 열심히 노력한다고 해도 결국 표준은 개방형 메타버스와 폐쇄형 메타버스 중 우세한 시장에 따라 결정된다. 빅테크 기업이 자체 사양을 밀어붙이기로 결정하고 시장이 이를 받아들인다면 우리는 결국 창작자나 최종 사용자가 메타버스에서 획득할 수 있는 잠재적 가치를 제한하는 월드 가든에 갇힐 수밖에 없다. 그런데 다행스럽게도, 아바타 파일을 업로드할 때 사용되는 표준이 .fbx 표준에서 .glTF 표준으로 전환되는 등 기업 소유의 표준에서 개방형 표준으로 이동하는 움직임이 보이고 있다.**

디지털 자산의 소유권 및 거래 증명 또한 상호운용성의 중요한 측면이다. 다행히도 이 문제는 대체불가토큰NFT과 대체 가능 토큰(암호화폐), (탈중앙화) 마켓플레이스로 대부분 해결되었다. 이

** .glTF는 그래픽 언어 전송 형식Graphics Language Transmission Format의 약자로 필름박스Filmbox를 나타내는 .fbx와 유사한 3D의 표준 파일 형식이다. .fbx 형식은 2006년에 개발되어 오토데스크Autodesk가 독점 소유한 파일 형식인 반면 .glTF 형식은 크로노스 그룹이 만든 공개 표준이며 곧 ISO 표준이 될 예정이다. 메타, 마이크로소프트, 레디 플레이어 미를 포함해 대부분의 회사가 주요 파일 형식을 .glTF로 전환하고 있다.

부분은 7장에서 NFT의 정의를 살펴보고 활기차고 풍요로운 메타버스 경제를 달성할 수 있는 방법을 살펴보는 과정에서 상세하게 다룰 것이다. 지금은 NFT의 장점이 수백만 달러짜리 JPEG 파일을 구매해서 친구들에게 자랑할 수 있다는 것이 아니라 디지털 자산의 소유권을 의심 없이 확인하고 증명할 수 있을 뿐만 아니라 메타버스 전역에서 그러한 자산의 출처를 추적할 수 있게 하는 것임을 아는 것으로 충분하다. NFT를 저장하는 암호화폐 지갑의 개인 키를 소유하고 있다는 것은 암호화폐 지갑과 그 안에 든 NFT를 소유하고 있음을 의미한다. 우체국의 우편함과 비교하면 가장 적절하다. 누구나 우편함에 무언가를 넣을 수 있고, 안에 무엇이 들었는지 들여다볼 수도 있지만 물리적 열쇠를 가진 사람만이 우편함을 열고 안에 든 것을 꺼낼 수 있는 것과 같다. 이러한 상호운용성의 문제를 극복할 수만 있다면 NFT는 메타버스 경제의 에너지원이 될 수 있다.

탈중앙화

가상 세계 혹은 가상 경험 간 자산의 교환을 가능하게 하는 것이 상호운용성이라면, 탈중앙화는 그러한 가상 세계와 자산 및 경험을 누가 제어하며, 성공했을 경우 이익을 얻는 사람이 누구인가가 핵심이다. 웹의 비전은 언제나 완전한 탈중앙화였다. 중앙집중식 플랫폼을 사용해 개인을 통제하고 착취하고 조종하는 빅테크 기업이나 정부가 아닌 개인이 권력을 갖는 것이다. 여기서 핵심은 데이터의 디지털 소유권과 통제권이며, 이를 위해서는 반드시 웹

2.0의 결함을 수정하여 누구도 통제하지 않으며 모두가 소유하는 메타버스를 만들어야 한다.

여기에서 블록체인과 지난 10년 동안 개발된 다양한 블록체인 기술이 등장한다. 다양한 게임을 즐기는 소비자든 공급망의 일부를 차지하는 기업이든, 메타버스는 이해당사자 간의 가치를 교환할 때 분산된 단일 진실 공급원에 의존해야 한다. 암호화 덕분에 탈중앙화된 분산형 메타버스에서는 데이터는 불변하고, 검증 가능하며, 추적 가능해지고, 가까운 정보의 단일 진실 공급원을 관리할 신뢰할 수 있는 중개자가 필요하지 않다. 이는 데이터나 (디지털) 제품의 출처가 효율적인 가치 교환과 완전한 투명성을 보장한다는 것을 의미한다. 블록체인을 사용하면 거래 결제에는 단 몇 초밖에 걸리지 않는다.[*] 어떤 디지털 자산이든 스마트 계약을 사용하면 코드에 규칙과 거버넌스를 끼워 넣을 수 있으며, 스마트 계약은 체결 즉시 자동으로 시행된다.

스마트 계약은 거래 또는 결정을 처리하는 스크립트로, 비트코드로 컴파일된 IFTTT(If This Then That의 약자로, 페이스북, 지메일, 인스타그램 등과 같은 타 소프트웨어를 관리할 수 있도록 도와주는 프로그램-옮긴이) 명령문으로 표현된다(물론 실제로는 훨씬 복잡하다). 스마트 계약

---

[*] 이는 사용하는 블록체인의 종류에 따라 크게 달라진다. 어떤 블록체인에서는 거의 즉각적으로 결제가 이루어지지만, 가장 잘 알려진 블록체인(비트코인 블록체인과 이더리움)의 경우 결제 속도가 상당히 느리다. 비트코인 블록체인의 경우 2022년 기준으로 초당 약 4.6건의 거래를 처리하고 있다. 비자카드는 평균적으로 초당 약 1,700건의 거래를 처리하고, 알리바바가 독신절Single's Day 하루에 초당 50만 건 이상의 거래를 처리했다.

은 두 명 이상의 행위자가 동의한 전제 조건이 충족되면 자동으로 실행되는 소규모 소프트웨어 프로그램이다.[33, 34] 스마트 계약에는 뚜렷하게 구분되는 세 가지 특징이 있다. 자율성, 탈중앙화, 자급자족(시간이 흐름에 따라 가치를 축적하고 소비함)이 바로 그것이다.[35] 블록체인에서 한번 스마트 계약이 시행되면 그것은 최종적이며 변경이 불가능하다(다시 말하면, 불가역적이고 검증 가능하며 추적이 가능해진다. 코드에 따라 특정 매개 변수를 변경하는 것이 가능한 경우도 있긴 하다).[36] 이는 거버넌스를 자동화한다. 원장은 데이터에 대한 법적 증거 역할을 할 수 있으며, 이로 인해 메타버스 세계의 데이터 소유권, 데이터 투명성, 자산 출처 및 감사 가능성의 중요성 또한 높아진다.

스마트 계약은 사람의 판단이 필요한 일을 점점 더 제거하고 신뢰의 필요성을 최소화할 것이다. 여러 개의 스마트 계약이 인공 지능 및 분석과 결합되면 의사결정 기능의 완전한 자동화가 가능해진다. 이는 활동을 조직하고 코드로 관리되는 커뮤니티를 구축하는 완전히 새로운 패러다임, 이른바 탈중앙화 자율 조직DAO, decentralized autonomous organizations의 등장으로 이어진다. 메타버스의 중요 부분을 차지하는 탈중앙화 자율 조직은 민주적 절차가 작동하는 방식과 커뮤니티가 형성되는 방식에 근본적인 변혁을 불러올 것이다.

스마트 계약은 NFT에 결부되는 규칙이 코딩되어 있기 때문에 NFT에서 매우 중요한 부분을 차지한다. NFT 제작자는 NFT에 어떤 규칙을 부여할지 결정할 수 있다. 예를 들면, 사람들이 온라인에서 NFT를 사용하는 방법과 NFT에 부여된 권리 등을 결정할 수 있다. 7장에서 NFT에 대해 면밀히 살펴보고 사용자가 자신이 소유한 디지털 자산으로 수익을 창출하는 방법에 대해 자세히 살펴볼 것이다.

메타버스의 탈중앙화는 메타버스의 성공에 결정적인 요소이며, 상호운용이 가능한 디지털 자산이 필요할 경우에는 더욱더 중요하다. 메타버스라는 맥락에서 탈중앙화는 (디지털) 자산의 소유권을 증명하고, 자신의 신원, 평판, 데이터(자기 주권)에 대한 통제권을 갖는 것이 핵심이다. 하지만 아직까지는 탈중앙화는 블록체인 기술을 사용해 컴퓨팅 파워, 대역폭, 데이터 스토리지를 분산하자는 의미는 아니다. 이러한 솔루션은 지금도 사용할 수 있긴 하지만 블록체인을 디지털 인프라로 활용하여 메타버스를 구동하기까지는 적지 않은 시간이 걸릴 것으로 보인다. 대화형, 실시간 몰입 경험을 위해서는 (초)고화질, 저지연성low latency, 초고대역폭 통신이 필요한데, 아직은 블록체인 기술이 이를 구현하지 못하기 때문이다.

그럼에도 불구하고 탈중앙화는 최종 사용자에게 권한을 부여하고, 창작자가 다수의 팬과 직접적인 관계를 맺을 수 있게 하며, 검열을 제한하고, (중개자를 거치지 않는) 무신뢰의 환경에서 암호화된 신뢰를 보장하기 때문에 개방형 메타버스에 반드시 필요한 요소이다.[37]

영속성

메타버스는 인터넷에 상시 접속되어 있고 영속적인 온라인 상태를 유지하기 때문에 메타버스에 접속할 수 있는 사용자라면 누구든지 창작자가 설계한 메타버스에서 가상현실이나 증강현실을 경험할 수 있다. 이러한 영속성은 증강현실 경험과 가상 세계에 적용되며 시간이 지남에 따라 진화하고, 사용자가 언제나 탐색할 수 있는 가상 경험을 가능하게 한다. 현실 세계와 마찬가지로, 사용자가 떠나더라도 영속적인 메타버스는 사라지지 않고 남아 있어야 한다. 예를 들어, 사용자가 증강현실 경험을 현실 세계의 특정 위치에 고정한 경우, 창작자가 제거하지 않는 이상 해당 증강현실 경험은 항상 그곳에 있다.

스마트폰이나 가상현실 안경에 해당 앱을 설치하고 스마트폰이나 태블릿 화면 혹은 가상현실 안경을 통해 하늘을 올려다보면 누구나 타임 스퀘어 상공을 날아다니는 용을 볼 수 있다. 타임 스퀘어에서의 물리적 위치에 따라 사람들은 같은 용을 각자 다른 각도에서 보게 된다. 여기서 한 걸음 더 나아가면 가상현실 속의 타임 스퀘어도 방문할 수 있는데, 그곳에서도 세계적 관광 명소인 타임 스퀘어 광장 위를 날고 있는 용을 볼 수 있다. 아마 적어도 10년은 더 지나야 가능하겠지만, 진정으로 영속적인 메타버스에서는 가상현실에 있는 사람들은 타임 스퀘어에서 용을 보고 있는 사람들의 아바타를 볼 수 있고, 현실 세상에 있는 사람들은 가상현실 안경을 통해 가상현실 세계에서 용을 보고 있는 아바타들을 볼 수 있다. 현실 세계와 가상 세계가 공존하는, 진정으로 영속적인 확장현실 경험이 가능해지는 것이다.

영속적인 메타버스의 핵심은 콘텐츠를 만든 사람만이 콘텐츠를 삭제할 수 있다는 점이다. 현실 세계의 건물이 영구적이고 소유주의 허가가 있어야만 철거할 수 있는 것과 비슷하다. 이 기술은 명예를 훼손하거나 공격적이고 불법적인 콘텐츠를 게시할 잠재적 가능성이 있는 범죄자나 테러리스트에 의해 사용될 수도 있다는 위험 요소를 내포한다. 예를 들어, 테러리스트 모집 포스터를 게시해도 영속성 때문에 제거가 불가능하다. 따라서 사용자가 현실 세계에 증강 경험을 드롭drop(NFT를 가상 공간에 떨어뜨리는 행위 – 옮긴이)할 수 있게 하는 플랫폼은 사용자가 아무 콘텐츠나 뿌리지 못하도록 미연에 방지하는 규칙을 제정해야 한다. 이는 지방정부가 아무 건물이나 짓지 못하도록 규제하는 것과 유사하다.

영속적인 메타버스는 무한한 (수익 창출의) 기회를 만들어내므로 아티스트와 콘텐츠 창작자는 디지털 세계와 가상 세계를 풍성하게 만들 수 있다. 창작자들은 노력에 대한 보상을 받고, 그들이 얻은 수익은 은행을 거치지 않고 바로 전달되기 때문이다. 예를 들어, 뱅크시(영국을 중심으로 신원을 밝히지 않고 활동하는 그래피티 작가. 사회 풍자적이며 저항정신이 담긴 작품으로 전 세계의 주목을 받고 있다-옮긴이)가 교통량이 많은 런던의 한 곳에 가상 그림을 드롭했다고 하자. 당신이 그 특정 위치에 있고 암호화폐로 소액의 돈을 지불하면 가상 그림을 볼 수 있다.* 가상 그림은 영속적이기 때문에 뱅크시가 삭제하지 않는 한 영원히 남아 있다.

기술적인 관점에서 메타버스는 매우 높은 정확도로 실시간 연결을 지속할 수 있어야 한다. 10명 또는 1,000명의 사람들이 각자의 위치에서 (가상의) 타임 스퀘어 위를 날아다니는 용을 볼 때 문제가 없어야 한다. 이처럼 높은 수준의 동시성을 유지하는 다자간

---

* 물론 법정 화폐로도 결제할 수 있지만 소액 결제에 사용하기에는 거래 비용이 높고 처리가 느린 편이다. 디지털 달러나 디지털 유로와 같은 중앙 디지털 화폐가 이런 한계를 극복할 수 있겠지만 정부가 시민의 개별 거래를 모니터링할 것이다.

연결은 기술적으로 해결하기 어려운 문제이다.[38]

공간성

공간적이지 않은 메타버스는 기회가 한정된 메타버스이다. 모든 가상 세계, 가상 공간, 가상 경험은 공간 앵커spatial anchor를 포함하여 가상 경험 혹은 증강 경험 안에 있는 객체를 영속적으로 만들어야 한다. 그래서 사람들이 그것을 찾을 수 있어야 하고, 현실 세계와 유사한 경험을 제공해야 한다. 이는 공간 음향을 사용함으로써 더욱 강화될 수 있다. 공간 데이터는 사용자가 가상 세계에 있든 현실 세계에 있든 (앞서 언급했던 미래 감각까지 포함한) 오감을 활용하여 가장 자연스러운 방식으로 디지털 아이템과 상호작용할 수 있게 한다. 공간 컴퓨팅은 신체적 행위(동작, 발화, 제스처)를 가상 경험이나 증강 경험에서의 디지털 상호작용으로 변환한다. 여기서 키워드는 물리적 세계 및(또는) 가상 세계에서 사용자(아바타) 또는 디지털 자산과 공간이 배치되거나 이동될 '위치location'이다.

각 사물, 사용자 또는 공간은 고유 식별자, 거버넌스, 상호작용 규칙(블록체인에 기록된 스마트 계약을 사용하여 코드에 포함하는 것이 이상적이다) 및 상호작용하는 이해당사자에 대한 검증 가능한 신원을 파악해야 하며, 물리적 세계나 디지털 세계에 완전한 복사본을 갖고 있어야 한다. 타임 스퀘어 상공을 나는 용의 예로 다시 돌아가보자. 공간 데이터는 용에 영속성을 부여하고 사용자가 다양한 각도에서 용을 경험할 수 있게 한다. 심지어 사용자의 위치와 하늘에 있는 용과의 거리에 따라 들리는 음향도 달라진다. 공간 데이터는 가상 객체까지의 거리에 기반한 차등 가격 책정 전략을 통해 새로운 수익 창출 기회의 문을 열어줄 수도 있다.

또한 공간 데이터는 디지털 아이템에 앵커를 추가하는 것뿐만 아니라 물리적 아이템에 센서를 부착하여 그것을 똑같이 복제한 디지털 트윈을 가상 세계에 나타나도록 함으로써 물리적 세계를 디지털화하여 사용자가 상호작용할 수 있게 한다. 이 내용은 비즈니스 프로세스에 디지털 트윈을 통합하는 것이 핵심인 엔터프라이즈 메타버스에 대해 설명하는 6장에서 더 자세히 살펴볼 것이다.

공간 데이터는 사물과 공간, 사용자에게 맥락과 인텔리전스를 부여하여 물리적 세계와 가상 세계를 더욱 똑똑하게 만든다. 또한 실시간으로 상호작용과 협업이 가능할 뿐만 아니라 인간과 기계가 모두 직관적인 경험을 할 수도 있다.[39] 공간 데이터로 메타버스에서 길을 찾을 수도 있다. 메타버스에는 아직 구글과 같은 검색엔진이 존재하지 않는다. 그러나 구글이나 미래의 신생 기업이 그 빈 공간에 발을 들이고, 수백만 개의 경험과 디지털 객체 사이에서 사용자가 필요로 하는 것을 찾을 수 있도록 할 것이 분명하다. 공간 앵커가 없다면 메타버스는 이리저리 부유하고, 영속적이지도 않으며, 혼돈으로 가득한 세계가 되어 무언가를 찾는 것이 불가능할 것이다.

커뮤니티 중심

인간은 (예외적인 경우는 논외로 하고) 본래 사회적인 동물이므로 사회적 경험이 메타버스의 주를 이루게 될 것이라는 예상은 그리 놀랍지 않다. 혼자서만 체험할 수 있는 가상현실 경험에서조차 순위 차트 같은 사회적 요소나 다양한 게임화 기술이 추가되는 경우가 종종 있다. 커뮤니티를 중심으로 설계된 경험이든 해당 커뮤니티의 구성원에 의해 만들어진 경험이든 관계없이, 모든 메타버스 경험에서 커뮤니티는 매우 중요한 부분이다. 그렇기 때문에 메타버스는 사람들이 모여 갖가지 주제로 커뮤니티를 형성하는 현실 세계와 별반 다르지 않다. 개인의 생존에 있어 집단에 속하는 것은 언제나 중요한 일이기 때문이다.

와인 애호가를 위한 메타버스 공간이나 MMORPG(대규모 멀티플레이어 온라인 롤플레잉 게임)가 중심이 되는 광범위한 커뮤니티와 같이 특정 분야별로 커뮤니티가 생성될 수 있다. 메타버스는 커뮤니티 구성원이 실시간으로 공유하고 몰입하며 더 나아가 소유하는 경험까지 할 수 있는, 지금까지와는 다른 차원의 커뮤니티 형태를 만들어낼 수 있다. 포트나이트, 엑시 인피니티, 마인크래프트와 같이 성공한 게임의 핵심적인 특징은 사회적 경험을 가능하게 한다는 것이며,[40] 이는 메타버스에도 똑같이 적용된다.

메타버스에 발을 들이고자 하는 브랜드는 기존 커뮤니티를 인정하고, 그들보다 더 많이 아는 척해서는 안 된다. 존중하는 마음으로 배우려는 자세를 가지고 커뮤니티와 상호작용하는 것이 메타버스에서 브랜드를 성공시키는 데 매우 중요하다. 오늘날 브랜드와 조직은 소셜 미디어 플랫폼에 자신들의 커뮤니티를 갖고 있다. 웹사이트는 그저 브랜드가 제공하는 제품을 전시하는 쇼룸인 경우가 많다. 거의 모든 브랜드가 자사 웹사이트로 고객을 유도하는 대신 고객이 이용하는 소셜 미디어 플랫폼에서 커뮤니티를 통해 고객과 상호작용한다. 이는 메타버스에서도 동일하게 적용될 것이므로 브랜드는 커뮤니티가 있는 곳으로 가야 한다. 게다가 메타버스는 커뮤니티와 '함께' 만들고, 잠재적으로는 커뮤니티가 제어하고 소유할 수도 있는, 고유하고도 몰입도 높은 브랜드 경험을 만들어낼 수 있는 기회를 제공한다. 이처럼 브랜드가 메타버스의 일부가 되는 방법은 5장에서 자세히 살펴보기로 하자.

자기 주권

개방형 메타버스의 마지막 주요 특징은 자기 주권이다. 이는 플랫폼이나 웹사이트 대신 개인이 자신의 온라인 신원과 데이터를 제어하는 것을 의미한다. 자기 주권 신원 및(또는) 평판은 웹 3.0의 오랜 목표였으며, 개방형 메타버스를 만들려면 바로잡아야 하는 가장 중요한 특징 중 하나이다. 지난 수십 년 동안 우리는 빅테크 기업이 제공하는 무료 서비스를 지나치게 많이 누렸다. 그 결과 메타에 의해 자신의 인스타그램이 통째로 삭제되는 경험을 했던 테아 마이 바우만의 사례에서 보았듯이, 사용자가 자신의 디지털 신원에 대한 자기 주권을 갖지 못하고 버튼 클릭 한 번으로 개인의 (온라인) 신원을 삭제해버릴 수 있는 기업들에 의해 통제당하는 상황에 처하게 되었다. 자기 주권의 결여는 개인정보의 침해, 데이터 위반 및 조작, 더 심하게는 신원 절도나 신원 도용과 같은 문제로 이어진다. 자기 주권은 개방적이고, 탈중앙화되어 있으며, 상호운용 가능한 메타버스를 이루기 위해 반드시 필요한 요소이다.

신원은 우선순위와 지속성 측면에서 끊임없이 변화하고 진화하는 다양한 속성으로 구성된다. 생년월일, 출생지, 생물학적 부모 및 사회보장 번호와 같은 속성은 개인을 평생 따라다닌다. 사원 번호, 학생 번호, 주소, 전화번호와 같은 속성은 간헐적으로 바뀔 수 있다. 인터넷 포럼이나 웹사이트의 사용자 이름과 같은 속성의 수명은 매우 짧을 수 있다. 이러한 속성들은 각기 다르고 고유하게 식별 가능하다는 특징을 지니며 이들의 조합이 개인의 신원을 구성한다(본인이 인지하는 것과 다른 경우도 있을 수 있다).[41] 신원이란 것은 원래 복잡한 개념이지만, 메타버스 안에서의 신원은 아바타를 다양한 온갖 형태와 모양을 취할 수 있기 때문에 훨씬 더 복잡해진다. 사용자는 다양한 메타버스 경험을 위해 여러 개의 아바타를 가질 가능성이 높다. 한 공간에서는 극도로 사실적인 공룡의 모습으로 나타났다가, 업무 회의에서는 디지털 인간의 모습으로, 마인크래프트나 샌드박스와 같은 환경에서는 픽셀화된 로우 폴리곤 아바타의 형태로 나타날 수도 있다. 본질적으로는 한 사람이지만 환경마다 다른 모습으로 나타날 수 있다. 사실 현실 세계에서도 인간은 이와 같은 행동하기 때문에 별로 새로운 일은 아니다.

개인의 신원이 계속해서 변화하는 속성으로 구성된 경우, 자기 주권 신원은 해당 신원을 소유한 소비자나 장치가 가진 그런 속성에 대한 통제권을 복원하는 것이다. 따라서 소셜 미디어 기업이나 정부가 개인의 신원 속성을 소유하는 것이 아니라 소비자가 완전한 통제권을 가지고 누가 어떤 속성, 어떤 데이터 포인트에 접근할 수 있는지를 결정한다.[42] 자기 주권의 목표는 개개인이 어느 한 기업이나 정부 단체가 보호해주기를 바라거나 자신의 데이터와

메타버스 유토피아

신원을 제어하는 중개자에게 의존하지 않고 인터넷상에서 자신의 데이터, 신원, 평판 및 정보에 대한 통제권을 갖게 하는 것이며, 가까운 미래에는 사물도 자기 주권을 갖게 될 것이다.

사람들은 영지식 증명Zero-knowledge proof을 포함한 블록체인 기술을 사용해 자신의 신원과 데이터에 대한 자주권을 되찾을 수 있다.[43] 예를 들어, 최소 연령을 요구하는 메타버스 커뮤니티에 입장할 때, 자기 주권 신원을 사용하여 자신의 나이를 공개하지 않고도 해당 연령 이상임을 증명할 수 있다. 영지식 증명을 사용하면 다른 추가 정보를 공유하지 않으면서도, 요구되는 최소 연령 이상임을 '예' 혹은 '아니오'로 표현되는 암호화를 통해 검증된 진술을 공유함으로써 증명할 수 있다. 나이를 증명하기 위해서 커뮤니티의 연령 조건을 충족하는지 여부를 판단하는 것과는 아무런 상관이 없는 생년월일, 주소, 이름, 면허 번호와 같이 다양한 개인 신상 명세가 담긴 신분증이나 운전면허증을 제시해야 하는 요즘의 세상과 비교해보라. 이 모든 과정이 스마트 계약을 통해 자동화되면 개인의 신원이 보호되는 동시에 매끄럽고 원활한 경험을 만들 수 있다. 자기 주권 신원의 결과로 소비자는 조직의 블랙박스*가 되고 오직

---

* 블랙박스는 알고리즘을 의미하며 통상적으로 복수형black boxes으로 쓴다. 알고리즘 내에서 발생하는 일은 알고리즘을 생성한 조직 내에서만 공유되며, 사실 그들조차 알고리즘으로 인해 어떤 일이 발생하는지 모르는 경우가 많다. 알고리즘이 어떤 과정을 거쳐 특정 결정을 내리게 되었는지 알려지지 않는 경우가 종종 있기 때문에 알고리즘이 점점 더 (중요한) 사회적 결정을 내리는 상황에서 문제가 되고 있다. 소비자가 블랙박스가 된다는 것은 소비자만이 자신의 데이터에 접근할 수 있고 조직은 소비자에게 해당 데이터에 대한 접근 권한을 요청해야 한다는 뜻이다.

사용자만이 어떤 데이터를 어떤 메타버스 공간과 공유할 것인지 결정하게 된다.

메타버스 안에서 본인의 신원을 증명하거나 본인이 정말로 그 신원의 소유자인지 증명하는 일은 그 어느 때보다 더 중요해진다. 메타버스에서는 아바타를 사용하기 때문에 자주 사용되는 아바타의 디지털 복사본을 만들어 타인으로 가장하기가 상대적으로 용이하기 때문이다. 리얼루전Reallusion(캐릭터·애니메이션 제작 솔루션 개발 기업-옮긴이)에서 만든 캐릭터 크리에이터4Character Creator 4 혹은 언리얼 엔진Uereal Engine(3D 제작 플랫폼-옮긴이)의 메타휴먼 크리에이터MetaHuman Creator와 같은 아바타 제작 도구의 발전으로 어떤 디지털 환경에서든 유명인, 정치인, 기업가와 똑같이 생긴 아바타 복사본을 만들고, 딥페이크 음성을 사용해 자신이 원하는 말을 하게 만들수 있다. 유명인, 정치인, 기업가 본인이 아바타 또는 디지털 휴먼을 '소유'하고 '제어'한다는 것을 암호화 기술로 증명할 수 있어야 재난으로 가득한 판도라의 상자가 열리는 것을 막을 수 있다. 8장에서는 인류의 삶을 파멸시키고 사회에 막대한 피해를 불러일으킬 수도 있는 메타버스의 위험성에 대해 자세히 알아볼 것이다.

아바타 사칭은 신뢰도 및 평판과 관계가 있다. 당신과 대화하는 상대가 정말로 그 사람인지 어떻게 알 수 있을까? 당신과 거래하는 아바타를 어떻게 신뢰할 수 있을까? 여기에서 자기 주권 평판이라는 개념이 등장한다. 자기 주권 신원의 개념을 논하는 사람은 많지만, 아바타처럼 익명으로 머물며 정기적으로 신원을 바꾸더라도 신뢰성을 유지할 수 있게 하는 자기 주권 평판의 개념을 논

메타버스 유토피아

하는 사람은 많지 않다.

해답은 메타버스 내에서 '익명의 책임성anonymous accountability'을 보장하는 데 있으며, 이는 자기 주권과 검증된 신원을 가질 때에만 가능하다. 이를 통해 사용자는 플랫폼 전반에 걸쳐 평판을 구축하면서도 완전한 익명성을 유지할 수 있게 된다. 자기 신원 평판은 고객 신원 확인KYC, Know Your Customer 절차의 일환으로, 신원을 검증한 은행으로부터 고유 코드를 받으면 작동한다. 이 고유 코드에는 (이러한 코드를 발행할 권한을 가진 신뢰할 수 있는 은행인지 확인하기 위해) 코드 발행 시간과 발행 은행 같은 다양한 데이터 포인트가 포함된다. 정보는 블록체인에 저장되고 사용자의 메타버스 신원과 연결되며 사용자의 암호화폐 지갑과도 연동된다. 사용자가 아바타를 전환해도 검증된 연결은 그대로 유지되며, 사용자의 행위에 따라 평판이 구축된다. 사용자가 익명으로 소통하더라도 평판은 사용자의 신원에 연결되어 있기 때문에 플랫폼 간의 이전이 가능하다.

이처럼 익명의 책임성과 자기 주권을 결합하면 익명으로 소통하는 경우에도 사용자에게 책임을 지울 수 있다. 이는 메타버스에 대한 신뢰를 높이고, 사용자의 신원을 공개할 수 있는 권한을 조직이 아닌 사용자가 갖게 한다. 물론 신원이나 평판과 관련한 자주권이 중요하지만, 사용자가 자신의 데이터, 디지털 자산, 창작물에 대한 소유권을 확보할 수 있도록 이러한 자산에 대한 자주권도 가져야 한다. 그러므로 디지털 지갑은 메타버스 내에서의 자기 주권 확보에 핵심적인 역할을 하게 된다.

자기 주권을 메타버스의 초석으로 삼는다면 우리는 진정으로 개방되고 탈중앙화된 메타버스, 기업이 아니라 커뮤니티가 소유하고 제어하는 메타버스에 한 걸음 더 다가갈 수 있다. 또한 웹 1.0 및 웹 2.0의 일부인 프로그래밍 정보 교환에서 웹 3.0의 복잡한 일부분인 프로그래밍 가치 교환으로 이동할 수 있게 하며, 메타버스 생태계에서는 중개자에 의존하지 않고, 사용자가 자신의 주권 자산 위에 코드 구성요소를 쌓아 올려 더욱 흥미롭게 만듦으로써 전체 시스템의 가치를 높일 수 있게 될 것이다. 다시 말해, 자기 주권은 오늘날의 신원과 데이터 시스템이 가진 패러다임을 전환하여 사용자와 창작자에게 자신의 삶을 스스로 제어할 수 있는 힘을 부여하는 것이라고 할 수 있다.

개방형 메타버스는 자유다

개방형 메타버스의 핵심은 메타버스 세계 내에서 가치를 교환하는 것, 인간이 서로 상호작용하고 각자의 삶을 조직할 수 있는 완전한 통제권을 갖게 하는 것이다. 메타버스에 구축되는 플랫폼은 어떠한 모양이나 형태로든 이러한 특징을 통합해야 개방형 메타버스에 기여하며 장수하는 플랫폼으로 살아남을 수 있다. 플랫폼이 실제로 개방형 메타버스에 어떻게 적용될 수 있는지 예를 들어 살펴보자.

'프리덤 플랫폼Freedom Platform'은 몰입형 공간 환경에서 사용자끼리 서로 교류, 휴식, 업무 및 협업을 할 수 있는 새로운 디지털 세계이다. 사용자는 계정을 생성할 수 있는 디지털 지갑을 사용해 플랫폼에 등록한다. 플랫폼에 등록이 되면 주어진 아바타 중 하나를 선택하거나 플랫폼에 탑재된 아바타 생성 도구를 사용해 자신의 아바타를 만들 수도 있고, 자신이 직접 만든 아바타를 플랫폼에 업로드하는 것도 가능하다. 아바타는 NFT로 주조되며 사용자의 지갑에 저장된다. NFT의 진위를 검증받고자 할 경우, 사용자는 탈중앙화 앱DApp, Decentralized application을 사용하여 현지 은행과 연결해 정식으로 검증받을 수 있다. 검증을 받은 후에 사용자는 플랫폼에서 익명으로 교류할지 자신의 신원을 공유할지를 선택할 수 있다.

프리덤 플랫폼 내에서 사용자는 디센트럴랜드, 샌드박스The Sandbox, 와일더 월드Wilder World와 같은 기존의 가상 세계와 유사하게 자신의 세상, 건물, 경험을 구축할 수 있다. 사용자는 데스크톱이나 태블릿으로 2D 몰입 경험을 제공하는 플랫폼에서 상호작용하거나 가상현실에서 완전히 몰입하여 세계를 탐험할 수 있다. 일부 가상 경험은 현실 세계와 가상 세계를 연결하는 공간 앵커를 사용하여 현실 세계에서 구현될 수도 있다. 예를 들어, 아티스트는 플랫폼에서 조각 작품을 만들고, 그것과 똑같은 조각 작품을 런던의 트라팔가 광장에 나타나게 할 수 있다. 조각 작품은 아티스트가 보유한 NFT에 연결되어 있고, 사용자가 플랫폼의 기본 암호화폐 토큰인 FRDM을 사용하여 관람 비용을 지불하면 가상현실이나 증강현실에서 작품을 감상할 수 있다. 그리고 이 비용은 즉시 아티스트에게 송금된다.

또한, 여러 회사가 프리덤 플랫폼 안에 근무 공간을 구축하여 세계 곳곳에 있는 직원과 몰입형 회의를 진행한다. 세계 곳곳에 흩어져 있는 직원들은 데스크톱과 웹캠 또는 가상현실 헤드셋을 사용해 원격으로 회의에 참여하고, 사무실 내에 있는 직원들은 원격으로 참여한 동료의 아바타를 증강현실 안경을 사용하여 즉시 투사한다. 공간 음향을 사용하면 참여자가 좀 더 몰입도 높은 경험을 할 수 있어 회의의 생산성을 높일 수 있다.

가상 세계에 있는 본사와 아티스트의 조각 작품 모두 영속적이며 올바른 키를 가진 사람이라면 누구나 볼 수 있고 참여할 수 있다. 이 키는 원치 않는 손님이 회사의 업무 회의에 참여하는 것을 방지하는 역할을 한다. 탈중앙화된 플랫폼이기 때문에 그 누구도 다른 사람이 만든 콘텐츠를 삭제할 수 없다. 물론 그런 일이 아예 없다고는 할 수 없지만, 그러한 행위가 일어나지 않도록 예방하기 위한 규칙이 마련되어 있다. 인공지능과 스마트 계약이 이러한 규칙을 관리하며, 지속적으로 규칙을 위반할 경우 사용자의 평판은 영향을 받는다.

프리덤 플랫폼 안에서는 누구나 함께 모여 커뮤니티를 만들고 탈중앙화된 자율 조직을 구성하여 공동으로 경험을 구축할 수 있다. 이렇게 형성된 경험은 커뮤니티가 소유하고 제어하며, 여기에서 발생하는 모든 수익은 커뮤니티 안에서 개개인이 기여한 정도에 따라 즉시 배분된다.

해를 거듭하며 플랫폼의 가상 경험과 증강 경험은 점점 늘어나는 방향으로 진화하고 있다. 상호운용성 표준 덕분에 사용자는 자신의 아바타와 자산을 쉽게 내보내어 다른 세계를 탐험할 수 있고, 다른 가상 세계에서 획득한 자산을 프리덤 플랫폼에 있는 자신의 홈에 가상현실 트로피로 진열하거나 현실 세계에 있는 자신의 집에 증강현실 디지털 트로피로 진열할 수 있다.

물론 이것은 허구의 예시이지만, 사회에 진정으로 이익이 되는 플랫폼을 구축하기 위해서는 메타버스의 6가지 특성을 어떻게 플랫폼에 반영하면 되는지 보여준다. 플랫폼을 만든 사람들 또한 FRDM 암호화폐의 가격 상승으로 이득을 봄으로써, 위험을 감수하고 이토록 특별한 세계를 만든 것에 대한 보상을 받는다.

무한한 블루오션

미래에는 가상현실과 증강현실이 자연스러운 일상이 될 것이다. 그러한 미래는 이미 와 있다. 구글이 있기 때문에 우리는 이제 더 이상 모든 종류의 정보를 암기할 필요가 없다. 차에 올라타 목적지를 말하기만 하면 길을 알려주기 때문에 자동차 여행의 동선을 일일이 계획하고 준비하지 않아도 되며, 머지않은 미래에는 동시 번역이 보편화되어 새로운 언어를 배우는 일이 쓸모없어질지도 모른다. 블록체인, 인공지능, 사물인터넷, 증강현실 및 가상현실과 같은 신생 기술의 융합으로 우리는 사회를 재구축하고 웹 2.0의 결함을 수정할 수 있는 기회를 얻었다. 인공지능은 모든 것을 한 곳으로 통합하고 각각의 설계에 따라 기능하게 하는 접착제 역할을 할 것이다. 블록체인은 상호운용성과 진정한 소유권을 보장하기 위한 필수적인 요소이며, 사물인터넷은 물리적 세계와 (기계, 공장, 심지어 인간까지도 포함하는) 디지털 트윈을 사용한 가상 세계를 연결하는 데 필요하다. 증강현실과 가상현실은 이러한 디지털 콘텐츠를 탐색할 수 있는 새로운 경로가 된다.

메타버스는 콘텐츠 창작자가 자신의 창작물로 수익을 창출하고, 풍요롭고 활기차며 마법과도 같은 몰입형 인터넷 환경에 기여할 수 있는 상상의 시대를 열 것이다. 인간은 감각적인 존재이다. 따라서 메타버스로의 전환은 인류에게 자연스러운 세대 교체라고 할 수 있다. 앞으로 몇 년 안에 컴퓨터 장치는 그 형태에 관계없이 세계를 인식하고 서로 통신할 수 있게 된다. 공간 컴퓨팅과 상황 인식 컴퓨팅의 발달로 메타버스에 연결된 모든 장치는 (가상) 환경을 이해하고 서로 간에 상호작용할 수 있게 되는 것이다.

인터넷이 처음 등장했을 때와 마찬가지로 메타버스는 무한한 기회를 품은 블루오션이다. 메타버스와 현실 세계를 넘나드는 수백만 개의 가상 공간과 증강 경험이 생길 것이며, 현실 세계와 웹 2.0에 존재하는 모든 전문가 커뮤니티와 그룹은 메타버스로 진출하여 자신들만의 특화된 몰입형 커뮤니티를 만들 것이다. 우리는 현재 메타버스가 시작되는 단계에 있으며, 앞에서 예로 들었던 프리덤 플랫폼과 같은 플랫폼을 구현하려면 5년은 더 있어야 한다. 그러한 플랫폼을 구현하는 데 필요한 인프라를 구축해야 하기 때문이다. 2022년에 우리는 1990년대 말 페이스북이나 아마존이 등장하기 전의 인터넷 시대에 살고 있는 것과 같다고 할 수 있다. 하지만 다양한 기술의 융합으로 메타버스의 잠재력이 충분히 발휘되기까지 예전만큼 오랜 시간이 걸리지는 않을 듯하다. 메타버스를 원활하게 운영하는 데 필요한 '표준군'이 몇 년 안에 잘 만들어진다면 몰입 경험과 증강 경험을 구축하는 일이 훨씬 수월해질 것이다.

인프라가 잘 구축된다면 메타버스가 글로벌 사회에 더할 가치는 수조 달러에 이를 것이다. 추정치는 다양하지만 프라이스 워터하우스 쿠퍼스PWC, PricewaterhouseCoopers (영국 런던에 본사를 두고 있는 세계 1위의 다국적 회계 감사 기업-옮긴이)는 2019년 보고서에서 가상현실과 증강현실이 2025년에 4,764억 달러를 달성할 것으로 추정되는 전 세계 GDP를 2030년까지 최대 1조 5,000억 달러까지 끌어올릴 잠재력이 있다고 전망했다.⁴⁴ 나는 이 추정치가 매우 과소평가된 것이라고 생각한다. 2030년경에는 극도로 사실주의적인 가상현실을 구현할 수 있고, 증강현실은 메타버스와 상호작용하는 표준 양식이 되어 있을 것이기 때문이다.* 모든 시민, 모든 조직, 모든 정부가 메타버스에 살고 일하며 상호작용할 것이다. 디지털 패션이 보편화되고, 콘텐츠 창작자는 우리가 아직 상상조차 못하고 있는 방식을 통해 자신의 작품으로 수익을 창출할 수 있다. D2ADirect-to-Avatar(아바타에게 직접 판매) 모델이 B2CBusiness-to-Commerce(기업 대 고객 서비스) 비즈니스 모델을 뛰어넘을 것이며, 몰입형 상거래iCommerce, immersive commerce가 크게 발전하여 전자 상거래eCommerce를 능가할 것이다.

* 이 책은 규제와 검열로 인해 크게 다른 형태를 띠게 될 중국 메타버스에 대해서는 많이 다루지 않는다. 모건 스탠리는 중국 메타버스가 8조 달러의 규모의 시장이 될 것이라고 추산한다(아르준 카르팔Arjun Kharpal, 〈중국의 테크 거대기업이 8조 달러 규모의 메타버스 기회 추진-규제가 심할 것으로 예상〉 CNBC, 2022년 2월 13일 기사, 2022년 2월 14일 방문. www.cnbc.com/amp/2022/02/14/china-metaverse-tech-giants-latest-moves-regulatory-action.html.).

디지털 트윈은 이미 기업의 활동과 공급망을 최적화하는 새로운 방식을 만들고 있으며, 전 세계 GDP의 증가에 기여할 메타버스의 가치를 증대시키고 있다. 일부 연구에서는 오늘날 어린이의 50퍼센트가 가상 메타버스 투어 가이드부터 가상 매장에 들어온 고객을 환영하고 고객의 아바타에게 가장 잘 어울리는 패션 아이템을 고르는 데 도움을 주는 디지털 스타일리스트까지, 아직 시장에 존재하지 않거나 이제 막 등장하기 시작한 직업을 갖게될 것이라고 예측한다.[45] 메타버스는 자체적인 글로벌 경제를 갖고 있으며, 메타버스에서 인공 국경의 역할은 줄어들면서 전혀 다른 차원 세계화가 이루어질 것이다. 또한 메타버스 경제를 조직하는 방식은 메타버스 경제가 우리 사회에서 생산해낼 수 있는 가치에 직접적인 영향을 미치며, 탈중앙화 금융과 같은 개념은 메타버스 경제의 중요한 부분이 되어 콘텐츠 창작자가 자신의 자산을 활용해 작업을 하고 더 큰 가치를 생성할 수 있는 권한을 부여할 것이다.

메타버스는 거의 모든 산업의 생태계를 뒤흔들고 몰입형 상거래, 이벤트, 광고, 하드웨어 및 소프트웨어와 패션 이외에도 수많은 분야에서 수익 창출의 기회를 만들어낼 것이다. 이 과정에서 새로운 회사들이 생겨나고, 15조 달러에 육박하는 웹 2.0 기업 시가총액에 맞먹는 엄청난 규모의 가치가 생산될 것이다.[46] 메타버스는 과거에 인터넷이 그랬던 것만큼 사회에 큰 영향을 미칠 것이다. 우리가 일하고 생활하고 사교하는 방식을 송두리째 뒤바꿀 것이며 여기에 너무 늦게 적응하는 조직은 수년 내로 사라질 가능성이 높다. 메타버스는 패러다임의 변화이다. 이 책에서는 이러한 패러다임의 변화가 인간에게 어떤 의미를 가지며 조직과 사회에는 어떤 영향을 미치게 될지를 자세히 살펴볼 것이다. 그 전에 먼저 개방형 메타버스를 만드는 방법부터 알아보자.

Chapter 2

개방형
플랫폼의 가치

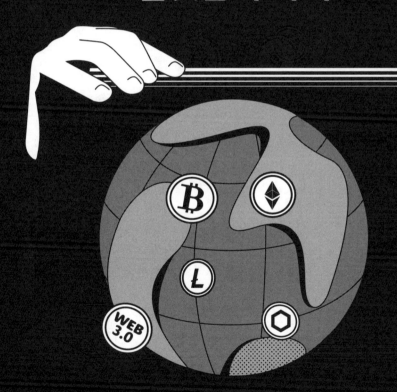

개방형 vs. 폐쇄형

앞에서 언급했듯이, 상호운용성이란 사회 전체의 중요 가치를 위한 핵심 원동력이며, 사용자가 한 플랫폼에서 다른 플랫폼으로 원활하게 (사용자의 신원을 포함한) 자산을 옮길 수 있도록 만든다. 그런데 이 말이 정말 무슨 뜻일까? 개방형 플랫폼에 구축된 메타버스와 오직 폐쇄형 월드 가든만으로 구성된 메타버스 사이에는 어떤 차이가 있으며, 둘 사이에는 무엇이 있을까? 개방형과 폐쇄형 디지털 경험을 모두 포함하는 하이브리드 메타버스는 존재할 수 있을까? 보이는 것처럼 개방형 대 폐쇄형의 영역은 명확하게 구분되지 않지만, 특정한 플랫폼이나 경험이 얼마나 개방적이고 또 얼마나 폐쇄적인지를 결정하는 여러 계층과 측면이 존재한다. 그러나 한 가지는 분명하다. 개방형 메타버스는 폐쇄형 플랫폼으로 구성된 메타버스와 비교하여 상당히 많은 가치를 창출할 것이다. 《레디 플레이어 원》에서 묘사된 '오아시스'(《레디 플레이어 원》의 가상 세계 이름)와 같은 단일 폐쇄형 플랫폼은 더 말할 것도 없다. 사실 소설 속의 오아시스는 한 사람이 만들어서 소유하고 통제하는 세계이다. 다시 말해 한 회사가 인터넷 전체를 소유한 것이나 마찬가지다. 일부 회사는 메타버스로 보이도록 최선을 다해 노력하지만, 별로 현실적이지 않고 이상적으로는 절대 불가능한 일이다.

이보다 덜 극단적인 형태로는 폐쇄형 월드 가든에만 존재하는 메타버스가 있는데, 기본적으로는 현재 우리가 가지고 있는 메타버스가 여기에 속한다. 현재 웹상에 있는 대다수 조직은 플랫폼 또는 웹사이트를 운영 중인 중앙화된 회사이고, 일부는 네트워크 효과로 인해 상당한 규모로 성장해서 빅테크 기업이라고 불린다. 초기 인터넷의 비전에도 불구하고, 현재는 데이터나 디지털 자산을 하나의 웹사이트에서 다른 웹사이트로 이동하는 것이 불가능하다. 자신의 '틱톡' 히스토리와 친구들의 코멘트를 다운로드할 수 없고, 그런 데이터를 다른 플랫폼에 업로드하여 디지털 인플루언서 활동을 계속할 수도 없다. 사용자들의 데이터는 틱톡이 보유한 상태이고, 그들에게는 사람들의 데이터가 너무나 중요한 가치라서 어떻게 해서든 사용자들이 틱톡을 떠나는 걸 막으려 할 것이 분명하다.

빅테크 기업은 원활한 사용자 경험을 구축하는 데 성공했다. 그 사례 중의 하나가 구글이나 페이스북을 통해 타사의 웹사이트에 편리하게 로그인하는 타사 인증 기능이다. 물론 그들은 그만큼 더 많은 데이터를 집어삼키기도 한다. 사용자들은 편리함을 대가로 개인정보를 거래하고, 빅테크 기업은 당연히 이런 방식이 변하지 않도록 무슨 일이든 할 것이다.

폐쇄형 월드 가든으로 구성된 메타버스는 현재의 웹이 더욱 극단적으로 변한 형태라고 할 수 있다. 몰입형 인터넷이 있으면 지금의 100배가 넘는 데이터를 수집할 수 있으므로, 빅테크 기업은 더욱 강력해져서 이전과 비교할 수 없을 정도로 우리 삶을 통제할 것이다. 이때 주주가치를 강화하는 것은 바로 소셜 미디어와 유해하기 짝이 없는 추천 엔진이다. 소셜 미디어가 2D에서 사람들을 과격하게 만들고 양극화를 초래했다고 생각한다면, 3D에서는 어떤 일이 벌어질지 생각해보자. 가상 반향실 효과Virtual echo chambers(뉴스매체나 소셜 네트워크 안에서 같은 정보와 아이디어가 돌고 돌며 사람들의 믿음을 증폭시키거나 강화하는 현상-옮긴이) 및 대체 가상현실은 광고와 추천이라는 유해한 악순환으로 인해 한층 세력이 커지며 사회를 분열시킬 것이며, 그 사회 속에서 자신만의 (가상) 세계를 구축한 구성원들 사이에도 균열이 생기게 될 것이다.[1] 증강현실을 사용하면 길 가는 사람의 인종에 따라 자동으로 아바타를 덮어씌워서 자신만의 세계를 창조할 수 있으며, 이는 사회를 더욱 분열하게 만들 것이다.

만약 쾌적하고 살기 좋은 사회를 유지하고 싶다면, 우리는 바로 이 부분에서부터 변화해야 하고, 또 그런 일이 생기지 않도록 막아야 한다. 사람들을 오랫동안 바쁘게 유지하려는 유해한 추천 엔진 중심의 주주 모델에서, 모든 당사자에 보상하고 사회에 대해 더 넓은 영향을 미칠 수 있는 이해관계자 모델로 이동해야 한다. 일부 애플리케이션의 실행을 막을 수 있어야 하고, 사용자가 힘들여서 모은 디지털 자산, 데이터, 사용자 신원을 하나의 플랫폼에서 다른 플랫폼까지 원활하게 옮길 수 있도록 해야 하며, 플랫폼 소유주가 아닌 가치를 생산한 모두에게 보상이 이루어져야 한다.

물론 그렇다고 해서 사용자들이 자신의 자산, 데이터, 아바타를 아무 데나 불러올 수 있다는 뜻은 아니다. 가상 세계나 증강 경험, 디지털 트윈은 개인적이거나 공용 중에서 하나가 될 수 있고 그와 동시에 허가형 및 비허가형 중의 하나가 될 수 있다. 이와 관련하여 아래의 세 가지 선택사항을 보자.

- **비허가형 및 공용**: 누구라도 언제든지 연결할 수 있다. 연결을 위해 계정이 필요할 경우도 있지만, 가상 세계에 접근하거나 증강현실을 경험하기 위해 허가를 받을 필요는 없다
- **허가형 및 공용**: 공용 경험이나 네트워크에 접근하려면 일부 허가가 필요하고, 허가를 받기 위해서는 비용을 지불하거나 특별한 초대를 받아야 한다.
- **개인적 공간**: 의미 그대로 허가형이며 안전하다. 조직의 인트라넷과 비슷하며 일부 대규모 조직이 사설 5G 네트워크를 생성하는 방식과도 비슷하다.

각각의 디지털 공간에는 그곳의 설립자, 소유자, 커뮤니티, 혹은 더 넓은 범위의 조직에 의해 생성되고, 감시되며, 강화되는 고유의 규칙이 있다. 현실 세계와 비슷하게 완전 개방된 비허가형의

다양한 플랫폼도 있지만, 가상의 사무실처럼 폐쇄된 허가형의 개인적 공간도 다수 존재한다. 아바타와 신원, 디지털 자산, 그리고 사용자의 데이터에서 어떤 부분을 불러오고 내보낼 수 있는지에 대한 범위는 규칙 및 준비된 관리 방식에 따라 달라진다. 탈중앙화된 소셜 미디어 플랫폼은 건강, 집, 지역 공항 또는 정부 건물 등을 추적하는 디지털 플랫폼과 비교하여 개방성과 권한의 정도가 다르기 때문에 안타깝게도 펜타곤의 가상 세계로 순간이동을 할 수는 없을 것이다.

웹 3.0 패러다임을 받아들이는 플랫폼은 블록체인과 NFT 같은 분산원장기술을 사용하여 사용자에게 자신의 데이터와 신원에 대한 완전한 통제권을 제공할 것이다. 반대로 폐쇄형 플랫폼은 다른 혜택에 중점을 두며 사용자가 생성한 가치를 소유하지 못하도록 막을지도 모른다. 그러나 사람들에게 폐쇄형이나 개방형 플랫폼으로 옮기라고 강요할 수는 없다. 폐쇄형 플랫폼과 개방형 플랫폼이 건전한 경쟁을 해서 최종 사용자에게 가장 많은 혜택을 제공하는 플랫폼이 승리하게 되는 다원적 접근 방식이라고 할 수 있다.

다만 나는 개방형 플랫폼이 예외적인 것이 아닌 표준이 되기를 바란다. 그 이유는 개방형 플랫폼이 사용자에 가져다주는 가치와 혜택 때문이다. 완전히 폐쇄된 형태의 월드 가든에서 부와 영향력은 그 안에 갇히게 된다. 만약 사용자들이 만든 디지털 가치가 양도할 수 없는 것이라면, 그것은 더 넓은 경제 체제에서는 아무런 가치가 없다.

아웃라이어 벤처스의 CEO 제이미 버크의 설명대로, 이 상황

메타버스 유토피아

을 묘사할 좋은 방법은 포트나이트의 게이머가 단기 대출 혹은 모기지를 받으러 은행에 간다고 상상하는 것이다.[2] 포트나이트 게이머는 그 게임에 수년간 수백 달러를 투자해왔으며, 따라서 아바타 스킨, 자산, 그리고 우승 상품을 통해 막대한 부를 축적하고 있다. 그러나 은행 입장에서 그런 부의 대부분이 대출이나 모기지를 받을 때 필요한 담보물의 형태라고 볼 수 없는 매몰비용이다. 소셜 미디어 인플루언서와 같이 디지털 경제에 관련된 대다수가 이와 같은 상황에 처해 있다고 할 수 있다.

디지털 자산에 대한 재산권이 있음에도 불구하고 오늘날 금융 제도는 그런 것을 인식하지 않기 때문에 그들은 구조적으로 갇혀 있는 상태와 다름없다. 이런 것이 금융 소외의 한 형태이다. 그 주변을 둘러싼 게임과 디지털 생태계의 가치가 수십억 달러라고 해도 어쩔 수 없는 일이다. 사용자가 플랫폼에서 플랫폼으로 자산을 옮길 수 없다면, 실제 세계든 디지털 영역에서든 사회에 아무런 가치를 더하지 못한 채 소외되어 있는 상태로 남게 된다. 이는 비록 사용자가 잠재적으로 많은 가치 창출에 기여했다고 하더라도, 경제 체제로부터 재정적으로 소외된다는 것을 의미한다. 디지털 사용자가 창출한 가치가 인정되지 않는 이상 진실로 포용적인 경제 체제를 만드는 것은 매우 어려울 것이다.

바로 여기에서 경제적 상호운용성이 필요하다. 경제 체제에 어마어마한 가치를 만드는 것에 다른 이유가 있는 게 아니라면, 자산을 플랫폼 바깥으로 전달하고 시장 가치에 따라 자유롭게 공개 시장에 전달할 수 있어야 한다. 아웃라이어 벤처스의 조사에 따르면, 사용자가 그들의 자산을 플랫폼 밖으로 전달할 수 있는 블록체인 기반 게임에서 지출하는 비용이 비블록체인 기반 게임에서 지출하는 비용보다 10배는 많다고 한다.[3] '플레이투언Play to Earn' 방식 (게임을 하면서 돈을 버는 방식-옮긴이)의 게임인 '엑시 인피니티'를 예로 들어보자. 이 게임은 약 300만 명 정도의 사용자 기반에도 불구하고, 지구상의 어떤 게임보다 많은 수익을 창출하여 2021년 3분기에만 대략 7억 6,000만 달러의 수익을 올렸다.[4] 2018년에 출시된 이후 몇 년 안에 일일 사용자 수가 100만 명이 되었고, 월 매출액은 3억 6,400만 달러로 성장했다.[5] 2021년 10월에는 그 가치가 30억 달러로 평가되었으며[6](변동성 높은 10억 달러의 엑시 인피니티 ASX 토큰의 시가 총액을 포함해 2021년 11월 97억 7,000만 달러에서 2022년 2월 중순 38억 9,000만 달러로 바뀌었다[7]), 그리고 상당수의 필리핀 사람들이 직장을 포기하고 엑시 인피니티에 온종일 매달리게 되었다. 처음에는 직장에 다닐 때보다 게임에서 더 많은 돈을 벌었지만 시장 수요와 암호화폐의 변동성 때문에 대다수 플레이어의 수입이 최저임금보다 낮아지고 말았다.[8]

이런 어려움에도 불구하고 엑시 인피니티의 전반적인 경제적, 사회적 영향은 포트나이트보다 크다. 2020년 포트나이트의 월별 사용자는 8,000만 명에 달했고, 51억 달러의 수익을 창출했지만,[9] 그 이익은 소수의 회사와 개인에게만 돌아갔다. 제이미 버크에 따르면, 사람들은 양도 불가능한 자산보다는 양도 가능한 디지털 자산에 프리미엄을 붙이기 때문에, 상호운용성을 수용하는 것은 좋은 사업 모델이자 사회적 관례가 될 것이다. 이렇게 될 경우 아마도 수십억 달러를 벌던 빅테크 기업의 엘리트가 수백만 달러밖에 벌지 못하게 될 것이다. 하지만 사회를 개선하고 인류를 발전시키려면 그런 사람들의 희생이 필요한 법이다.

NFT의 양도 가능성이 경제 체제의 가치에 기여하는 것은 사실이지만 이러한 양도 가능성을 막거나 제한해야 하는 경우도 있다.[10] 가령 NFT가 (운전면허증 등의) 정부 문서 혹은 대학교 학위 발급에 사용될 때는 양도 불가능성이 요구된다. 만약 자신이 학위를 마쳤음을 증명하는 NFT를 다른 사람에게 양도할 수 있다면, 그 시스템은 빠르게 그 가치를 잃을 것이다. 다른 사례로는 특정 이벤트에 개인적으로 참석했음을 증명하는 PoAProof of Attendance(출석 증명) NFT도 있다. 대규모 양방향 실시간 이벤트를 후원한 업체에서 참가자에게 PoA를 제공하여 후원 업체의 오프라인 매장에서 할인받을 수 있도록 하는 경우이다.

세계적 맥주 제조사인 앤호이저부시 인베브의 기술 및 혁신 글로벌 책임자였던 린제이 맥이너니Lindsey McInerney는 여기서 한 걸음 더 나아가서 PoA는 실제로 디지털 패션 아이템이 될 수 있다고 말한다. 가령 실제 세계의 축제 티셔츠와 유사한 아바타의 디지털 티셔츠는 더 많은 이벤트에 참여할수록 자동으로 업데이트되는 것이다.[11] 이때 사용자가 그런 NFT를 표시하는 이유는 돈을 자랑하기 위해서가 아니라 개인적으로 이벤트에 참여했음을 알리고 싶기 때문이다. 특히 NFT가 상점 할인과 같은 일종의 유틸리티로 제공되는 경우, 양도 가능성을 제한하는 것이 현명하다. POAPProof of attendance protocol 플랫폼은 이벤트 주최자가 쉽게 PoA 토큰을 만들고 방문자들에 나눠줄 수 있도록 돕는다. 하지만 NFT 전달을 완전하게 막는 것도 바람직한 일은 아니다. 사용자가 보안을 위해 지갑에서 다른 지갑으로 NFT를 전송할 수 있어야 하기 때문이다. 바로 이런 이유로 POAP는 개발자와 조직에 자체적인 확인 단계를 구현하라고 권고한다. 이를테면 온체인on-chain 확인으로 현재 소유자가 기존의 수취인과 같은지 아닌지를 알 수 있다.

물론 폐쇄형 경제보다 더 많은 가치를 창출하는 개방형 경제는 실제 세계 경제에 동일하게 적용되고 있으므로 새로운 것은 아니다. 지난 500년 동안 우리는 상대적으로 폐쇄된 경제에서 전 세계적이고 상호 연결된 개방형 경제로 옮겨왔으며, 표준과 프로토콜, 무역 협정 등을 통해 개방된 국가의 경제 성장을 이루었다. 폐쇄형 경제가 개방형 경제에 비해 훨씬 성과가 뒤떨어진다는 것을 확인하려면, 간단히 북한의 폐쇄형 경제를 보면 된다. 그런 관점에서 메타버스는 역사를 반복하고 있다고 볼 수 있다.

최근 몇 년 동안은 현재 웹에서 가장 두드러지는 플랫폼에 대응하는 개방형 플랫폼을 구축하기 위해 점점 더 많은 플랫폼이 개발되었다. 다만 그중 대부분은 아직 대중에 채택되지 않은 상태이다. 예를 들어 스팀잇Steemit(암호화폐 중 하나인 '스팀Steem' 블록체인에 기반하여 운영되는 SNS 시스템-옮긴이)는 미디움Medium을 대체하려고 했으며, 스테이터스Status Im(이더리움에 기반을 둔 개인 및 그룹 채팅, 암호화폐 보관 및 입출금 기능을 갖춘 메신저-옮긴이)은 왓츠앱을 대체하는 것을 목표로 했다. 그러나 월드 가든의 강력한 네트워크 효과로 인해 사용자가 이동하는 데 드는 비용이 높았다. 개방형 플랫폼에 대한 사용자들의 채택률이 낮았던 또 다른 이유는 탈중앙화가 사용자를 번거롭게 했기 때문이다. 사람들은 편리함을 선호하기 마련이다. 많은 사람들이 완전히 탈중앙화된 지갑을 사용하면서 불편함을 느끼고 복잡하다고 여기며 그에 따르는 책임감이 너무 크다고 생각할 수 있다. 사용자가 개인정보 보호 키를 책임져야 하고, 실수가 생기면 발생할 비용이 지나치게 높기 때문이다.

웹 3.0의 사용자 경험UX, user experience은 도전적이며 고도의 기술적 소양을 갖추어야 한다.[12] 시간이 지나 사용자 경험이 더 발전하고 탈중앙화된 지갑이 대중에게 받아들여지며 신뢰를 얻은 후에는, 현재 빅테크 기업이 소유한 중앙화된 폐쇄형 플랫폼의 편리함을 개방형 플랫폼이 대체할 수 있을 것이다.

당연히 지갑은 완전히 탈중앙화되어 사용자가 스스로 개인정보 보호 키 보안을 책임지게 될 것이다. 아니면 은행이 여러분 지갑을 보호하듯 관리형 지갑을 사용할 수도 있는데, 이는 약간 모순적인 표현이다. 탈중앙화된 자산을 보호하는 중앙화된 플랫폼 기업이라니. 사람들은 여권과 전화기, 실물 열쇠 등을 항상 잃어버린다. 그러니 (기억하기도 힘든 긴 문자열과 숫자로 이루어진) 개인정보 보호 키를 보호하는 것은 많은 사람에게 어려운 일처럼 보일지 모른다. 물론 그중에는 완전히 탈중앙화된 지갑만 사용하려는 사람들도 있겠지만, 대다수는 분명히 그렇지 않을 것이다. 전체 디지털 신원을 잃어버리는 게 여권을 잃는 것보다 훨씬 큰 문제이기 때문에 우리가 이것을 인정하고 플랫폼과 규정을 개발해야만 관리형 탈중앙화된 지갑을 선택할 사람들을 보호할 수 있다.

만약 탈중앙화된 웹이 웹 2.0처럼 편리하고 원활한 경험을 제공한다면, 편리함을 선호하는 '게으른' 사용자들을 끌어들일 수 있을지도 모른다. 이상적으로는, 탈중앙화된 기술에 대한 사용자 경험이 더 좋아질수록 상호운용성을 차단하는 폐쇄형 월드 가든은 점점 더 그 의미를 잃을 것이다. 결국 내 모든 시간과 돈, 힘을 투자한 대상을 꺼내서 현금화할 수 없다면, 그것의 가치가 무엇이란 말인가?

더 많은 폐쇄형 플랫폼이 문을 열거나 닫을수록 상호운용성은 메타버스의 핵심 특성이 된다. 그렇다고 모든 플랫폼에서 자산을 전송할 수 있다는 뜻은 아니다. 상호운용성에도 여러 계층이 있기 때문이다. 예를 들어 극사실적 플랫폼에서는 로우 폴리곤 아바타가 허용되지 않으며, 그 반대도 마찬가지다. 사용자 경험이 깨질수 있기 때문이다. 누구도 월트 디즈니가 소유한 가상 세계에 나치처럼 꾸민 아바타가 들어가는 걸 허용하지는 않을 것이다.

메타버스와 하이브리드 웹

웹 3.0의 비전은 커뮤니티가 소유하고 운영하며 제어하는 탈중앙화된 인터넷 중 하나이다. 웹 3.0이라는 개념은 데이터를 민주화한 다음, 중앙화된 서버 모델에서 웹의 애플리케이션이 원활하게 작동하는 탈중앙화된 P2P 방식의 대형 네트워크 노드로 데이터를 옮기는 것이다. 그런 모델을 만들기 위해 애써야겠지만, 나는 여러 가지 이유에서 앞으로 10년이나 20년 안에 완전히 탈중앙화된 메타버스가 달성될 거라고 믿지 않는다. 거기에는 몇 가지 이유가 있다.

첫 번째로, 메타버스는 이전 버전과 호환될 수 있어야 한다. 기존의 플랫폼과 미래의 플랫폼이 웹 2.0의 레거시로 연결될 수 있어야 하는데, 그러기 위해서는 메타버스에 항상 중앙화된 구성요소가 남아 있어야 한다. 메타버스가 나타나기 전에 구축된 것들을 간단히 삭제 버튼으로 전부 없앨 수는 없는 노릇이다. 또한 모든 것을 아마존 웹서비스나 마이크로소프트 애저Microsoft Azure(마이크로소프트의 클라우드 컴퓨팅 플랫폼)에서 IPFSInterPlanetary File System(분산형 파일 시스템), 스토리지Storj 또는 파일코인FileCoin과 같이 여분의 스토리지를 공유하는 사용자에게 보상을 하는, 하나의 회사가 아닌 수천의 사용자가 소유하는 탈중앙화된 스토리지 플랫폼으로 마이그레이션할 수도 없다.

두 번째로, 분산원장기술이 가까운 미래 안에 메타버스 플랫폼을 충분히 다룰 수 있을 만큼 빨리 발전하지 않을 것이다. 극사실적이고 실시간 스트리밍되는 볼류메트릭Volumetric 비디오 데이터 (4K 이상의 화질을 구현하는 카메라 100여대가 360도 입체 영상으로 역동적 인물 움직임을 캡쳐하여 제작한 영상 데이터-옮긴이)를 만드는 것은 상당히 어려운 일이다. 동일한 몰입형 경험 내부에 있는 수십만 명의 사용자들이 상호작용을 하는 문제는 더 말할 것도 없다. 10만 개의 아바타가 한꺼번에 하나의 이벤트에 참여한다고 상상해보자. 전 세계 10만 곳에서 서로 영향을 주고받는 10만 개의 움직임이 거의 무한대의 관점에서 시각화되어야 한다. 이는 오늘날의 중앙화된 시스템에서도 처리할 수 없는 전례 없는 수준의 대역폭과 지연 시간, 컴퓨팅 성능, 그리고 아키텍처를 필요로 한다. 바로 이런 이유 때문에 현재 대부분의 가상 세계에서 만날 수 있는 최대 인원은 수십 명에 불과하다. 가상 세계에 다차원의 공간이 펼쳐지려면 기술적인 어려움은 기하급수적으로 복잡해지고 만다. 그렇다면 데이터를 어떻게 제공해야 할까? 어떻게 하면 데이터를 사회적이고 적절한 방식으로 제공하여 접근 가능하게 하면서도 해킹은 불가능하게 만들 수 있을까? 실제로 실시간 경험을 하려고 한다면, 문제는 훨씬 복잡해진다. 여러 사용자가 하나의 물체를 공유한다고 가정해보자. 가령 한 게임에서 두 사람이 동시에 축구공을 차려고 할 때 몇 밀리 초라도 지연이 되면 공의 궤적이 바뀌며 결과에 직접적인 영향을 미칠 수 있다. 분장원장기술에서 이런 문제가 빠른 시간 안에 해결되기는 어려울 것이다.

다음으로, 인터넷은 개방형 프로토콜로 시작되었고 현재도 그렇다. 인터넷 통합이 이루어진 것은 10년도 되지 않았으며, 결과적으로 소수 독점 상태로 세상을 움직이고 있다. 이런 일이 발생한 이유는 인터넷 초기에 디지털 플랫폼과 웹사이트를 만드는 작업이 너무나 어려웠기 때문이다. 따라서 그룹화하여 규모의 경제를 이루고 엄청난 자본금을 얻어 인터넷을 구축하는 도구를 만들어야 했다. 그러한 플랫폼인 AWS, 구글, 페이스북 또는 워드프레스는 오늘날의 빅테크 기업으로 성장했다. 당연히 메타버스에서도 같은 일이 생길 가능성이 높다. 현 시점에서 탈중앙화된 가상 세계와 증강 경험을 구축하는 것은 대단히 까다로운 일이다. 디센트럴랜드나 솜니움 스페이스와 같은 탈중앙화된 몰입형 플랫폼을 만드는 것은 워드프레스로 웹사이트를 만드는 일과 비교할 수 없을 만큼 힘든 작업이다. 따라서 웹 3.0에서도 인터넷과 같은 사태가 발생한다고 해도 놀라울 것은 없다. 그렇게 되면 소수의 플랫폼 그룹이 가상 경험이나 증강 경험을 쉽게 구축할 방법을 찾아낼 것이다. 물론 이런 플랫폼은 개방되어야 한다. 누군가에게 소유될 수 있고 일부는 커뮤니티가 소유할 수 있겠지만, 플랫폼의 시작부터 투자했던 전 세계 투자자들에게 집중적으로 통제되고 소유될 가능성이 대단히 높다.

마지막으로, 기술적인 어려움은 극복하더라도 탈중앙화 자율조직들DAOs이 중앙화를 시작하는 것은 막기 힘들다. 처음부터 탈중앙화를 할 수 있는 플랫폼은 없다. 누군가는 특정한 아이디어를 개발하고 중앙 기반을 만들어야 하기 때문이다. 물론 성장을 위해서는 커뮤니티를 통해 자금을 융통할 수 있고, 결과적으로는 커뮤니티가 탈중앙화 자율조직을 소유하고 제어하게 된다. 하지만 개별 사용자가 가질 수 있는 소유권의 수준을 제한하는 계획적 제한사항이 마련되어 있지 않다면, 결국 탈중앙화 자율조직마저 선별된 그룹의 통제를 받게 될 것이다. 특정 공동체에 영향력을 넓히려고 노력하는 건 인간 본능의 일부이다. 이것을 예방하기 위해 억누르고 균형을 맞추지 않을 경우, 탈중앙화가 시작되는 시스템이라도 방향을 바꿔 빠르게 중앙화될 수 있다.

똑같은 현상이 암호화폐 세계에서 벌어졌다. 목적은 탈중앙화된 생태계를 만드는 것이었으나, 규모의 경제와 불평등으로 인해 현실은 빠르게 중앙화된 형태로 귀결되었다. 예를 들어 50~60퍼센트 정도의 비트코인 채굴 성능the hash rate (해시레이트)이 5~6개의 채굴 풀(컴퓨팅 성능을 공유하는 채굴자 그룹)에 의해 제어되는데,[13] 상위 1만 개의 지갑이 400만 비트코인 혹은 시장 유통량의 21퍼센트를 관리하게 된 것이다.[14] NFT 공간에서도 같은 일이 발생했다. 소규모 그룹의 화이트리스트 구매자(새로운 NFT 드롭이 사용 가능해지면 누구보다 먼저 알림을 받는 구매자)가 최고의 수익을 올린다. 화이트리스트 구매자는 매출의 78퍼센트의 수익을 얻고, 화이트리스트에 오르지 않은 구매자는 78퍼센트 손해를 입는다.[15]

결과적으로 나는 메타버스가 하이브리드 웹에서 구축될 것이라 믿는다. 차세대 웹은 아마 절대로 완전한 탈중앙화를 이룰 수 없을 것이다. 대신 우리가 기대할 수 있는 최선은 바로 두 가지 세계의 장점만 가져다가 멋지게 연결한 하이브리드 웹이다. 중앙화된 네트워크의 속도, 대역폭, 컴퓨팅 성능을 사용하여 실시간 처리, 극사실적 시각화, 고급 AI 기능, 그리고 네트워크 내부 애플리케이션을 사용할 수 있다. 그로 인해 자기 주권 신원과 디지털 자산과 데이터에 대한 진정한 소유권을 갖고, 사용중인 블록체인 기술을 현금화하는 방법 등을 결합하여 빠르게 혁신을 이루어낼 수 있다.

개방형 메타버스 협회Open Metaverse Association의 창립자인 라이언 길Ryan Gill은 "인터넷은 웹 개발자가 구축했지만 개방형 메타버스는 게임 개발자가 구축할 것이다"라고 말했다.[16] 유니티, 언리얼 엔진

　　　　　　　　　　　　　　　　　　　　메타버스 유토피아

5, 혹은 블렌더 같은 플랫폼을 통해 몰입형 플랫폼을 만드는 작업이 쉬워졌지만, 이런 경험에는 여전히 게임 같은 최고의 인프라가 필요하다. 인프라의 범위는 빠른 광섬유 인터넷 연결에서부터 최고의 게임 콘솔에 이른다. 그러므로 메타버스가 성공하기 위해서는 웹 스스로가 지능적이고 적극적인 참여자가 되어야 한다.

메타버스가 도래한다고 해도 증강 경험, 아바타, 몰입형 가상 상황 및 가상 공간, 디지털 기기와 같은 디지털 자산을 만들 수 있는 중앙집중식 플랫폼은 존재할 것이며, 이를 통해 사용자의 디지털 자산을 자신이 직접 통제하는 NFT에 연결된 탈중앙화되고 상호운용이 가능한 자산으로 내보낼 수 있다. 이러한 디지털 자산을 사용하려면 지연시간이 짧고, 네트워크가 안정적으로 연결되어야 하며, 대역폭이 높고 중복성이 낮아야 한다. 이때는 우리가 알고 있는 현재의 중앙화된 서버 모델을 사용해야 한다. 탈중앙화된 방법으로는 아바타를 사용하기가 불가능하기 때문이다. MMORPG를 예로 들어보자. 자기 주권을 확보하기 위해, 게임은 스마트 계약으로 관리된다. 추출하는 순간 중앙 플랫폼에 있는 자산 복제본이 자동으로 삭제된다. 이런 방식으로 몰입형 경험을 하는 동시에 자기 주권을 지킬 수 있다.

개방형 경제 시스템

가장 바람직한 메타버스는 중앙화된 플랫폼과 탈중앙화된 커뮤니티로 구성된 메타버스라고 할 수 있다. 이때 중앙화된 플랫폼은 어디서나 상호운용성이 가능한 곳이다. 물론 그렇다고 해서 중앙화된 빅테크 기업이 강력하지 않다는 의미는 아니다. 이러한 메타버스는 소비자의 전환 비용을 낮추거나 무시할 수 있을 정도로 만들어서, 소비자와 사회 모두 이득을 얻도록 한다. 조직은 사용자를 행복하게 만들려면 계속 노력해야 하기 때문이다. 이 상황이야말로 모든 당사자에게 가장 유익하고 이 사회에도 최대 가치를 가져다줄 것이다. 다만 개인의 부만 신경 쓰는 돈 많은 창립자들에게는 별로 매력적인 이야기가 아니다. 일부 탈중앙화된 커뮤니티는 완전한 탈중앙화 자율조직이 되어 개방된다. 반대로 나머지는 중앙화된 플랫폼으로써 고유의 규칙과 규정을 가지고, 전부는 아니지만 여전히 사용자가 자산을 통제할 수 있고 불러올 수도 있다.

경제적 상호운용성은 모든 인터넷 사용자에 가치를 창출할 수 있는 포용적 메타버스의 핵심이다. 이때 경제적 상호운용성의 수준은 플랫폼과 그 규칙, 그리고 관리 메커니즘에 따라 달라지지만, 자유롭게 (신원, 디지털 자산, 콘텐츠 등) 재산권을 전송하려면, 1장에서 논의한 대로 올바른 인터넷 프로토콜 및 세계적 표준을 통해서만 가능하다.

프로토콜과 표준은 거대한 생태계 전반에 걸쳐 추가적인 가치를 만든다. 예를 들어 에너지 회사가 100개의 풍력발전 터빈으로부터 가져온 데이터로 AI 모델을 만들어서, 유지 보수가 언제 필요할지 얼마나 많은 에너지를 생산할지 예측한다고 생각해보자. 그러나 그 산업 전체가 전 세계의 풍력발전 터빈(같은 범주)에서 데이터를 얻어 AI 모델을 만든다면, 훨씬 더 좋은 AI 모델이 되었을 것이며, 인류 전체에 더 많은 가치를 전달했을 것이다. 이런 모델이 가능하려면 조직이 서로 협력하며, 독점적인 통찰력을 보호하는 방식으로 데이터를 공유해야 한다. 업계가 동의한 독립적인 프로토콜 및 표준은 참여 중인 에너지 회사 간의 불신을 피할 수 있게 도와준다. 이는 메타버스에도 적용되는 내용이다. 프로토콜과 표준은 사용자가 어떤 플랫폼이든 자신의 신원 및 디지털 자산을 도난당하거나 이용당할 두려움 없이 접속할 수 있도록 돕는다. 바로 여기서 크로노스 그룹 또는 국제 표준화 기구(ISO) 같은 표준화 기구가 필요하다. 그들이 만들어낼 수 있는 개방형 표준과 프로토콜은 누구에게나 수용되면서 커뮤니티에 의해 제어될 것이다.

표준에 대해 크로노스 그룹의 회장 당선자인 닐 트레빗은 다음과 같이 말했다. "회사 하나가 독점 사양서를 작성하는 것이 훨씬 쉽고 빠릅니다. 세 사람을 데리고 와서 각자 서명하고 생산하면 끝나는 일이니까요." 그에 반해 "업계 전체를 함께 데리고 와서 수백 개나 되는 회사에서 광범위하게 합의를 얻어내보세요. 합의를 해야 하는 건 버그가 아니라 특징입니다.'" 표준화는 시간이 걸린다. 하지만 80억 인구에 가장 큰 가치를 전해줄 개방형 포용적인 메타버스를 확인할 가장 빠른 방법은 여전히 표준화이다.

메타버스는 우리의 지난 실수를 고치고 더 나은 미래, 더 포용적인 미래, 그리고 더 평등한 미래를 재생산할 독특한 기회를 제공한다. 우리는 선택권을 가지고 역사의 한 시점에 있다. 우리는 모두가 고유한 몰입형 경험의 일부가 될 수 있고, 생계를 꾸리는 독특한 방식에 접속할 수 있다. 그리고 우리 신원, 데이터, 그리고 디지털 자산에 대한 통제권을 직접 갖게 된다. 그렇지 않으면 지금 가진 그대로 있을 수 있다. 물론 모든 문제점이 뒤따라올 것이다.

상호운용 가능한 메타버스는 사용자가 그들의 자산을 현금화하고, 판매하고, 차용하고, 담보로 사용하고, 파생 상품을 판매하며, 또는 임대하도록 만들 수 있다. 다음 장에서도 살펴보겠지만, 우리는 완전히 새로운 연중무휴의 경제를 창조할 수 있다. 하지만 우리에게는 책임감도 주어지므로 개방형 경제 체제와 상호운용성을 제한하는 폐쇄형 플랫폼에 맞서야 한다. 게다가 언젠가는 비용을 지불하게 될 서비스라면 준비를 하자. 데이터를 내주고 구매하는 것과 다름없는 현재의 무료 서비스에 안주하지 말고 데이터와 지갑에 표를 던지자. 기왕이면 탈중앙화된 지갑이 좋을 것이다.

Chapter 3

아바타,
또 다른 나의 탄생

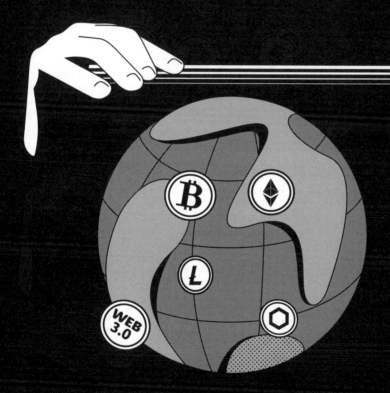

아바타의 부상

아르파넷은 인터넷의 탄생에 결정적인 역할을 했을 뿐만 아니라 세계 최초의 아바타가 등장하는 여러 대학 간 1인칭 슈팅 미로 게임을 할 수 있는 근간이 되었다. 1970년대 초, 미 항공우주국에서 근무하던 스티브 콜리Steve Colley, 하워드 파머Howard Palmer와 그레그 톰프슨Greg Thompson은 눈동자 형태의 그래픽 아바타가 등장하는 메이즈 워MazeWar라는 멀티플레이어 게임을 개발했다. 키클롭스(그리스로마 신화에 등장하는 외눈박이 거인-옮긴이)의 눈 같이 생긴 이 아바타는 그 시선이 이동하는 방향으로 움직였다.[1] 이는 시각적으로 표현된 최초의 디지털 캐릭터였다. 그 이후 아바타는 가상 세계에서 실제 사용자와 실재하지 않는 사용자를 표현하는 데 있어 상당한 진전을 이루었다. 멀지 않은 미래에 아바타는 증강현실이나 홀로그램 프로젝션을 통해 물리적 세계로도 들어올 것이다.

아바타는 크립토펑크CryptoPunks(이더리움 블록체인상에서 NTF로 존재하는 가상의 예술작품-옮긴이)나 보어드 에이프 요트클럽의 원숭이 캐릭터 같은 2D 픽셀 이미지부터 포트나이트와 마인크래프트에 나오는 것과 같은 형태의 캐릭터, '디지털 인간digital humans'으로 불리는 극사실 3D 디지털 표현까지, 어떤 형태로든 만들어질 수 있다. 무엇보다도 아바타는 정체성의 시각적 표현이다. 아바타는 가상 세계에서 정체성을 표현하고 싶은 실제 사람의 것일 수도 있고, 논플레이어 캐릭터NPCs, Nonplayer characters(사람이 아니라 컴퓨터가 제어하는 캐릭터)라고도 불리는 실재하지 않는 디지털 사용자, 즉 디지털 에이전트의 표현일 수도 있다. 메타버스에서 아바타는 필수적이다. 아바타를 사용하면 가상 세계에서 자신의 정체성을 표현하고, 다른 사람들과 상호작용하며 가상 정체성을 현실 세계로 가져올 수도 있다.

사용자는 현실 세계에서와 마찬가지로 (가상) 설정에 따라 다양한 정체성을 갖는다. 현실에서 친구와 있을 때와 비즈니스 환경에 있을 때의 행동과 옷차림이 달라지는 것처럼 이는 가상 세계에서도 마찬가지이다. 방문하거나 가입하고 싶은 커뮤니티의 성격에 따라 아바타에 다른 옷을 입히거나 아니면 아예 다른 아바타를 선택하기도 한다. 자신의 정체성을 묘사한 아바타를 사용할 때의 흥미로운 점은 물리적 정체성에 얽매이지 않고 자기 자신을 표현할 수 있다는 점이다.

우리는 이미 여러 해를 지나며 정체성에 대한 관점을 넓혀왔다. 남성 대 여성으로 시작했던 것이 지금은 논바이너리nonbinary(기존의 이분법 성별 구분을 벗어난 종류의 성 정체성 혹은 성별을 지칭함-옮긴이), 트랜스젠더, 젠더플루이드gender-fluid(성별이 유동적으로 전환되는 젠더를 의미함-옮긴이)를 포함해 다양한 젠더 정체성으로 확대되었다. 사실 이보다 훨씬 많은 젠더 정체성이 존재한다.[2] 그러나 모든 정체성이 어디에서나 받아들여지는 것은 아니기 때문에 종종 심각한 결과를 초래하기도 한다. 하지만 메타버스에서는 다르다. 가상세계에서는 자신의 정체성을 구상해서 만들어내기만 하면 언제든지 자신이 원하는 모습으로 바뀔 수 있다. 이는 정체성 폭발로 이어질 수 있다. 메타버스에서는 자신이 사용할 아바타의 유형과 아바타의 옷차림을 결정할 완전한 자유가 있기 때문이다.

메타버스에서는 자신이 원하는 모습으로 변신할 수 있다. 자신의 원래 모습 그대로를 드러낼 수도 있고 솜털처럼 복슬복슬한 토끼부터 거대한 로봇, 하늘을 나는 보라색 켄타우로스까지, 상상 가능한 그 어떤 모습으로도 나타날 수 있다. 사용자가 만족한다면 무엇이든 가능하다. 아바타가 사람의 모습이 아니더라도 달라지는 것은 없다. 오히려 사람들이 자신의 정체성을 더 잘 표현하고, 기분에 따라 아바타를 변경함으로써 주어진 순간에 자신의 감정을 더 잘 표현할 수도 있다. 아바타는 특정 커뮤니티에 속해 있음을 나타내는 수단이 되기도 한다. 지금도 많은 사람들이 크립토펑크, 보어드 에이프와 같은 NFT를 아바타로 사용하고 소셜 미디어 프로필 사진으로 사용하면서 특정 틈새 커뮤니티의 일원임을 보여주거나 과시하기도 한다. 2022년 초, 트위터가 사용자로 하여금 자신의 암호화폐 지갑을 트위터와 연동하여 NFT를 검증하도록 한 것도 이러한 이유였다.[3] 이런 현상은 3D 아바타가 보편화될 메타버스에서만 증폭된다. 3D 아바타는 자신이 누구인지, 어떤 커뮤니티에 속해 있는지 보여주는 새롭고 다양한 방법을 제시한다. 아바타의 외관이나 유형으로 보여줄 수도 있지만 아바타가 옷을 입는방식이나 아바타가 착용하는 디지털 웨어러블 아이템으로 보여줄수도 있다. 잠시 후에 살펴보겠지만 이는 완전히 새로운 경제를 창조할 것이다.

우리는 메타버스 내에서 매우 다양한 종류의 아바타를 기대할수 있다. 어떤 환경에서 어떤 유형의 아바타를 사용할 수 있는지는곧 어떤 디자인을 선택할 것인지의 문제인 경우가 많으며, 이는 기술적인 관점에서 중요한 의미를 지닌다. 플랫폼들은 개발자가 쉽게 아바타 플랫폼을 경험에 연동할 수 있게 하는 레디 플레이어 미Ready Player Me와 같은 기성 플랫폼을 사용할 수도 있고, 로블록스, 메타, 마이크로소프트처럼 자체 아바타 시스템을 개발할 수도 있다.이러한 플랫폼들은 각기 다른 접근 방식을 채택했는데, 로블록스와 샌드박스는 레고와 비슷한 외관의 아바타를 선택했고, 메타와마이크로소프트는 다리가 없는 아바타를 택했다. 양쪽 플랫폼 모두 컴퓨팅 파워를 줄이기 위해 로우 폴리곤 아바타를 사용하여 대부분의 소비자들이 어떤 종류의 스마트폰, 태블릿, 컴퓨터에서도자사 게임과 환경을 실행할 수 있게 했다. 단순한 아바타는 많은장점을 가지고 있는데, 무엇보다 게임이나 환경 실행을 수월하게만든다. 레디 플레이어 미를 만드는 회사인 울펜슈타인Wolf3D의 공동 창업자이자 CEO인 팀무 토케Timmu Töke는 "더욱 사실적으로 만

들수록 문제는 더욱 쉽게 발생한다"라고 말한 바 있다.[4]

폴리곤의 개수는 아바타가 얼마나 현실감 있게 구현되는지를 결정한다. 다른 종류의 디지털 자산도 마찬가지이다. 오큘러스 퀘스트(독립형 VR 헤드셋)로 하는 VR 챗에서 아바타의 폴리곤 개수는 1만 개를 초과할 수 없다.[5] 1만 개가 넘어가면 화면에 표시되지 않기 때문이다. 비디오게임 '매트릭스 어웨이큰스The Matrix Awakens'(언리얼 엔진5의 가능성을 선보이고 영화도 홍보하기 위한 게임이자 시연용 영상)에 나오는 극사실 디지털 자산은 각각 수백만 개의 폴리곤을 갖고 있어서 엑스박스 시리즈X나 플레이스테이션5를 가진 사용자만 이 게임을 실행할 수 있다.[6] 이러한 극사실 경험이 가상현실에서 구현되기까지는 오랜 시간이 걸릴 듯하다.

디지털 인간과 같은 극사실 하이 폴리곤 아바타를 사용할 수 있는 플랫폼이 지금도 있긴 있지만, 그러한 아바타를 처리하는 데 필요한 컴퓨팅 파워의 크기는 대다수의 소비자가 감당하기에는 너무 크다. 이들은 주로 전문적인 게임, 영화, 기록 작업에 사용된다. 게다가 극사실 아바타는 만들기도 매우 어렵다. 언리얼 엔진의 메타휴먼이나 리얼루전의 캐릭터 크리에이터4와 같은 새로운 솔루션은 이러한 프로세스를 간소화했지만, 그럼에도 아직은 극사실 아바타를 만들기 위해서는 해결해야 할 과제가 남아 있고, 프로그램은 여전히 고가이다. 매트릭스 어웨이큰스의 가상 키아누 리브스와 같은 극사실 디지털 인간을 대중이 쉽게 접할 수 있기까지 수년은 걸릴 것으로 보인다.

극사실 아바타에서 요구되는 컴퓨팅 파워와 대역폭 이외에도 현재 대부분의 플랫폼이 카툰 아바타를 택하는 중요한 이유가 또 있다. 그것은 마음의 '불쾌한 골짜기uncanny valley'(인간과 거의 흡사한 로봇의 모습과 행동에서 느끼는 불쾌한 감정-옮긴이)라고 불리는 개념과 관련이 있다. 인간은 어느 정도 인간적인 부분을 암시하는 물건에서 사회적 잠재성을 구별해내는 데 매우 뛰어나다. 예를 들어, 냉장고와 같은 물건에도 눈 두 개. 코 하나, 귀 두 개, 그리고 입을 그려넣기만 우리는 거기에서 사회적 잠재성을 발견한다. 하지만 '사회적' 대상이 충분히 인간적인 방식으로 행동하지는 않을 것이라고 가정한다.

수년 간 아바타를 연구 중인 미시건주립대학의 부교수 라빈드라 라탄Rabindra Ratan에 따르면, 그런 경우에 인간은 바로 실망한다. 이것이 바로 시리, 알렉사, 코타나와 같은 디지털 비서에 육체가 없는 이유이다. 이런 비서들이 제대로 일을 하지 못하면 우리는 그들에게 화를 낼 것이다. 하지만 형상이 없는 경우에는 실수를 저질러도 쉽게 용서하곤 한다. 이는 현재의 가상 세계에서도 똑같이 적용된다. (극)사실 아바타는 가용 대역폭 및 컴퓨팅 파워의 부족 때문에 랙에 걸리거나 버벅대는 경우가 잦다. (극)사실 아바타는 대부분 사실적으로 보이지만, 완벽하게 사실적으로 느껴지지 않아 '불쾌한 골짜기'에 빠져버리고 사람들은 그런 아바타에 흥미를 잃어버린다. 이러한 감각은 기본적으로 우리의 뇌가 예상한 극사실 아바타의 모습 및 행동과 실제 행동 사이의 부조화에서 생겨난다. 이 둘이 맞아떨어지지 않을 때 인간은 초조해지고 불편한 감정을 느낀다.[7] 게임을 하면서 불편을 느끼면 사람들은 그 게임을 오래하지 않는다. 따라서 사람들이 자사의 환경을 장기간 사용하게 하고 싶다면 이러한 불편한 감정을 해소하게 만들 방안을 진지하게 고민해야 한다. 현재 카툰 아바타와 심지어는 다리가 없는 아바타조차 움직임만큼은 현실감 있게 구현하고 있는 것은 그 때문이다. 그것이 현 시점에서 하드웨어가 가지고 있는 제약을 가장 쉽게 극복할 수 있는 최선의 접근 방식이기 때문이다. 기기가 더욱 발전하고 인터넷 연결 속도가 빨라질수록 미래에는 극사실 아바타가 더욱 보편화될 것이다.

아바타 유형과 아바타 개발 및 컴퓨팅 파워 간의 관계는 도표 3.1과 같이 그래프로 간단하게 나타낼 수 있다. x축은 로우 폴리곤부터 하이 폴리곤까지 폴리곤의 개수를 나타내며, y축은 카툰 아바타부터 극사실 아바타에 이르는 척도를 나타낸다. 더 사실적이고 폴리곤이 많은 아바타를 선택할수록 필요한 컴퓨팅 파워와 시간은 급격하게 증가한다.

메타버스 개발자는 고유한 아바타 시스템을 구축하는 데 시간을 집중할 것인지 아니면 레디 플레이어 미와 같은 플러그 앤드 플레이Plug and Play 솔루션으로 메타버스를 구현할지도 결정해야 한다. 레디 플레이어 미는 메타버스의 기본 아바타 시스템을 개발했으며,[8] 이러한 아바타 제작 도구를 통해 사용자들이 사진 업로드만으로 쉽게 아바타를 생성하거나 무수히 많은 옵션을 자유자재로 활용해 아바타를 스스로 디자인할 수 있도록 하는 것이 그들의 목표이다. 2021년 말, 레디 플레이어 미는 자사 플랫폼을 1,000개 이상의 앱 및 게임과 연동시켜 사용자들이 한번 아바타를 만들면 다른

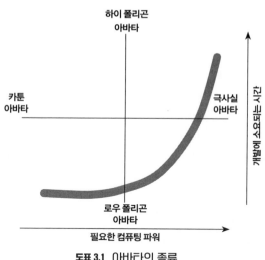

도표 3.1 아바타의 종류

경험에서도 활용할 수 있도록 했다. 이것이 바로 메타버스에서 요구되는 상호운용성이다. 사용자는 각기 다른 환경에서 여러 개의 아바타를 가질 수도 있는데, 새로운 환경이나 플랫폼에 들어갈 때마다 매번 새로운 아바타를 만들어야 한다면, 이는 사용자 친화적인 방식이라고 할 수 없다. 그것은 마치 새로운 웹사이트에 가입할 때마다 새로운 이메일 계정을 생성해야 하는 것과 같다.

아바타는 디지털 세계 내 개인의 정체성이기 때문에 메타버스에서 매우 중요한 부분을 차지하며, 한 플랫폼에서 다른 플랫폼으로 이동이 가능해야 한다. 이렇게 시각적으로 나타나는 정체성을 통해 메타버스 안에서 당신이 누구인지를 결정하고, 어떤 감정을 느끼는지, 어떻게 행동할지도 결정할 수 있다. 정체성이란 것은 대단히 매혹적인 개념이며 나를 포함해 많은 이들이 오랫동안 고민해온 주제이다. 정체성이란 과연 무엇을 의미하는걸까? 자기 자신이 된다는 게 무슨 뜻일까? 이 (디지털) 세계에서 자신을 어떻게 표현하고 싶은가?

정체성은 사회학, 인류학 분야에서 이미 흥미롭게 연구되고 있는 주제이긴 하지만, 메타버스에서 사용할 아바타를 생성하는 사람이 점점 더 늘어날수록 정체성은 완전히 새로운 의미를 갖게 되리라고 예상할 수 있다. 아바타를 통해 사람들은 물리적 세계 뒤에 숨어 디지털 세계에서 자신의 정체성을 실험할 수 있게 된다. 현실에서 자신의 실제 외모에 불만을 가지고 있거나 자신의 성 정체성에 대해 불편함을 느끼는 사람들은 메타버스 안에서 자신의 정체성을 더 깊게 탐구해볼 수 있다. 가령, 물리적인 현실 세계에서는 여자이지만 메타버스에서는 남자 아바타를 선택하고, 현실 세계에서는 내향적이지만 메타버스에서는 외향적으로 보이는 아바타를 선택할 수 있다.

연구에 따르면, 특정 행동과 관련된 시각적 특징을 가진 아바타는 그 아바타의 주인이 실제로 그러한 행동을 하도록 유도하는 결과를 낳는 이른바 '프로테우스 효과Proteus effect'를 일으킨다. 이처럼 (피부색, 키, 신체, 디지털 의상과 같은) 아바타의 외형은 아바타 뒤에 있는 사람의 행동을 직접적으로 변화시킬 수 있다.[9] 닉 이Nick Yee 와 제러미 베일렌슨Jeremey Bailenson의 2007년 연구에 따르면, 키가 큰 아바타를 할당받은 참가자들은 가상 환경에서 더 큰 자신감을 보였다. 그리고 흥미롭게도 이렇게 변화된 행동은 그다음에 이어진 물리적 상호작용에서도 계속되었다.[10] 따라서 메타버스에서는 전에 없던 방식으로 자신의 정체성을 탐구할 수 있다. 개인이 소유하고 싶은 캐릭터의 특성을 보여주는 아바타를 선택하기만 하면 가상 세계와 현실 세계 양쪽에서 행동의 변화를 가져올 수 있다. 이는 상대적으로 안전한 환경, 특히 익명성이 보장되는 환경에서 자유롭게 자신의 정체성을 탐구할 수 있는 기회가 될 수 있다. 사람들은 여러 플랫폼에서 사용할 수 있는 자신의 아바타를 결정하기 위해, 아마도 처음에는 아바타를 자주 바꿔가면서 자신의 정체성과 성격에 가장 잘 어울리는 아바타를 찾아내려고 노력할 것이다.

아바타의 부상은 막을 수 없으며, 메타버스에 발을 들이는 사람이 많아질수록 정체성에 대한 창의력은 더욱 크게 폭발할 것이다. 디지털 세계에서는 그야말로 뭐든지 가능하며, 자기 표현을 가로막는 것은 본인의 창의성밖에 없다. 물론 이는 사용자 스스로가 정체성에 대한 완전한 통제권을 가질 때에만 가능한 이야기이다. 디지털 정체성이 제공하는 잠재력을 최대한 활용하기 위해서는 자기 주권이 필수적이다. 1장에서 이야기했듯이, 자기 주권은 사용자가 자신의 신원, 데이터, 디지털 자산에 대한 완전한 소유권과 통제권을 갖는다는 것을 의미한다. 여기에서 블록체인과 NFT가 진가를 발휘한다.

레디 플레이어 미는 상호운용이 가능한 아바타를 불러올 수 있는 훌륭한 플랫폼이긴 하지만, 여전히 중앙에서 소유하고 통제하는 플랫폼이다. 레디 플레이어 미가 해킹을 당하거나 어떤 이유로든 파산할 경우, 사용자들은 아바타와 그들의 정체성을 모두 잃게 된다. 레디 플레이어 미의 팀무 토케는 2021년 말에 진행한 시리즈 A의 펀딩에서 모금된 1,300만 달러를 아바타용 웨어러블 NFT

와 가상 패션에 사용할 것임을 시사했다." 멋진 출발이긴 하지만, 나는 사용자가 아바타를 꾸미기 위한 아이템뿐만 아니라 자신이 생성한 아바타를 소유할 수 있고, 그것을 아바타와 연결된 탈중앙화 NFT에 저장할 수 있을 때 플랫폼이 진정한 가치를 갖는다고 생각한다.

빅테크 기업이 제어하는 2D 인터넷의 2D 아바타에서 개인이 제어하는 몰입형 인터넷의 3D 아바타로 이동하며 우리는 무한한 창의성의 세계로 들어서게 될 것이다. 아바타를 통해 원하는 모습이 될 수 있지만 당신과 똑같은 아바타를 사용하는 사람과 마주치는 일이 없도록 자기 아바타만의 고유성을 확인하고 싶을 것이다. 당연히 이는 새로운 환경을 탐색하고 아바타를 선택하는 데 30초 이상을 할애하지 못하고 기본 아바타를 사용할 경우에는 적용되지 않는 이야기이다. 하지만 다양한 설정에서 사용할 수 있는 아바타를 몇 개 정했다면 당신의 아바타가 진짜 당신이고 정말로 자신만의 고유한 아바타인지 확인하고 싶은 마음이 들 것이다.

이렇게 고유한 아바타를 손에 넣는 방법은 앞으로 다양해질 것이다. 물론 레디 플레이어 미와 같은 시스템을 활용해서 공들여 아바타를 개인화할 수도 있지만, 몇 년 안에 아바타 시장이 훨씬 다양해질 것이다. 그러한 시장에서는 기성 표준 아바타를 구매해 개인화하거나 하나밖에 만들어지지 않아 세상에 단 하나뿐인 기성의 아바타를 구매할 수도 있고, 아티스트에게 의뢰하여 자신만의 아바타를 개발하는 것도 가능하다. 또한 우리는 아마 현실에서 옷을 갈아입는 것만큼이나 빠르게 디지털 스킨과 디지털 패션도 벗어던질 것이므로 중고시장도 활성화될 가능성이 크다. 여기에서 또 흥미로운 질문이 제기된다. 몇 년 동안 쓰던 아바타를 팔 때는 어떤 기분이 들까? 새로운 시작처럼 느껴질까, 아니면 정체성 위기에 빠지게 될까? 이는 연구자들에게 매우 흥미로운 주제가 될 것이다.

이처럼 아바타가 진정으로 고유성을 갖게 하려면 무엇보다 다른 사람들이 아바타를 도용하거나 사칭할 수 없도록 해야 한다. 아바타를 도용하거나 사칭하는 범죄는 틀림없이 발생할 것이다. 유명인이면 특히 범죄의 대상이 되기 쉽다. 이 부분에서 NFT, 그리고 잠재적으로는 생체 인식 시스템이 중요한 역할을 할 수 있다. NFT에 연동된 상호운용 가능한 아바타의 주요 특징 중 하나는 특정 아바타가 정말로 그 NFT에 연결되어 있는지, 해당 지갑에 대한 개인 키를 관리하고 있는 공식 소유자에 의해 제어되고 있는지, 신원을 검증받았는지 여부를 확인할 수 있다는 점이다. 그렇지 않으면 현실에서 범죄자들이 유명인의 가짜 소셜 미디어 프로필을 만들어 사기를 치듯이 메타버스에서도 유명인으로 가장하여 사기 범죄를 저지르기가 너무 쉬워진다. 내가 나의 디지털 복사본을 만들 수 있다면 누구라도 나의 디지털 복사본을 만들 수 있다. 뿐만 아니라 딥페이크 음성을 사용하면 디지털 세계에서 누구라도 사칭할 수 있다. 어떠한 형태로든 검증을 하지 않고서 가짜와 진짜를 구별해내기는 어렵다.

이 주제는 8장에서 자세히 논의할 것이다. NFT를 사용하면 아바타가 자신이 말하는 사람이 맞는지, 아바타가 자기 주권 신원에 연결되어 있는지, 그리고 아바타가 실제 소유자에 의해 제어되고 있는지를 플랫폼이나 다른 플레이어 혹은 사용자가 검증할 수 있다. 생체 인식은 해당 아바타의 개인 키가 도난당한 적이 없는데 자신이 소유자라고 주장하는 사람이 있을 경우에 이를 검증하기 위한 추가적인 보안 단계로 사용될 수 있다. 이는 트위터가 '인증된 계정Verified'에 파란색 배지를 달아주는 것(일부 제한된 계정도 있지만, 보통은 인증을 원하면 누구나 신청 가능하다)보다 조금 더 나아간 형태가 될 것으로 예상된다.

아바타는 다른 사람, 자산 또는 환경과의 상호작용을 용이하게 하는 엔티티entity(실세계에 존재하는 개체를 말하며 사람, 장소, 물건, 개념, 정보 등이 포함됨-옮긴이)의 디지털 표현이다. 아바타가 개인의 디지털 표현이 되려면 고유하고 상호운용 가능하며 검증이 가능해야 할 뿐만 아니라 당사자가 직접 제어해야만 한다. 가장 이상적인 것은 전체 메타버스 어디에서나 통하는 범용 아바타이다. 한 플랫폼에서 다른 플랫폼으로 이동할 때 아바타를 제어하는 방법을 다시 배우는 것은 무의미한 일이다. 아바타를 움직이는 방법에는 여러 가지가 있는데, 키보드를 사용하는 것이 가장 일반적이다. 화살표 키나 a, w, s, d 키를 사용하고, 마우스를 같이 사용하는 방법도 있다. 하지만 가까운 미래에는 모션 캡처Motion capture(모캡mocap으로 줄여 말하기도 함)를 활용하는 좀 더 발전된 방식으로 아바타를 제어할 수 있게 될 것이다. 모션 캡처는 센서 및(또는) 카메라를 사용해 사람이나 객체의 움직임을 기록하고, 이를 디지털 세계의 데이터로 변환하는 공정을 말한다. 시중에는 이미 다음과 같은 다양한 모션 캡처 시스템이 나와 있다.

- 애니메이즈Animaze와 같이 간단하고, 무료이며 웹캠을 사용한 얼굴 인식 시스템
- 모든 움직임을 정밀하게 측정할 수 있는 수천 달러짜리 고급 광학 시스템
- 《레디 플레이어 원》에서 나온 것과 같이 가상현실에서의 걷기나 달리기 모습을 본뜨기 위한 가상현실 트레드밀
- 테슬라 슈트와 같은 전신 햅틱 피드백 및 모션 캡처 추적 슈트

앞으로는 모션 캡처를 사용하여 메타버스 전역에서 자신의 아바타를 제어하고, 전신 행동 생체 인식 또는 안면 인식 시스템을 사용해 자신의 아바타를 고유하게 식별하는 것이 가능해져 아바타가 정당한 소유자에 의해 제어되고 있는지 검증하는 추가 보안 단계가 추가될 수 있다. 게다가 얼굴 표정이 고화질, 실시간으로 복제되어 아바타로 변환될 수 있게 되면 가상 세계의 사용자들이 더 빠르고 확실하게 타인과 연결될 수 있다.

개인의 고유한 표현인 아바타도 인간처럼 알몸으로 태어나기 때문에 옷을 입어야 한다. 그에 따라 디지털 패션 시장은 수십억 달러 규모가 될 것이며, 이제 막 시작된 이 시장은 현실 세계의 패션 시장보다 더 커질지도 모른다. 아바타를 만들려면 처음에는 좀 수고를 들여야 하겠지만, 아바타를 꾸미는 일은 훨씬 쉽다. (고유한) 디지털 패션과 웨어러블 아이템을 사용하면 진정으로 고유한 자신의 디지털 표현을 창조해낼 수 있다. 따라서 디지털 패션 산업

은 폭발적으로 성장할 것이다.

디지털 패션의 무한한 잠재력

2021년 9월 12일, 방송인 킴 카다시안이 발렌시아가의 올 블랙 드레스를 착용하고 메트 갈라Met Gala(뉴욕 메트로폴리탄 박물관의 의상연구소가 기금 조성을 위해 매년 5월 개최하는 모금 행사-옮긴이)에 등장했다.[12] 아무런 장식도 없이 온통 새카만 오트 쿠튀르(고급 맞춤 여성복) 드레스와 얼굴을 전부 가리는 마스크는 온라인상에서는 물론이고 심지어 포트나이트 커뮤니티 내에서도 큰 화제가 되었다. 포트나이트 커뮤니티 내 다수의 트위터 사용자들은 그녀의 복장이 유명한 비디오게임에 나오는 잠겨 있는 캐릭터와 매우 유사하다는 걸 발견했다. 그들은 카다시안이 왜 아직 잠금 해제되지 않은 비디오게임 캐릭터처럼 입고 나타났는지 궁금해했다.[13] 며칠 뒤에 발렌시아가가 포트나이트를 개발한 에픽 게임즈와 협업하여 패션 하우스 발렌시아가의 시그니처 의상과 복장을 게임에 도입하겠다고 발표하면서 루머의 실체가 밝혀졌다.

발렌시아가의 상징적인 컬렉션에서 영감을 받아 제작된 플레이어용 아이템 '발렌시아가 핏 세트Balenciaga Fit Set'는 포트나이트 애호가들이 가장 좋아하는 네 캐릭터인 '도고', '라미레스', '나이트', '밴시'에 신선한 모습을 선사했다. 포트나이트 전용 발렌시아가 백팩, 곡괭이 등이 포함된 새로운 아이템으로 사용자들은 완벽하게 고유한 자신만의 캐릭터를 표현할 수 있게 되었다.[14] 해당 의상과 웨어러블 아이템은 발렌시아가를 테마로 한 '스트레인지 타임스 허브Strange Times Hub' 공간 및 포트나이트 내 아이템 상점에서 구입할 수 있었다. 디지털 의상 세트의 출시와 더불어 두 회사는 포트나이트 내 동일한 '스트레인지 타임스 허브'에서 커뮤니티가 주도하는 리빙 룩북 캠페인을 선보이기도 했다.[15] 캠페인의 중심에는 포트나이트에 등장한 디지털 발렌시아가 매장이 있고, 옥외광고판에 가상 커뮤니티의 패션이 전시되어 사용자들의 아바타와 예기치 못했던 요소가 만나 새로운 경험으로 매시업(각종 콘텐츠와 웹 서비스가 유기적으로 결합하여 완전히 새로운 웹 서비스를 만드는 것-옮긴이)되었다.

두 브랜드는 일부 발렌시아가 매장과 발렌시아가닷컴Balenciaga.com에서만 구매할 수 있는 한정판 컬래버레이션 제품도 선보였다. 새로운 라인에는 특별히 커뮤니티가 좋아하는 관심 장소POI, Point of Interest인 온라인 상점 리테일 로우Retail Row에서 영감을 받은 모자, 티셔츠, 후드 티 등이 포함되었고, 2021년 9월 20일부터 전 세계에 판매되었다. 에픽 게임즈의 애덤 서스먼Adam Sussman 회장은 "자기 표현은 포트나이트를 아주 고유한 플랫폼으로 만드는 요소 중 하나이며, 진심 어린 디자인 및 유행을 창조하는 문화를 전 세계 수백만 명의 플레이어와 공유한 발렌시아가는 우리의 첫 번째 패션 파트너로서 이보다 더 훌륭할 수 없었다"고 말하며 협업에 대한 확신을 드러냈다.[16] 확실히 효과는 있었다. 발렌시아가 의상을 구매할 돈을 달라는 자녀들 때문에 깜짝 놀란 부모가 한둘이 아니었으니 말이다.

오트 쿠튀르와 패션 산업은 이제 막 게임 산업에 진입하기 시작했다. 디지털 패션의 가능성은 메타버스의 잠재력만큼이나 무한하며, 앞으로 10년 안에 몰입형 인터넷에서 가장 규모가 큰 산업이 될 것으로 예상된다. 당신의 포트나이트 아바타가 도고라는 반인반견이라고 해도 회의를 위해 관리자와 함께 가상 오피스에 들어갈 때, 자신의 표현인 아바타가 메타버스에서 알몸으로 돌아다니게 할 수는 없다. 물론 그러한 것을 선호하거나 심지어 요구하는 틈새 커뮤니티가 있긴 있다. 포르노 산업은 과거에도 (VHS, DVD, 인터넷 등의) 신기술을 이용했듯이 메타버스라는 기회를 놓치지 않을 것이다.

메타버스를 수용한 또 다른 명품 패션 브랜드는 구찌이다. 2021년에 구찌는 로블록스와 협업하여 로블록스 플랫폼에서 몇몇 희귀 아이템을 판매했다. 이 패션 하우스는 로블록스 회원만 입장할 수 있는 독특한 가상 정원을 만들어 2주 동안 전시했다. 이 가상 전시는 브랜드 탄생 100주년을 기념하고 탐구하기 위해 이탈리아 플로렌스에서 열린 2주간의 몰입형 멀티미디어 경험인 '구찌 가든 아키타이프: 절대적 전형 Gucci's Archetypes'이라는 전시의 일환이었다. 물리적 전시는 구찌 광고 캠페인의 세계를 집중적으로 탐구하며, 그 캠페인에 영감을 주었던 음악, 예술, 여행, 대중문화 요소로 구성되었다. 테마별로 마련된 전시실에서는 구찌 광고 캠페인의 다양하고 매혹적인 세계가 재현되었고, 최첨단 기술과 장인의 초정밀 수공예품, 혁신적인 인테리어 디자인으로 다양하면서도 몰입도 높은 공간을 선보였다. 구찌 광고 캠페인 속에 들어가 있는 듯한 착각을 불러일으킬 정도였다.

이와 동시에 로블록스의 가상 구찌 가든 공간은 전 세계에서 가장 인기 있는 프리틴pre-teen(10~12세에 이르는 10대 초반의 어린이를 지칭-옮긴이) 플랫폼에서도 공개되었다. 참석자들은 앞의 전시에서 상영된 것과 똑같은 15편의 과거 구찌 광고 캠페인을 통해 크리에이티브 디렉터 알레산드로 미켈레Alessandro Michele의 비전과 미학적, 포용적 철학을 보고 경험할 수 있었다. 구찌는 행사 기간 동안 로블록스 플랫폼에 가상 가방과 같은 한정판 아이템을 나누어주었다.[17] 로블록스 경험은 물리적 경험을 모방한 것이었다. 로블록스 사용자가 한정된 기간 동안만 구매할 수 있는 디지털 의상을 판매하여 희소성과 가격 인상의 가능성이 있는 것처럼 느끼게 만들었고, 실제로 몇몇 아이템은 터무니없는 가격으로 재판매되었다. 벌이 그려진 구찌 디오니서스백은 결국 35만 로벅스Robux(플랫폼의 자체 게임 화폐), 즉 4,115달러에 재판매되었다. 이는 실물 가방의 소매 가치인 3,400달러보다도 비싼 금액이었다.[18] 하지만 구매자들이 얻은 것은 로블록스 플랫폼 안에서만 사용 가능한 전용 픽셀 세트였다. 4,115달러짜리 가방에서는 기대할 수도 있을 법한 상호운용성은 없었다.

발렌시아가와 구찌가 메타버스에서 디지털 패션 아이템을 만든 유일한 브랜드는 아니다. 가까운 미래에 디지털 패션을 실험하는 패션 브랜드의 사례가 더 늘어나고, 패션 하우스들은 그들 나름대로 디지털 패션이 패션 하우스와 사용자, 그리고 환경에 가져다주는 혜택을 경험하게 될 것이다.

현재 화석연료 중심의 물류, 어린이의 값싼 노동력을 동원해 화학 처리 과정을 통해 생산된 천의 사용과 비교했을 때, 재생 에너지로 구동이 가능한 서버와 컴퓨터만 있으면 되는 디지털 패션은 공해를 적게 발생하게 하고, 지속 가능성이 더 높을 뿐만 아니라 확장성이 뛰어나며, 새로운 스타일을 실험할 수 있는 가능성이 무한하다. 무궁무진한 기회 때문에 디지털 패션은 곧 새로운 패션 흐름으로 자리 잡을 것이다. 또한 패션의 핵심은 무엇보다 정체성이기 때문에 앞으로 정체성은 르네상스의 시기를 겪을 것이다. 결국 물리적 세계에서 우리는 어떤 옷을 입고 무엇을 착용하는지로 자신을 표현한다. 이는 가상 세계에서도 똑같이 적용되겠지만 거기에는 무한한 가능성이 더해진다.

물리적 세계의 패션 디자이너는 사용 가능한 천의 종류와 물리 법칙 때문에 옷을 디자인할 때 한계에 부딪힌다. 하지만 메타버스에는 이러한 장벽이 존재하지 않는다. 디지털 패션 디자이너는 무한한 종류의 옷감과 천으로 전에 없던 독특하고 이국적인 디자인을 구상할 수 있다. 그러한 예로는 도메니코 돌체Domenico Dolce와 스테파노 가바나Stefano Gabbana가 2021년에 디자인한 가상 유리 슈트Glass Suit가 있다. 이 디지털 패션 아이템은 돌체앤가바나의 콜레치오네 제네시Collezione Genesi NFT 컬렉션(9점으로 구성된 NFT 컬렉션)의 일부였다. 이 가상 유리 슈트는 보손 프로토콜Boson Protocol이라는 D2PDigital to Physical 전자 상거래 플랫폼에서 120만 달러에 가까운 가격에 판매되었다. 이 거액을 지불한 회사는 슈트의 원본 디지털 파일과 실물로 된 슈트를 받았다. 실제 슈트는 100퍼센트 실크 소재에 스와로브스키 크리스털과 무라노 유리로 구성된 72개의 유리 세공품으로 장식되어 있다. 유리 슈트 외에도 이 브랜드는 경매에서 디지털 골드 드레스를 75만 달러가 넘는 금액에, 디지털 실버 드레스를 60만 달러가 넘은 금액에 판매했다.[19] 돌체앤가바나의 이러한 디자인들은 훌륭하지만, 그들은 디지털 패션 아이템이 가진 잠재력을 아직 충분히 활용하지 못하고 있다.

디지털 패션의 다음 단계로 넘어가면 자연히 디지털 세계에서만 사용 가능한 옷감으로 패션 아이템을 만들고, 그 패션 아이템에 효용성utility을 추가하는 것이 가능해진다. 돌체앤가바나와 달리 오직 디지털 패션 디자인에만 집중하는 회사가 하나 있다. 패브리컨트The Fabricant라는 이 네덜란드 패션 하우스는 디지털 전용 패션 브랜드로, 메타버스만을 위한 옷을 디자인한다. 가장 발전된 최신 인공지능 기술을 활용하여 표현과 움직임이 자연스러운 디지털 패션 아이템을 만들고, 액체 금속과 같은 신소재 옷감을 사용하기도 한다. 패브리컨트의 콘텐츠 및 전략 책임자 미카엘라 라로제Michaela Larosse에 따르면, 디지털 패션 아이템은 실제 옷과 마찬가지로 정서적 경험이라고 할 수 있다.[20]

메타버스에서 어떤 아이템을 착용하기로 결정하든지 간에 그를 통해 다양한 정체성을 탐색할 수 있다. 실생활에서는 실용적인 신발을 신지만 메타버스에서는 10인치짜리 굽이 달린 디지털 스틸레토 힐을 신어보고 어떤 느낌인지 확인할 수도 있다. 2022년 2월, 패브리컨트는 누구나 자신의 패션 NFT를 생성할 수 있는 '패브리컨트 스튜디오The Fabricant Studio'라는 새로운 플랫폼도 출시했다.

패브리컨트 스튜디오는 블록체인 기반 플랫폼으로, 누구나 자신만의 패션 디자인을 만들고 거래하며 현금화하고 뽐낼 수 있는 동시에 사용자가 스튜디오의 미래 의사 결정에 영향을 끼칠 수 있는 플랫폼 자체 토큰 $FBRC를 적립할 수 있다. 스튜디오는 누구나 자신의 예술 작품을 공유하고 수익을 낼 수 있는 탈중앙화된 패션 공급망을 형성한다. AI 직공, 사이버 재료 디자이너, 디지털 패션 크리에이터, 메타 재봉사, 스타일리스트, 전문 바이어, 멀티레이블 소매상, 혹은 평범한 패션 애호가 모두가 가상 세계에 공존한다. 모든 이가 탈중앙화된 방식으로 각자 자신의 역할을 정의하고 비즈니스를 확장하며 플랫폼의 성장에 따른 이익을 얻게 된다.[21]

인플루언서와 패션 브랜드가 옷감과 천을 만들면, 사용자는 이들을 결합하여 새롭고 고유한 디지털 아이템을 만들어 NFT로 판매할 수 있다. 패브리컨트의 목표는 패션 창작을 민주화하고, 인터넷에 연결되어 있는 한 누구나 디지털 패션 디자이너가 될 수 있게 하는 것이다. 미래에는 메타버스에서 탄생한 디지털 전용 브랜드가 차세대 패션 발전소가 될 가능성도 없지 않다. 어쩌면 자신만의 패션 아이템으로 입소문을 탔던 열네 살 어린이가 그 주인공이 될 수도 있다. 물론 플랫폼은 전통적인 패션 하우스가 플랫폼에 그들의 옷감을 드롭할 수 있게 하고, 커뮤니티와 함께 다음 해의 스타일과 의상을 공동 제작하여 디지털 및 실물 시장에 그들을 끌어들일 수도 있어야 물리적 세계와 디지털 세계가 진정으로 융합되는 피지털 경험을 만들어낼 수 있을 것이다.

더 많은 창작자가 메타버스에 합류할수록 창의성은 더욱더 폭발적으로 증가할 것이다. 여기에 인공지능을 더하면 기분, 날씨, 혹은 신체 상태에 따라 변화하는 고유한 디지털 패션 아이템을 만들 수도 있다. 디지털 아트와 패션이 물리적 세계의 데이터와 결합하는 순간 그 가능성은 무궁무진하게 펼쳐질 것이다.

처음에는 디지털 패션 아이템이 물리적 패션 아이템과 거의 비슷할 가능성이 높으나 점차 창의적인 아이템이 폭발적으로 증가할 것이다. 전통적인 슈트는 3D 원숭이 아바타가 입었을 때에는 그리 멋져 보이지 않을 수도 있기 때문이다. 사람의 모습을 하지 않은 새로운 아바타들도 다양한 의복, 천과 스타일이 필요하다. 디지털 패션에 새로운 아이디어를 결합할 수도 있다. 예를 들면, 비가 오는지 햇빛이 비치는지에 따라 변화하는 천으로 지역 날씨 정보와 연동되는 디지털 재킷을 만들 수도 있다. 천을 바꾸는 것만으로 메시지와 감정을 전달할 수 있는 것이 바로 디지털 패션이다. 무엇이든 가능하다. 하지만 결국 디지털 의상은 조작될 수 있는 데이터이므로 어떤 방식으로든 현실 혹은 디지털 세계에 연결된 센서가 필요하다.

디지털 패션 아이템은 정체성을 부여하는 것 외에도 온갖 종류의 효용성도 함께 제공할 것이다. 브랜드는 이를 활용하여 구매자에게 새로운 방식으로 보상할 수 있다. 예를 들면, 플랫폼에 따라 여러 가지 추가 권한을 부여하는 것이다. 아디다스 혹은 나이키 신발을 구매하면 플랫폼에서 더 빨리 달릴 수 있게 해주거나 레드불 재킷을 구입하면 특정 환경에서 날 수 있게 해주는 것이다. 이렇게 추가되는 게임 내 경험은 해당 아이템을 더욱 가치 있게 만든다. 디지털 패션에 효용성을 추가하는 데는 여러 가지 방법이 있겠지만, 사회적 책임이나 지속가능성에 기여하는 데 대한 장려금을 결합한 디지털 아이템의 물리적 등가물에 대한 할인, 특별한 브랜드 경험을 위한 VIP 전용 입장권, (디지털) 커뮤니티 행사 등 사용자에게 참여의 기회와 고유한 경험을 제공하는 것이라면 무엇이든 가능하다.[22] 더 많은 효용성을 제공할수록 디지털 제품의 가치는 더욱 높아진다. 디지털 패션 아이템과 웨어러블 아이템에 효용성을 추가하는 방법은 무궁무진하다. 앞으로 이 공간이 어떻게 진화할지 지켜보는 일도 매우 흥미로울 것이다.

물론 모든 패션 아이템이 특별할 필요는 없다. 그건 대중이 절대 감당하지 못한다. 따라서 지금 우리가 목도하고 있는 예외적인 경우를 제외하면 디지털 오트 쿠튀르가 실물 오트 쿠튀르보다 저렴해지리라고 예상할 수 있다. 지금의 현상은 오히려 골드러시 현상에 가깝다. 나이키, 아디다스, H&M이나 자라와 같은 대형 패션 브랜드는 추가 수익을 창출하고 메타버스에서 존재감을 확실히 하기 위해 실물 제품을 디지털 제품으로도 판매할 가능성이 높다.

2021년 말, 나이키가 인수한 디지털 스포츠 슈즈 디자이너 브랜드 RTFKT가 디자인한 나이키 신발이나 자라 드레스에 고유한 특성이 있을지도 모르지만, 그것들은 디지털로 대량생산되고 NFT로 만들어진 것이며, 적당한 가격에 사 입을 수 있도록 한 메타버스용 제품이다. 정가를 지불하고 싶지 않은 사람들은 중고시장에 나온 디지털 패션 아이템을 구매할 수 있다. 이때 여러 플랫폼에서 사용했던 디지털 스크래치 마크도 같이 딸려온다. 그러나 출처가

첨부되어 있더라도 그것이 특정 챌린지에서 사용되었거나 특별한 경험에서 착용하여 추가 효용성을 획득했던 적이 있는 NFT라면 오히려 부가가치가 더해질 가능성도 있다.

패브리컨트에서 개발한 것과 같은 도구를 사용해 디지털 패션 아이템을 만드는 것이 디지털 패션의 첫 번째 단계이다. 앞서 논의했듯이, 디지털 패션 아이템과 디지털 웨어러블 아이템은 상호운용이 가능해야 한다. 그래야 120만 달러짜리 유리 슈트나 5달러짜리 자라 드레스를 포트나이트에서 마이크로소프트 메시로, 또다시 샌드박스로 가져갈 수 있고, 그냥 JPEG 파일이나 GIF 파일로만 갖고 있는 대신 추가적인 효용성을 얻고 유용하게 쓸 수 있다.

현실 세계에서 한 장소에서만 입을 수 있고 다른 곳에서는 입을 수 없는 패션 아이템이나 웨어러블 기기를 구매할 가능성은 매우 낮다. 따라서 메타버스에서는 현실 세계의 패션을 그대로 받아들여서는 안 된다. 하지만 가상 세계에서 다양한 환경에서 입을 수 있는 패션 아이템을 만드는 것은 실제 세계에서 그렇게 하는 것보다 훨씬 더 복잡하며, 상호운용성을 달성하기도 쉽지 않다. 유리 슈트나 자라의 드레스는 서로 다른 각각의 환경에서 다르게 보이고 각 플랫폼의 기술 및 디자인 요건을 준수하면서도 어느 플랫폼에서든 식별할 수 있을 만큼 원본과 유사해야 하기 때문이다. 가상 세계는 많은데 표준은 부족한 상황에서, 최선의 해결책은 사용자가 자산을 생성할 수 있게 하고, 만들고 나면 다양한 플랫폼에 자동으로 채택되게 하는 도구이다. 예를 들면, 디지털 웨어러블이나 패션 아이템을 한번 만들면 그것이 다양한 세계로 매끄럽게 변환되게 하거나 버튼 클릭만으로 극사실 드레스를 로우 폴리곤 로블록스 드레스로 바꾸고, 다른 여러 플랫폼에 NFT를 드롭할 수도 있게 하는 것이다. 이러한 문제를 해결하여 디지털 의류와 웨어러블 아이템을 한 플랫폼에서 다른 플랫폼으로 옮길 수 있고, 해당 플랫폼에서 요구하는 기술 및 디자인 제약 조건에 맞게 아이템이 자동 조정될 수 있게 되면 웨어러블과 디지털 아이템의 가치가 크게 증대되어 메타버스 경제를 성장시킬 수 있다.

몰입형 상거래

이러한 디지털 (패션) 아이템들 덕분에 새로운 비즈니스 모델이 도입되었다. 고객에게 직접 판매하는 모델에서 아바타에게 직접 판매하는 영역으로 들어섰다. 이와 같은 D2A direct-to-avatar 모델에서 디지털 제품은 영원히 가상 세계에 머문다. 특정 메타버스 환경에서 유틸리티 NFT를 판매하는 디지털 패션 브랜드는 이제 시작되었을 뿐이다. 앞으로는 물리적 쇼핑과 디지털 쇼핑이 융합되어 완전히 새로운 형태의 상거래, 즉 몰입형 상거래가 이루어질 것이다.

　　몰입형 상거래는 아바타에게 직접 판매하는 비즈니스 모델, 디지털 대 실물D2P, Digital-to-Physical, 실물 대 디지털P2D, Physical-to-Digital 비즈니스 모델을 포함한다. D2P 모델은 실물 버전이 문앞까지 배달되기 전에 사용자가 가상으로 제품을 경험할 수 있게 하고, P2D 모델은 실물 스니커즈를 구입할 때 사용자의 아바타를 위한 디지털 버전을 함께 제공한다. 하지만 몰입형 상거래는 사용자가 판매하는 실물 제품을 단순히 디지털 세계에 복제하는 것만이 아니다. 반대의 경우에도 마찬가지이다. 그러한 방향으로 나아가는 브랜드는 성공하지 못할 가능성이 크다. 메타버스는 추가적인 마케팅 기회가 아니라 자체적인 규칙과 요건을 가진 완전히 새로운 유통 채널이라는 사실을 잊어서는 안 된다.

Z세대가 디지털에 밝은 세대라면, 알파 세대는 메타버스에 정통한 세대라고 할 수 있다. 이들은 몰입형 인터넷을 항해하는 방법을 알고 있으며, 사용의 용이성을 인식하고 있다. 이들은 로블록스나 마인크래프트 같은 게임을 하며 성장했고, 브랜드가 그들이 있는 곳으로 찾아와서 고유한 몰입 경험을 제공하기를 바란다. 그리고 이들이 있는 곳은 유튜브나 트위터, 페이스북이 아니다. 따라서 브랜드를 성공시키고 싶다면 지금까지와는 다른 접근 방식을 취해야 한다. 몰입형 상거래는 고객과 관계를 맺을 수 있는 무한한 기회를 제공하지만, 몰입형 상거래에서 성공하고 싶다면 자신의 브랜드가 메타버스에서 어떻게 인식되기를 바라는지, 브랜드가 상징하는 바가 무엇인지에 대해 틀을 깨는 생각을 해야 한다. 지금과는 전혀 다른 경쟁의 장이 펼쳐지는 것이다. 이에 관해서는 5장에서 자세히 살펴보기로 하자.

몰입형 상거래의 주요 특징 중 하나는 소비자가 디지털 혹은 실물 제품을 구매하기 전에 제품을 탐색하거나 경험할 수 있는 새로운 기회를 제공한다는 점이다. 예를 들어, 우리는 앞으로 몰입형 볼륨메트릭 영화volumetric movie(3D 캡처로 제작되어 VR 고글이나 3D 디스플레이로 관람할 수 있는 영화)나 시트콤을 보거나 메타버스 게임을 하는 중에, 버튼 클릭으로 TV쇼나 게임에 나오는 제품을 선택하여 물리적 주소로 직배송되게 하거나 다른 게임에서 사용하기 위해 NFT 지갑에 추가할 수도 있다. 린지 맥이너니가 설명했듯이, 우리는 친구들과 함께 대규모 양방향 라이브 이벤트에 참석해 모두가 각자의 아바타에 개인화된 디지털 티셔츠를 받고, 실물 버전을 집으로 배송받을 수도 있다.[23] 여기서 한 걸음 더 나아가 몰입형 상거래를 통해 경험을 공유할 수도 있다. 친구와 함께 가상 이벤트에 참석해 가상의 바에서 맥주를 주문하면, 15분 내에 딜리버루 Deliveroo(다국적 음식 배달 플랫폼-옮긴이)나 우버이츠Uber Eats(우버 테크놀로지에서 시작한 온라인 음식 주문 및 배달 플랫폼-옮긴이)로 실제 맥주가 집까지 배달되어, 지리적으로 떨어져 있어도 경험을 공유할 수 있다.

몰입형 상거래는 온라인 의류 판매 시장에 대변혁을 일으키며 가장 중요하게는 반품 횟수를 대폭 줄이는 계기가 될 수 있다. 패션 산업을 환경적으로 지속 불가능하게 만드는 가장 악명 높고 비용도 많이 드는 문제는 집에서 입어보기 위해 많은 양의 옷을 주문하는 고객에 의해 발생하는 높은 반품률이다. 소매업체가 지출하는 온라인, 오프라인 반품 비용은 연간 4,000억 달러에 이른다. 반품된 제품 중 50퍼센트 미만이 정가로 재판매될 수 있으며,[24] 이렇게 반품된 새 제품의 대부분은 결국 쓰레기 매립지로 간다.[25] 디지털 패션은 반품을 줄이는 데 기여할 수 있으므로 패션이 지구 기후에 미치는 영향에 긍정적인 변화를 가져올 수 있다. 메타버스에

메타버스 유토피아

서는 가상 매장에서 옷을 입어볼 수도 있고, 관심 있는 옷을 자신의 아바타에 입혀보고 어울리는지 판단할 수도 있다. 가상 거울을 통해 새로운 옷을 입은 자신의 모습을 확인하고, 사진이나 비디오를 찍어 친구와 공유하여 구매 전에 의견을 들을 수 있다. 좀 더 먼 미래에는 극사실 아바타에 우리 몸에 대한 구체적인 물리 데이터가 포함될지도 모른다. 그러면 우리가 주문하는 모든 실물 옷은 맞춤복으로 제작되어 언제나 몸에 꼭 맞는 옷을 받을 수 있기 때문에 반품을 요구하는 일도 줄어들 것이다.

가상 매장에 입장하면, 가상 에이전트가 도움을 준다. 고급형 가상 매장의 에이전트는 재택근무를 하는 실제 사람들에 의해 제어되며, 어떤 옷을 입으면 좋을지 조언하고 적당한 옷을 고를 수 있게 돕는다. 반면 저가형 매장의 가상 쇼핑 에이전트는 인공지능에 의해 제어된다. 옷을 고른 다음에는 아바타 전용으로 주문하거나 실물 제품이 물리적 주소로 배송되도록 주문할 수 있다. 이미 가상으로 입어보았기 때문에 (적어도 아바타가 당신을 정확하게 복사한 것이라면) 실제로 그 옷을 입었을 때 어떤 모습일지 알고 있으며, 자신에게 어울릴지 안 어울릴지 이미 알고 있기 때문에 예전만큼 많이 반품하지 않을 가능성이 높다.

몰입형 상거래는 순수하게 가상 경험만을 위한 것은 아니다. 디지털 세계를 물리적 세계로 가져오는 것이기도 하다. 중국에서 이미 대대적인 사용되고 있는 매직 미러magical mirrors가 한 예이다. 이 지능형 전신 거울은 다양한 의상을 추천하고 각각의 의상을 착용한 모습을 보여주며, 고객은 QR 코드를 스캔하여 의상을 구매할 수 있다. 게다가 탈의실에 옷을 가져갈 때 그 옷에 어울릴 만한 아이템을 추가로 제안하기도 한다.[26] 다음 단계는 구매한 의상의 아바타용 디지털 버전도 함께 받는 것이다. 그리고 앞서 언급했듯이 어쩌면 추가적인 혜택도 따라올지 모른다.

몰입형 상거래는 조직에게 유리한 점이 더 많다. 소매업체가 더 나은 제품을 만들기 위해 고객과 함께 디지털 방식으로 제품을 공동 창작하거나 새로운 시도를 할 수 있을 뿐만 아니라 디지털 전용 브랜드가 현실 세계로 진출할 수도 있어 패션 브랜드 창업의 진입 장벽을 현저히 낮출 수 있다. 실제로 앞서 언급했던 메타버스 태생의 디지털 패션 브랜드들은 가상 세계에서 너무나도 유명해서 디지털 아이템을 실물 아이템으로 만들어달라는 요청을 받고 있다. 최초의 메타버스 태생 브랜드가 실물 패션 아이템을 개발하는 순간은 패션업계에 경종이 울릴 것이며, 그런 일이 일어나기까지는 그리 오랜 시간이 걸리지 않을 듯하다.

디지털 제품은 소매업체와 고객에게 무한한 기회를 제공하는 새로운 시대의 막을 열 것이다. 직접적으로는 (패션) 브랜드에 큰 경제적 이익을 안겨줄 것이며, 간접적으로는 소비자가 디지털 의상과 웨어러블 아이템으로 새로운 정체성을 탐구하고 보다 풍성한 (브랜드) 경험을 할 수 있도록 하기 때문에 소매 산업은 풍요로워질 것이다. 암호화폐 붐이나 NFT 붐이 일어나기 훨씬 전인 2017년에 이미 비디오게임 내 가상 (패션) 아이템 거래는 500억 달러 규모의 산업이었으며,[27] 이는 앞으로 기하급수적으로 증가할 것으로 예상된다. 특히, 가상 아이템이 상호운용성과 효용성을 갖추고, 중고시

메타버스 유토피아

장에서의 재판매를 장려하기 위해 출처를 각인할 수 있게 된다면 그 규모는 엄청나게 증가할 것이다.

정체성 대폭발의 시대

메타버스에서는 신체적 제약이나 고려사항과 무관하게 원하는 모습을 가질 수 있다. 그에 따라 개인이 이전에는 불가능했던 방식으로 정체성을 탐구할 수 있게 된다. (디지털) 기술의 지속적인 발전을 동력으로 많은 사람들이 점점 더 깊게 메타버스에 발을 들이게 되고 물리적 세계와 디지털 세계가 점점 더 융합될수록 세상은 더욱 재미있어질 것이다. 이는 가상 또는 (일부는 직접 참여하고, 일부는 디지털로 참여하는) 피지털 방식의 독특한 틈새 커뮤니티가 생성되는 결과를 가져올 것이다.

　　우리가 어떤 틈새 커뮤니티를 기대할 수 있는지를 보여주는 흥미로운 사례는 이미 존재한다. 네오스VR의 창업자 콘라트 길Konrad Gill에게 들은 이야기인데, 네오스VR 플랫폼에 있는 퍼리 커뮤니티furry communities(반인반수인 캐릭터를 좋아하는 사람들의 모임-옮긴이)에서는 포옹 파티를 주최하여 가상현실에서 서로 안아주기를 즐긴다고 한다.[28] 가상 파자마 파티를 조직하는 일본인 그룹도 있다. 아기자기한 디지털 하우스를 만들고, 파자마 파티를 즐기다가 가상 세계에서 함께 잠드는 것이다. 이런 모임의 목적은 팬데믹으로 인해 봉쇄된 사회에서 외로움을 이겨내기 위한 것이다. 가상 세계에서는 공통의 관심사가 있는 사람들끼리 모이는 일을 그 누구도 막을 수 없다.

물론 이러한 정체성 탐구에 반대하는 다양한 그룹과 조직이 있을 것이며, 특이한 정체성을 가진 이의 참여를 제한하는 디지털 커뮤니티도 있을 수 있다. 각 가상 세계 또는 증강 경험은 자체적인 규칙을 갖고 있는데, 이에 관해서는 다음 장에서 알아보자. 보어드 에이프 아바타가 없으면 못 들어가는 커뮤니티가 있을지도 모르지만, 보어드 에이프 아바타의 모습으로 출근하거나 상사와 회의에 들어가는 것은 별로 좋은 생각은 아니다. 결국 모든 것은 당신이 상호작용하는 커뮤니티가 설정한 규칙에 달려 있다. 가상 세계에서 어떤 모습으로 출근하든 신경 쓰지 않는 회사도 있을 수 있는 반면 프로다운 회의 진행을 위해 좀 더 사실적인 디지털 아바타를 요구하는 회사도 있을 수 있다. 또한 샌드박스나 로블록스처럼 로우 폴리곤 인간 아바타만 허용하는 메타버스 공간이 있는 반면 외계인처럼 생긴 아바타나 동물 아바타만 허용하는 공간이 있을 수도 있다.

개인적으로 나는 과거의 캄브리아기 대폭발*처럼 앞으로 다가올 상상의 시대에 정체성과 창의성이 폭발하기를 학수고대한다. 또한 저마다 다른 요구 조건과 특성을 지닌 고유하고 독창적인 커뮤니티로 가득한 다채로운 세계가 기대된다. 메타버스에서는 누

---

* 캄브리아기 대폭발은 지금으로부터 약 5억 4,100만 년 전, 갑자기 새로운 종류의 다세포 동물이 출현한 시대를 일컫는다. 2,000만 년의 시간 속, 진화의 시간 척도에서 눈 깜짝할 사이에 이전의 시간대와 불일치하는 새로운 생명의 폭발이 있었다.

구나 원하는 모습으로 원하는 장소에 갈 수 있다. 가상 세계와 현실 세계 양쪽이 모두 즐거워진다. 상상해보라. 지리적으로 멀리 떨어진 곳에 사는 친구와 현실 세계에서 만나는데, 액체 금속으로 된 특이한 가상 드레스를 입은 친구를 거실에 앉아 증강현실 안경을 쓰고 홀로그램으로 투영된 디지털 트윈으로 만나는 것이다. 그들의 만남은 생생하고 즐거운 대화를 나누는 행복한 시간이 될 것이 분명하다.

Chapter 4

무한대의 가능성을 품은 공간

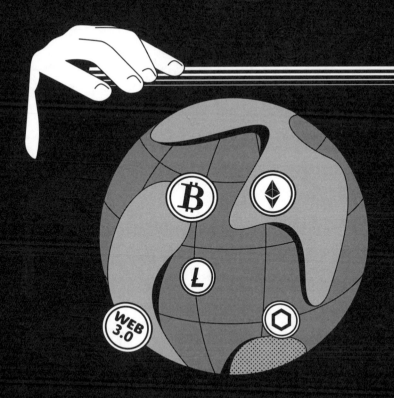

상상을 뛰어넘는 가상 세계

1970년, 영국의 에섹스대학에서 근무하던 교수 겸 작가이자 게임 연구가였던 로이 트럽쇼Roy Trubshaw와 리처드 바틀Richard Bartle이 세계 최초의 머드MUD, Multiuser Dungeon(멀티유저 던전) 게임을 만들었다. 머드는 멀티플레이어 실시간 가상 게임이지만 그래픽이 아니라 텍스트를 기반으로 한다. 플레이어는 가상의 방, 캐릭터 및 사물의 설명을 읽고 자연 언어 명령어를 입력해 캐릭터를 조종한다.[1] 이 게임은 1980년 에섹스대학의 네트워크가 아르파넷과 연결되면서 인터넷 최초의 멀티플레이어 온라인 롤플레잉 게임이 되었다.[2] 물론 머드는 재미와 오락을 위해 만들어진 것이지만 공동 제작자인 리처드 바틀에 따르면, 거기에는 그 이상의 것이 있었다. 트럽쇼와 바틀이 시도한 것은 "그들이 인식하기에 현실 세계에는 존재하지 않는 공정을 가상 세계에서 실현하는 것"이었고,[3] 머드는 "자신을 가로막는 모든 것을 떨쳐버릴 수 있는" 가상 세계를 사람들에게 제공하겠다는 정치적 의견 표명이었다. 다시 말해, 그들이 머드를 만든 이유는 "현실 세계가 형편없었기 때문이다."[4] 아마도 대부분의 공상과학 소설이나 공상과학 영화에서 접했던 익숙한 주제일 것이다. 가령《레디 플레이어 원》에 나오는 가상 세계인 오아시스도 결국은 현실 세계가 반反이상향의 공간이 되어버렸기 때문에 사람들이 도피한 곳과 같았다.

가상 세계가 사람들에게 잠시 현실에서 벗어날 수 있는 기회를 제공하는 것은 사실이다. 우리가 현실 세계를 어떻게 형성하느냐에 따라 미래에 펼쳐질 가상 세계는 현실 세계에 대한 완전한 피난처가 될 수도 있고, 물리적 현실에서 도망치기 위한 공간이 아니라 사교와 엔터테인먼트, 또는 업무를 위해서만 접속하는 공간이 될 수도 있다고 메타버스 플랫폼 기업의 총제작자이자 사상가인 벤저민 버트럼 골드먼Benjamin Bertram Goldman은 말한다.[5] 우리는 어떠한 대가를 치르더라도 반이상향의 미래를 막으려고 노력해야 한다. 미국의 비디오게임 디자이너이자 사업가인 래프 코스터Raph Koster는 2017년에 열린 게임 개발자 회의의 기조연설에서《스노 크래시》가 비현실적이긴 하지만 "앞으로는 훨씬 더 이상하고, 거의 모든 방면에서 형편없는 일들이 일어날 것이다. 그리고 그런 일들은《스노 크래시》에서도 다룬 적이 없다는 점에서 훨씬 더 위험하고 도전적이다"라고 말했다.[6]

최초의 머드가 탄생한 이후로 가상 세계는 현저히 변화했지만, 머드 게임은 여전히 존재한다. 그리고 오늘날 수많은 게임이 존재하고 대부분 100명 이상의 온라인 플레이어를 수용하는 게임 이며,[7] 요즘 가상 세계는 텍스트 기반과는 거리가 멀다. 가상 세계 를 구현하는 기술은 여러 해에 걸쳐 상당한 진보를 이루었고, 에픽 의 언리얼 엔진5와 같은 기술 덕분에 우리는 그 어느 때보다 더욱 사실적으로 묘사된 가상 세계를 기대할 수 있게 되었다.

세계적으로 가장 널리 이름을 알린 최초의 가상 세계는 세컨 드 라이프Second Life이다. 이는 2013년에 린든 랩Linden Lab이 출시한 가상 세계로, 전성기에는 일반 사용자 수가 약 100만 명에 달했으 며, 가상 상품 거래량이 연간 10억 달러에 육박했다.[8] 세컨드 라이 프는 실물 화폐로 환전할 수 있는 자체 가상 화폐인 린든 달러로 가상 부동산을 매각해 세계 최초로 현실 세계에서 백만장자가 된 사용자를 배출하기도 했다.[9] 애시 충(본명 아일린 그라프Ailin Graef)이라 는 이 플레이어는 2021년에 가상 부동산이 다시 인기를 끌기 한참 전인 2006년에 일찍이 백만장자가 되었다.[10] 지금도 세컨드 라이프 는 운영 중이고, 2020년에 린든 랩의 CEO인 에베 알트버그Ebbe Alt-berg는 세컨드 라이프가 여전히 실제 사용자 수 90만 명을 유지하고 있으며, 펜데믹이 주요한 요인으로 작용했다고 밝힌 바 있다.[11]

상상의 세계는 인간이 세상에 존재하기 시작했을 때부터 잠시 현실로부터 도망하기 위해 사용해온 멋진 방법이다. 모닥불 주위 에 둘러앉아 부모가 아이에게 들려주는 옛날이야기나 책을 통해 서 짧은 시간 동안이나마 현실에서 멀리 떠날 수 있었다. 현실에서 벗어나는 경험은 언제나 우리의 흥미를 끈다. 오늘날의 기술 덕분에 가상 세계는 더욱 사실적이 되어 우리에게 전에 없던 기회를 제공한다. 언제든지 사용할 수 있는 몰입도 높고 영속적인 경험을 만들고, 친구들과 멋진 경험을 공유할 수 있다. 가상현실은 그 의미상 단독 활동일 수밖에 없지만, 결코 단독 경험이 아니다.

그러한 가상 경험 중에는 2020년과 2021년에 나온 버닝 맨의 디지털판이 있다. 버닝 맨은 1년에 한 번 네바다 주 블랙록 사막에 모여 일주일 동안 "커뮤니티, 예술, 자아 표현과 자립에 전념하는 임시 도시"를 건설하는 글로벌 커뮤니티이다.[12] 2020년의 모든 이벤트가 그랬듯이 팬데믹의 영향으로 버닝 맨 행사가 취소되자 더그 제이콥슨Doug Jacobson과 아테나 데모스Athena Demos는 이 행사를 디지털 형식으로 만들기로 결정했다. 디지털판 행사는 2013년에 설립되어 2017년에 마이크로소프트에 인수된 소셜 VR 플랫폼인 알트스페이스VRAltspaceVR에서 진행되었다. 알트스페이스VR은 VR 헤드셋 없이도 가상현실이나 컴퓨터에서 접속할 수 있는 디지털 이벤트 플랫폼이다. 아티스트와 창작자, 브랜드가 한데 모여 가상 경험을 생성할 수 있는 이 플랫폼에서 데모스와 제이콥슨은 수많은 참가팀과 함께 가상 경험을 만들어냈다. 버닝 맨의 전매특허인 도시계획 레이아웃, 카라반, 텐트, 바 등을 만들고, 유명한 플라야playa (사막지대에 비가 내려 일시적으로 생기는 건호乾湖-옮긴이)도 재현했다.

주최측은 일명 버너, 즉 버닝 맨에 참여하는 사람들을 초대해 사용자가 알트스페이스VR을 통해 방문할 수 있는 디지털 아트와 디지털 경험을 만들었다. 사용자가 탐험할 수 있는 수백 가지 종류의 디지털 경험이 접수되었다. 사용자 생성 콘텐츠는 버닝 맨이 가장 중요하게 여기는 것이었고, 디지털 버전에서도 역시 참가자들을 실망시키지 않았다. 참가자들은 편안하고 안전한 각자의 집에서 웹 포털에 접속해 다양한 디지털 시설물 사이를 쉽게 오가며 즐거운 시간을 보낼 수 있었다. 코로나19 기간 동안 버닝 맨의 물리적 경험을 대체하기 위한 방안으로 출발했지만 이제는 디지털 버닝 맨 이벤트도 연례행사로 자리 잡아가고 있다.

디지털 이벤트는 훌륭한 경험이었지만, 제이콥슨에 따르면 메타버스 시대는 시기상조임을 보여주는 것이기도 했다. 그래픽은 보통 수준이었고, 일부 디지털 경험의 로딩 시간은 인터넷 연결 상태에 따라 너무 길었으며, 온보딩onboarding(조직 문화를 익히고 적응하도록 돕는 신입 교육 - 옮긴이) 과정도 만만치 않았다. 다시 말해, 버너들이 플랫폼에 익숙해지고, 스스로 아바타를 만들 수 있게 돕고, 플랫폼 내에서 돌아다니는 방법을 이해시키고, 참가자들끼리 즐거운 시간을 가질 수 있도록 교육하는 데 많은 시간을 들여야 했다. 결과적으로 행사는 잘 마무리되었고, 발전하는 기술과 함께 디지털 버전의 버닝 맨은 점점 더 진짜에 가까워질 것으로 기대된다.

디지털판 버닝 맨의 주요 특징 중 하나는 모든 가상 경험과 증강 경험에서 구현된 가상 세계가 동시적이고, 영속적이며, 아바타로 상호작용할 수 있도록 하는 환경이었다는 점이다.[13] 앞서 논의했듯이 가장 이상적인 것은 가상 세계가 상호운용적이고 탈중앙화되는 것이지만, 현재는 이것이 규칙이라기보다는 예외적인 경우에 더 가깝다. 오늘날 세상에는 이미 수많은 가상 세계가 존재하고 있다. 메타의 호라이즌 월드, 마이크로소프트의 마인크래프트, 알

메타버스 유토피아

트스페이스VR, 포트나이트, 로블록스와 같은 폐쇄형 월드 가든부터 디센트럴랜드, 샌드박스, 크립토복셀CryptoVoxels과 같은 탈중앙화된 개방형 가상 세계, 그리고 솜니움 스페이스, 솔리스, 드림Dreem과 같이 새롭게 다가오는 세계까지 종류도 다양하다. 이용 가능한 가상 및 증강 세계에 관한 개관은 xrshowcase.xyz나 ExtendedCollection.com에서 확인할 수 있다.

몰입형 디지털 환경에서든 증강 경험에서든, 가상 세계를 구축하는 작업은 새로운 사회를 구축하는 것과 유사하다. 어떤 규칙을 적용하고, 어떤 거버넌스(지배 구조)를 구성하는지, 그리고 가상 경제를 어떻게 조직하는지가 그 가상 세계의 성공과 현실 세계에 미치는 영향을 결정한다. 지난 수천 년 동안 우리가 세계 곳곳에 현실 사회를 건설해왔던 경험에서 알 수 있듯이, 그것은 대단히 어려운 일이지만 가상 세계가 따라 할 수 있는 방법도 많다. 그러나 메타버스 사상가인 벤저민 버트럼 골드먼에 따르면, 어떠한 가상 경험을 구축하든 우리는 그것이 현실 세계에 초래할 결과를 고려해야 한다.[14]

텍스트 기반의 첫 번째 가상 세계부터 오늘날의 몰입형 디지털 경험에 이르기까지, 플레이어들은 가상 세계를 실제 세계로 인식하고, 사용자들은 그러한 가상 세계가 마치 실재하는 것처럼 여긴다.[15] 가상 세계에서 보내는 시간이 많아질수록 우리가 감당해야 하는 부분도 더 많아진다. 정신 건강을 예로 들 수 있는데, 이에 대해서는 8장에서 자세히 살펴보기로 하자. 더 중요한 것은 가상 세계는 실제 인간 사회가 작동하는 방식을 모방하기 때문에 (즉, 결국 두 개의 세계 모두 인간이 만들고 인간이 사용하는 것이기에) 가상 세계의 행동 강령, 거버넌스, 경제에 관한 깊고 진지한 고민 없이는 가상 세계를 개방해서는 안 된다는 사실이다.[16] 특히, 가상 세계가 현실 세계의 경제 및 사회와 상호작용하는 일이 점점 더 많아지고 있기 때문에 우리는 그러한 상호작용이 가져올 예기치 못한 결과를 의식하고 있어야 한다.

나이언틱의 포켓몬GO의 예를 보면 가상 세계가 어떠한 결과를 가져올지 잘 알 수 있다. 2016년 출시 이후, 이 게임의 성공은 예상치 못했던 방식으로 사람들의 삶에 다음과 같은 영향을 미쳤다.

- 포켓스톱 근접성은 실물 부동산의 가치를 증대시켰다.[17]
- 옛 연인과 바람을 피우던 일부 사용자는 포켓몬을 잡다가 위치를 들키는 바람에 덜미를 붙잡혀 이별을 통보받았다.
- 강도 사건이 증가했다. 범죄자들도 이 게임을 알게 되어 인기 포켓스톱에서 포켓몬 플레이어를 기다렸다가 강도 행각을 벌였다.[18]

불행하게도 사용자가 이러한 불량 행위나 불량 위치를 게임 개발자에게 신고할 방법이 전혀 없었기 때문에 의도하지 않았던 결과는 더욱 악화되었다.[19] 좀 더 최근에는 엑시 인피니티처럼 플레이어가 게임을 하면서 토큰 형태의 수익을 얻을 수 있는 P2EPlay-to-Earn(돈 버는 게임)으로 인해 많은 필리핀 사람들이 생업을 포기했다. 게임을 해서 버는 돈이 '진짜' 직업으로 버는 돈보다 더 많았기 때문이다. 이는 게임 개발자가 가상 세계를 구축할 당시에는 예견하지 못했던 결과의 일부일 뿐이다. 그리고 미래의 가상 세계에서도 이와 유사한 의도하지 않은 결과가 발생할 가능성은 얼마든지 있다.

사회적 접촉을 촉진하고, 새로운 형태의 엔터테인먼트를 제공하며, 보다 효율적인 기업 간 디지털 협업을 가능하게 하는 등 가상 세계는 재미로 가득하고 메타버스는 사회에 긍정적인 영향을 미칠 가능성이 높다. 하지만 가상 세계가 초래할 피해도 있을 수 있다. 가상이든 현실이든, 어느 사회에나 규칙을 준수하기를 거부하고, 불량하게 행동하거나 남에게 손해를 끼치는 행동을 하는 사람들이 있다. 이는 어제오늘의 일이 아니다. 세컨드 라이프가 출시된 후 불과 몇 년도 지나지 않아 디지털 세계에 가상 소아 성 도착 행위에 대한 신고가 들어왔다. 어린이 아바타로 분장하고는 어린이 놀이터처럼 꾸민 공간에서 가상 성 매매를 시도한 것이다.[20]

가상 성추행 신고도 많았다. 2006년에는 세컨드 라이프의 첫 백만장자인 아일린 그라프가 날아다니는 분홍색 성기 떼의 공격을 받았고,[21] 2016년에는 퀴브이아르QuiVr라는 좀비 슈팅 VR 게임 도중 좀비를 쏘면서 여성을 가상으로 더듬는 사건이 발생했다.[22] 2021년에는 메타의 VR 플랫폼 호라이즌 월드의 베타 테스터였던 여성이 성희롱 피해를 신고하기도 했다. 피해자에 따르면, 어이없게도 플랫폼 내의 다른 사용자가 이런 행위를 옹호했다고 한다.[23] 그녀는 가상현실에서 발생한 성희롱임에도 실제처럼 느껴졌고 끔찍한 경험이었다고 진술했다. 안타깝게도 스토킹, 신체적 위협, 성희롱을 포함한 온라인 괴롭힘은 증가하고 있지만[24] 대부분의 플랫폼은 그러한 행위가 발생하지 않도록 전면적인 예방 조치를 하기는커녕, 사용자가 알아서 피하라는 등 책임을 전가하고 있다.

퀴브이아르는 괴로힘을 당하는 플레이어가 주변의 플레이어를 없애고 음소거하는 기능을 즉시 작동할 수 있는 '개인 버블Personal Bubble'이라는 포스필드forcefield (눈에 보이지 않는 힘이 작용하는 장애 구역으로 일종의 방어막임 – 옮긴이)를 생각해냈다.[25] 메타의 경우, 처음에는 그것이 기본적으로 호라이즌 월드에 내장된 안전장치를 활용하지 않은 사용자의 잘못이라고 발표했으나[26] 2022년 2월엔 메타버스에 사회적 거리두기를 도입하고 가상현실 아바타 간에 필수 거리를 기본 설정으로 추가했다고 전했다.[27] 사실 두 가지 처리 방식 모두 미흡한 부분이 있다. 가상 세계에서는 그러한 성추행 발생을 원천 차단하는 코딩을 쉽게 할 수 있기 때문이다. 즉, 코드 몇 줄만 추가로 작성하면 간단하게 가상 세계에서 성추행을 완전히 차단할 수 있다. 더구나 그러한 행동을 하는 사용자는 일정 기간 플랫폼 접속을 금지하는 등 자동으로 처벌되게 해야 한다. 처음에는 경고와 1~2분간의 접속 금지로 시작할 수 있다. 하지만 사용자가 불량 행위를 계속하면 금지 시간이 늘어나고, 결국 가상 세계의 행동 강령을 계속해서 위반하는 사용자는 영구 금지를 당하게 된다. 이와 같이 가상 세계 개발자가 손쉽게 구현할 수 있는 괴롭힘 방지 표준 소프트웨어를 공개할 필요가 있다.

퀴브이아르 게임에서 성희롱을 당했던 여성인 조던 벨라마이어Jordan Belamire는 "그후로 멀티플레이어 모드에서 3분밖에 더 버티지 못했다"라고 말했고, 그녀의 시동생은 멀티플레이어 모드로 100번도 넘게 플레이를 하면서도 한 번도 그런 일을 겪은 적이 없었지만 캐릭터를 여자 목소리로 바꾸자 몇 분 안에 음란한 행위가 일어나는 경험을 했다고 말했다.[28] 우리는 메타버스에서 이러한 불량 행위가 일상화되지 않도록 미연에 방지해야 한다.

당연히 다른 가상 세계에도 이와 같은 문제가 존재할 수 있다. 웹 2.0에서도 보았듯이 사용자가 플랫폼에서 콘텐츠를 생성하거나 다른 사람과 상호작용할 때마다 불량 행위 문제는 발생한다. 사용자 생성 콘텐츠UGC, User-generated content는 웹의 발전을 촉진하고 웹을 아름답게 만들지만, 사회에 피해를 주거나 사람들에게 해를 입히며 민주주의를 양극화하기도 한다. 1장에서 설명했듯이, 영속적이고 상호운용 가능한 자기 주권 신원과 평판은 이러한 문제를 경감하는 데 확실한 도움이 될 수 있다. 가상 행동이 현실 세계의 결과로 이어지게 한다면, 빅테크 기업에게 제재할 권한을 주지 않고도 사람들이 불량 행동을 보이는 경향을 줄일 수 있을지 모른다. 물론 해로운 콘텐츠를 예방하기 위한 콘텐츠 조정이라는 문제가 여전히 남는다. 이 문제는 중앙집중식 플랫폼에서 아직까지 해결된 적이 없고, 메타버스에서도 지속적으로 문제가 될 가능성이 높다. 이 문제는 8장에서 좀 더 자세히 살펴볼 것이다.

행동 강령, 자주권, 규칙의 자동 시행 및 오픈 소스 기반의 괴롭힘 방지 표준이 가상 경험 및 증강 경험을 안전하게 만드는 장치라면, 원활한 사용자 경험, 상호운용성, 확장성과 진본성은 가상 세계에 재미와 몰입감을 부여하는 요소라고 할 수 있다. 메타버스가 대중화되기 위해서는 사용자가 간단히 헤드셋이나 안경만 착용하면 바로 상호작용을 시작할 수 있는 매끄러운 사용자 경험이 핵심이기 때문에 게임 디자이너뿐만 아니라 사용자 인터페이스 및 사용자 경험 디자이너가 미래의 몰입형 디지털 경험을 개발하는 데 중요한 역할을 하게 된다. 메타의 호라이즌 월드와 같은 폐쇄형 플랫폼에 대한 생각이 어떻든 간에, 그들이 제공하는 사용자 경험만큼은 훌륭했다. 하드웨어(메타 퀘스트)와 원활하게 통합되어 만들어진 가상 세계는 메타 플랫폼에 또다른 강점이 되었다. 메타를 비롯한 여러 플랫폼들이 출시 당시에는 가상 환경에 동시 참여할 수 있는 사람의 수를 제한했지만, 하드웨어와 소프트웨어가 점점 발전함에 따라 이러한 한도는 차차 늘어나 수백, 수천 명의 사람들이 동시에 좀 더 사회적이고 몰입감 높은 경험을 즐길 수 있을 것이다.

가상 경험 및 증강 경험이 대중화되기 위해서는 실행하고 상호작용하는 것이 스마트폰의 앱을 사용하는 것만큼 쉬워져야 한다. 이는 원활하고 가격 부담 없는 경험을 보장하기 위해서는 많은 노력이 투입되어야 한다는 것을 의미한다. 대중에 의해 받아들여지려면 모든 사람이 이해할 수 있고 상호작용할 수 있는 적정 가격의 기기와 사용자 경험이 필요하다. 기술이 진보하고 규모의 경제가 실현되면 메타버스에 대한 접근성은 더 높아질 것이다. 하지만 현재는 3D 몰입 경험과 자산을 제작하는 작업이 시장에 나와 있는 복잡한 도구에 숙련된 소수의 디자이너에게만 유리한 상황이다. 블렌더, 유니티, 언리얼 엔진5와 같은 도구가 나오면서 몇 년 전과 비교하면 훨씬 수월해지긴 했지만, 워드프레스로 웹사이트를 게시하거나 틱톡으로 클립영상을 만들고 공유하는 정도로 쉽게 사용할 수 있게 되기까지는 아직 갈 길이 멀다.

메타버스에 관한 한 우리는 엄밀히 말해 인터넷 초창기에 있는 것이나 다름없다. 그 시절에는 웹사이트를 만드는 것이 어려운 일이었고, 웹사이트를 구축하거나 온라인으로 무언가를 구매하는 경험이 오직 소수의 혁신가와 얼리 어답터에게만 가능한 일이었다. 그렇지만 우리는 이미 메타버스가 게임, 스포츠, 엔터테인먼트, 교육 및 업무에 미치는 영향을 눈으로 보고 있고, 앞으로 어떤 영향을 미칠지도 예상할 수 있다. 그럼 이제 몰입형 인터넷이 우리가 게임과 엔터테인먼트를 즐기는 방식과 배우는 방식에 어떠한 변화를 가져올지 각 주제별로 자세히 살펴보자.

글로벌 비즈니스로 성장한 메타버스 게임

액센츄어Accenture(디지털, 기술 관련 경영 컨설팅 전문회사–옮긴이)의 2021년 연구에 따르면, 글로벌 게임 산업의 가치는 직접 지출 2,000억 달러, 간접 수입 1,000억 달러, 총 3,000억 달러에 달한다.[29] 아는 사람이 많지 않을 수도 있지만, 이는 글로벌 박스오피스와 넷플릭스, 디즈니, 아마존의 스트리밍 영상물을 포함한 전 세계 영화 및 영상물 시장 규모보다 20퍼센트나 많은 액수이다.[30] 게임 산업은 이미 거대하지만 앞으로 훨씬 더 커질 전망이다. 2021년 게임 산업 총 가치의 약 절반인 1,550억 달러는 소프트웨어, 즉 실제 게임과 게임 내 수익에서 비롯된 것으로 보인다.

게임은 대규모 글로벌 비즈니스이다. 2020년에는 벌써 27억 명,[31] 즉 전 세계 인구의 35퍼센트가 게임 사용자였고, 여러 산업 중에서도 특히 게임 산업은 메타버스로 인한 미래 성장 가능성이 더 높다. 게임이 큰 비즈니스가 될 수 있지만, 게임 자체가 메타버스는 아니라는 사실에 주목할 필요가 있다. 글로벌 벤처투자회사인 에필리온 인더스트리Epyllion Industries의 매니징 파트너인 매튜 볼 Matthew Ball은 메타버스에 관한 자신의 글에서 이렇게 묘사했다. "메타버스가 게임과 비슷한 목표를 갖고, 게임을 포함시키고, 게임적인 요소를 가지고 있다고 해도 그 자체는 게임도 아니고 지향하는 특정 목표도 없다."[32] 그럼에도 불구하고 게임은 메타버스의 중요한 부분이며, 심지어는 메타버스의 출발점이라고 볼 수도 있다. 3D 컴퓨터 그래픽, 그래픽 처리 장치, 게임 콘솔, 클라우드 등 고품질 게임을 가능하게 하는 모든 구성요소는 지금 당장 메타버스를 활성화하는 데 적용될 수 있다.

포트나이트, 마인크래프트 혹은 로블록스와 같은 게임은 메타버스가 장안의 화제로 떠오르기도 훨씬 전에 등장해 5~15년 간 운영되고 있다. 지난 몇 년 동안 이 게임 회사들은 상당수의 플레이어를 모았다. 그럴 수 있었던 데에는 팬데믹 기간의 봉쇄가 큰 동인이 되기도 했지만, 게임의 고착도가 높았던 원인도 있다. 예를 들어, 2017년에 출시된 포트나이트는 2020년에 이미 월별 실제 플레이어 수가 8,000만 명,[33] 등록된 계정은 3억 5,000만 개가 넘었다.[34] 2019년에 발매된 마인크래프트는 2021년에 월별 실제 사용자 수가 약 1억 4,100만 명이었다.[35] 2006년에 출시된 로블록스의 월별 실제 사용자 수는 2억 200만 명으로 압도적이다.[36] 그중 대다수는 알파 세대이다(16세 이하 미국 청소년의 절반 이상이 로블록스를 한다[37]). 많은 이들이 이렇게 많은 사용자 수에 놀란다. 특히 2021년 10월에 페이스북의 메타 선언 이전에는 더욱 놀라워했다. 하지만 다른 사람들에게는 이러한 게임을 하는 것이 일상적인 일이다.

팬데믹으로 현실 세계에서 생일 파티를 열 수 없는 어린이들이 로블록스에서 생일 파티를 열고 디지털 선물을 주고받는 예는 많다. 다행스럽게도 2021년 가을 이후 메타버스에 쏟아진 관심 덕분에 이러한 사례가 주목을 받았고, 이제 많은 사람들이 메타버스가 어떻게 작동하고 게임이 어떤 역할을 하게 될 것인지 이해하려 노력하고 있다.

포트나이트도 로블록스도 마인크래프트도 메타버스는 아니지만(앞서 언급했듯이 메타버스는 유일무이하다), 메타버스 공간에서 일부 공유하는 요소를 갖고 있다. 이러한 플랫폼들은 각 플랫폼 안의 폐쇄된 섹션을 뛰어넘어 일관된 정체성을 갖고 있으며(이러한 게임을 아우르는 상호운용성은 아직 존재하지 않는다), 고유한 경험을 제공하고, 사교만을 유일한 목적으로 하기도 한다. 그리고 거기엔 콘텐츠를 만든 사람에게 보상을 하는 강력한 창작자 중심의 경제가 있다. 그런데 대부분의 플랫폼에서 자산이나 수익은 해당 플랫폼 외부로 가지고 나갈 수 없다.[38]

개방적이지도 않고 탈중앙화되지도 않았지만 로블록스는 메타버스 환경을 작동시키는 데 가장 적합한 플랫폼이 되어가고 있다. 엄밀히 말하면 로블록스는 게임이 아니라 누구나 게임을 만들 수 있는 도구를 제공하며, 사람들과 어울리고 게임을 만들고 플레이하며 상호작용할 수 있는 무료 소셜 플랫폼이다. 로블록스를 통해 수백만 개의 게임이 만들어졌고, 그중 일부는 방문 횟수가 수십억 회에 이르렀으며,[39] 해당 게임의 창작자에게 수백만 달러의 수익을 가져다주었다.[40] 우리는 게임을 물리적으로 구매하던 시대에서 콘솔 게임 시대를 거쳐, 클라우드에서 스트리밍되는 유료 구독 게임을 지나 스스로 게임을 만들고 그것으로 돈을 버는 시대까지 왔다.

이러한 게임들의 성공은 새로운 게임 플랫폼을 탄생시켰다. 그중 몇몇은 개방적이고 탈중앙화된 접근 방식을 취하며, 진정한 소유권을 보장하기 위해 디지털 자산이 블록체인에 기록되게 한다. 여기에는 디센트럴랜드, 업랜드Upland(부동산 메타버스 게임), 유토피아Utopia 및 샌드박스와 같은 플랫폼이 포함된다. 이러한 블록체인 게임들은 NFT를 통해 진정한 디지털 소유권을 맛보는 색다른 경험을 제공하며, 그와 동시에 암호화폐 사용으로 사용자를 위한 새로운 비즈니스 모델과 수익 창출의 기회를 만들어낸다. 이러한 블록체인 게임* 간의 상호운용성을 달성하기까지는 아직도 몇 년은 더 걸릴 듯하다. 그럼에도 불구하고 사용자가 디지털 자산을

---

* 블록체인 게임은 블록체인 기술을 통합하여 게임의 특정 요소를 블록체인에 기록하고 암호화폐를 사용하여 게임 내 생태계를 구동하는 비디오 게임이다. 거래에는 게임의 자체 암호화 화폐가 사용되며, 사용자는 자신의 디지털 자산에 대한 NFT를 받고 플레이어는 이를 거래할 수도 있고 게임 밖으로 이전할 수도 있다.

진정으로 소유하고, 궁극적으로는 커뮤니티가 환경을 제어할 수 있는 이 기회는 빅테크 기업과 중앙집중식 통제에서 벗어나 올바른 방향으로 나아가는 위대한 발걸음이라고 할 수 있다. 물론 모두가 이와 같은 새로운 접근 방식에 끌리는 것은 아니다. 중앙집중식 플랫폼의 매끄러운 경험에 비해 (암호화폐 지갑 설정 등) 사용자들이 더 많은 작업을 해야 하기 때문이다. 그렇지만 나는 시간이 지남에 따라 더 많은 사람들이 자신의 데이터와 신원에 대한 완전한 통제권을 가졌을 때 얻을 수 있는 이점을 깨닫게 되기를 바란다. 물론 빅테크 기업이 소유하고 통제하는 원활한 경험에 비하면 약간의 수고를 더 들여야 할 것이다.

블록체인 게임에는 다음과 같은 것들을 포함해 다양한 유형의 게임이 있다.[41]

- 2017년에 출시된 유명한 크립토키티CryptoKitties와 좀 더 최근에 출시된 엑시 인피니티와 같은 P2E 형식의 애완동물 키우기 게임
- NBA 공식 인증 컬렉터블collectibles(수집품으로 가치가 있는 NFT 자산 – 옮긴이)을 사고팔거나 수집하는 것을 중심으로 하는 NBA 탑샷NBA Top Shot과 같은 팬덤 경제 게임
- 가상의 토지 소유를 중심으로 하여 누구나 디지털 경험을 할 수 있는 디센트럴랜드, 더 샌드박스, 크립토복셀과 같은 샌드박스 게임

이러한 게임들은 모두 포트나이트나 마인크래프트와 같은 폐쇄적 환경의 가치 추출 모델에서 벗어나 개방적 생태계의 가치 확

보 모델로 이동하며 게임 비즈니스 모델의 근본적인 변화를 가져왔다.[42] 결과적으로 블록체인 게임은 원본 게임 위에 레이어2 애플리케이션을 구축할 수 있고, 블록체인을 통해 공개 거래에 대한 세부정보를 얻을 수 있다는 이점이 있다. 예를 들어, 당신이 모든 블록체인 게임에 나온 최근 디지털 부동산 매물이나 구매 가능한 NFT 예술품 목록에 관심이 있다고 가정해보자. 이런 경우 그저 블록체인에 문의해서 해당 데이터를 누구나 볼 수 있도록 자신의 웹사이트에 전시하고 상호작용할 수 있다. 이러한 데이터를 자신들의 소유로 간주할 가능성이 높기 때문에 기존 게임에서는 불가능한 일이다. 물론 NFT를 사용함으로써 얻는 디지털, 게임, 자산에 대한 진정한 소유권이 주는 이점은 그것들을 현금화할 수 있다는 것인데, 이 내용은 메타버스의 경제를 논의하는 7장에서 자세히 다룰 것이다. 확실한 것은 게임과 게임 경제학이 앞으로 우리가 상상도 할 수 없는 방식으로 변화할 것이라는 사실이다.

지금까지 살펴본 대부분의 게임은 현재 가상 2D 세계로 즐길 수 있으며 데스크톱이나 태블릿, 스마트폰에서만 접속이 가능하다. 가상현실 게임은 매우 많지만 가상현실을 사용한 블록체인 게임의 수는 한정되어 있다. 솜니움 스페이스, 솔리스와 같은 일부 게임들이 최근에 출시되었지만, 앞으로 더 많은 게임이 출시되며 게임 개발자, 브랜드, 플레이어에게 엄청난 기회를 제공할(포켓몬GO 같은 탈중앙화된 형식의) 증강현실 암호화폐 보물찾기 가상현실 블록체인 게임도 마찬가지이다. 이러한 블록체인 게임이 2D나 3D, 또는 증강현실 등 어떤 형태든 관계없이 그런 경험들이 궁극적으로 가치 확보를 새로운 차원으로 끌어올리고 모두가 접근할 수 있는 메타버스를 만들기 위해서는 상호운용성을 받아들여야만 한다.

메타버스가 만들어갈 신개념 스포츠

게임 산업이 전 세계적으로 많은 가치를 창출하는 시장이라면, 스포츠 산업은 가치창출 산업으로 잘 알려진 엔터테인먼트 산업의 또 다른 형태라고 할 수 있다. 이미 글로벌 시장 규모가 6,200억 달러에 달하는 스포츠 산업이 메타버스에 발을 들인다면, 스포츠 경기를 관람하거나 관련 행사에 참여하는 행위는 완전히 새로운 의미를 갖게 될 것이다. 스포츠 산업에서 증강현실은 낯선 분야가 아니다. TV 스포츠 경기는 이미 수년 간 경기장 사이드라인의 광고판에 디지털 방식의 타깃 광고를 붙여왔다. 오늘날 데이터 분석, 사물인터넷, 인공지능, 가상현실 및 증강현실과 같은 기술은 점차 융합되고 있으며, 이는 스포츠 산업을 완전히 변화시킬 수 있다.

　상상해보라. 예를 들어 (미식축구, 야구, 농구, 축구 등) 좋아하는 스포츠 클럽의 라이브 경기를 보고 싶다면, 메타버스에서는 직접 경기장에 갔을 때와 같은 경험을 하나도 놓치지 않고 집에서 편안하게 즐길 수 있다. 물론 라이브 경험을 능가할 수는 없지만, 메타버스 경험은 스타디움 안에서 경기를 관람할 때는 얻을 수 없는 특별한 혜택을 제공한다. 예를 들면, 입장료가 훨씬 낮을 것이라는 점 이외에도 가상현실로 경기를 관람하고, 궁극적으로는 홀로그램 투영으로 투수 옆에서 혹은 선수들 위를 맴돌며 모든 방향에서 증강현실로 경기를 보는 동시에 경기에 관한 실시간 인사이트도 얻을 수 있다는 장점이 있다. 좋아하는 선수 바로 옆에서 득점하는 순간을 경험할 수도 있다.

2021년 초, 니켈로디언은 색다르면서도 매우 아주 재미있는 시도를 했다. 네덜란드의 스포츠 데이터 시각화 전문회사인 비욘드 스포츠Beyond Sports와 제휴하여 미국의 프로 미식축구 리그인 NFL 플레이오프 경기 실황을 〈스폰지밥SpongeBob SwuarePants〉에 기반한 카툰 스타일의 블록 형식으로 변환하려 한 것이다.[43] 스타디움, 선수, 경기장을 포함한 전체 환경이 블록 형식으로 변환되었다. 실시간 데이터 활용으로 블록 세상 속 선수들이 현실 속 선수들과 똑같이 움직였고, 슬라임 대포를 포함해 온갖 재미있는 요소가 더해졌다. 희한한 게임 보도 방식이었지만 활기 넘치고 재미있으면서도 아주 독특했다. 이는 비디오게임 시뮬레이션과 실제 NFL 게임을 혼합한 것으로,[44] 시대가 흘러가는 방향과 어디로 가면 원하는 방식으로 스포츠를 경험할 수 있는지를 보여주었다.[45]

물론 블록 형식으로 스포츠 경기를 보도하는 것은 모든 이에게 적합하지 않을 수 있으며, 극사실 몰입 스포츠의 경우에는 부자연스러워 보일 수 있다. 하지만 메타버스가 스포츠를 시청하는 방식에 큰 변화를 일으킬 것은 분명하다. 몇 년 동안 즉시 재생이 가능한 시스템과 인텔 트루 뷰Intel True View와 같은 신기술 개발로 원하는 게임 시청 방식을 완전히 조종할 수 있는 시대가 그 어느 때보다도 가까이 다가와 있다. 인텔의 트루 뷰 시스템은 경기 장소 주변에 수십 대의 소형 스마트 카메라를 배치하여 경기장 풍경과 게임 경기를 가능한 모든 각도에서 캡처하여 높이와 너비, 심도 정보를 포함한 방대한 양의 볼륨메트릭 데이터를 생성한다.[46] 이렇게 생성된 테라바이트 규모의 볼륨메트릭 데이터는 볼륨메트릭 영상 파일로 변환되며, 어떤 장면을 어느 지점에서 보이게 할지, 어느 정도의 깊이감과 거리감을 줄지를 편집자가 조정할 수 있다. 자연히 다음 단계는 자신이 좋아하는 팀 경기를 어떻게 볼지 결정할 수 있도록 이러한 제어권을 (AI의 도움을 받는) 시청자에게 부여하게 될 것이다.

이론적으로 인텔의 시스템은 기존의 모든 카메라를 완전히 대체할 만큼 강력하며, 편집자와 시청자에게 그 어느 때보다 더 많은 제어권을 부여한다. 여기에 공간 음향을 추가하면 순식간에 경기장으로 이동해 선수들 사이에서 이전과 전혀 다른 방식으로 경기를 관람하는 동시에 선수들이 서로 대화하는 내용을 다양한 각도에서 들을 수도 있다. 모든 볼륨메트릭 데이터는 AI로 분석되어, 영화 〈머니볼Moneyball〉에서 오클랜드 애슬레틱스 야구팀과 팀의 감독 빌리 빈이 돈 되는 경기를 만들기 위해 데이터 분석을 활용했던 것처럼 스포츠 팀에 새로운 인사이트를 제공하고 팀의 경기력을 향상하는 데 활용될 수 있다.

물리적 스포츠에 적용되는 것은 e스포츠 산업에도 적용될 수 있다. e스포츠는 비디오게임을 사용한 경쟁의 한 형태로, 개인 또는 팀이 멀티플레이어 비디오게임에 참여하며, 목표는 비디오 게임의 장르에 따라 우승이 될 수도 있고 최후의 승자가 되는 것일 수도 있다. 이러한 e스포츠 선수권 대회는 대부분 1인칭 슈팅 게임, 배틀 로열 게임, 또는 도타2 카운터 스트라이크Dota2 Counterstrike나 리그 오브 레전즈League of Legends와 같은 실시간 전략 게임을 중심으로 돌아간다. 이는 우승 상금 백만 달러짜리 대회들이 열리고, 수백만 명의 열렬한 지지자를 보유한 세계 챔피언들이 활약하는 10억 달러 규모의 산업이다. 현재는 이러한 2D 게임이 중심이지만, e스포츠의 다음 버전은 이미 도래했다.

메타버스는 현재 독립적인 생태계를 유지하고 있는 e스포츠와 물리적 스포츠를 좀 더 큰 옴니버스로 통합할 것이다. 에코 아레나Echo Arena와 같은 게임은 신체적 활동을 가상현실 멀티플레이어 게임과 융합한 것으로, 선수들은 몸을 수그리고, 점프하고, 피하고, 정확하게 던지는 등 물리적 현실에서와 마찬가지로 빠른 반사신경을 사용해야 게임에서 이길 수 있다. 신체적 활동과 기술을 완전히 새로운 방식으로 결합한 이 게임은 점점 인기를 얻고 있다.[47] 디지털 환경을 2D 기기에서 구현할 수도 있고, 시청자가 가상현실로 게임을 시청할 수도 있기 때문에 전통적인 스포츠만큼 쉽게 대중화될 가능성이 높다. 이러다 퀴디치(《해리 포터》시리즈에 등장하는 가상의 스포츠로, 빗자루를 타고 날아다니며 공을 가지고 시합하는 경기-옮긴이) 국가 대표팀이 현실 세계의 올림픽에 참가하는 일이 생기지 않을까?

당연히 스포츠 산업도 팬들의 참여를 늘리기 위해 암호화폐와 NFT를 활용하는 방안을 모색하고 있다. 2022년 올림픽 기간 동안 국제올림픽위원회는 NFT 시류에 편승하여 '올림픽 게임 잼: 베이징 2002 Olympic Games Jam: Beijing 2022'라는 블록체인 게임을 만들었다. 이 게임에서 사용자는 다양한 올림픽 스포츠에서 경쟁하고, 맞춤 아바타 스킨을 걸치고 보상을 획득할 수 있었다. 아이러니하게도 이 게임은 암호화폐에 대한 규제로 인해 정작 중국에서는 접속할 수 없었다.[48]

2022년 호주 오픈 테니스 토너먼트도 호주 오픈 시대별 컬렉션 AO Decades Collection(호주 오픈의 역사를 기념하기 위한 6개의 NFT 컬렉션)을 포함한 NFT를 발매했다.[49] 그중 대부분은 이미지나 짧은 클립 영상에 불과했지만, NFT 1개당 가치는 2023년 호주 오픈에 참석하는 데 필요한 여행 경비 전액에 상당한다. 이와 동시에 호주 오픈은 라이브 경기 데이터와 연동되는 NFT 아트를 공개했다. 호주 오픈 아트볼 컬렉션에 포함된 6,776개의 특별한 아이템은 사람들이 호주 오픈의 한 조각을 소유할 수 있는 기회를 제공했다. 주최측은 경기가 진행되는 모든 테니스 코트를 가로세로 19센티미터의 정사각형 구역으로 나누고, 이를 6,766개의 NFT와 연결했다. 그리고 400회가 넘는 경기 중 해당 구역에 위닝 샷 winning shot(승리를 결정짓는 타구 – 옮긴이)이 떨어질 때마다 해당 경기의 메타데이터를 포함하는 고유 NFT가 실시간으로 주조되도록 만들었다.

호주 오픈 시대별 컬렉션과 달리, 이 NFT는 한정판 웨어러블, 공식 기획 상품 및 기타 미래 경제적 효익이 있는 자산과 같은 효용성도 함께 제공했다. 6,776개의 테니스 공은 색상과 질감의 고유한 조합을 만들어내기 위해 인공지능으로 제작되었다. 마지막으로, 호주 오픈은 팬들이 전 세계 어디에서나 가상 세계의 호주 오픈을 둘러보고, 챌린지를 완수하거나 선수와 상호작용할 수 있도록 디센트럴랜드에 테니스 경험을 공개했다.[50] 호주 오픈 디지털 경험은 어떻게 하면 메타버스가 스포츠 경험을 풍부하게 만들 수 있는지 보여주는 훌륭한 사례이다. 가상 세계를 골라 들어가 라이브 경기를 관람하고, 니켈로디언 NFL 경기처럼 완전히 새로운 방식으로 경기를 경험하게 될 날이 멀지 않았다.

메타버스 미디어와 엔터테인먼트

물론 스포츠 산업에서 예상되는 변화를 미디어 및 엔터테인먼트 산업에도 적용할 수 있다. 엔터테인먼트 산업은 팬데믹으로 인해 큰 타격을 입었다. 전 세계적으로 콘서트가 줄줄이 취소되었다. 그러나 도입부에서도 살펴보았듯이, 대규모 양방향 라이브 이벤트가 기획되고 있다. 앞으로 이러한 이벤트들의 규모는 더욱 커지고, 양방향 소통은 더욱 긴밀해질 것이며, 팬들에게 특별한 경험을 제공하는 동시에 아티스트와 가상 세계 소유자들은 막대한 수익을 창출할 수 있을 것으로 예상된다.

　팬들은 자신이 좋아하는 아티스트의 활동을 완전히 새로운 방식으로 보고 들을 수 있으며, NFL 및 암호화폐와 관련하여 중개자에 대한 의존도는 줄어들 것이고, 아티스트는 팬과 직접 연결하여 음악을 판매할 수 있게 될 것이다. 아티스트가 수익에서 더 많은 지분을 가져가고, (라이브) 가상 콘서트로 한 번에 수백만 명의 팬들에게 다가갈 수 있게 된다. 물론 중앙화된 플랫폼이 아티스트가 번 돈에서 수수료를 가져가겠지만, 이는 물리적 세계에서도 스타디움이나 콘서트홀 대관 비용을 지불해야 하는 것과 같은 이치라고 보면 된다.

앞에서 언급한 두 가지 가상 이벤트 외에도 이미 다양한 형태의 가상 이벤트가 열리고 있다. 2019년 2월 2일, 미국 전자음악 프로듀서이자 DJ인 마시멜로Marshmello가 포트나이트에서 콘서트를 진행한 것이 최초의 가상 콘서트였다. 1,000만 명의 팬이 포트나이트를 플레이하고 마시멜로의 콘서트에 참석했으며, 수백만 명이 유튜브 라이브 스트림으로 함께했다.[51] 포트나이트에서 열린 두 번째 대형 콘서트는 2020년 4월에 진행된 힙합 스타 트래비스 스콧Travis Scott의 콘서트이다. '아스트로노미컬Astronomical (천문이라는 뜻-옮긴이)'이라는 제목으로 5회에 걸쳐 진행된 15분짜리 콘서트에는 어림잡아 2,770만 명의 동시 플레이어가 라이브로 참여했으며, 총 방문자 수는 4,580만 명을 기록했다.[52] 다섯 번의 콘서트를 통해 벌어들인 수익은 약 2,000만 달러인 것으로 알려졌다. 몇 시간 일하고 번 것치고는 나쁘지 않은 금액이다.[53] 170만 달러의 수익을 올린 2019년 '아스트로월드Astroworld' 투어와 비교하면 더더욱 그렇다.[54] 앞으로 이러한 대규모 양방향 라이브 이벤트는 우리의 일상이 될 것으로 보인다. 그리고 우리는 이러한 콘서트의 가능성을 이제 막 탐색하기 시작했다.

이러한 초기 콘서트들은 컴퓨터로 참여할 수 있는 2D 가상 세계에서 개최되었지만, 앞으로는 라이브 가상현실 콘서트를 보게 될 것이다. 이는 팬들이 마치 현장에 있는 것처럼 느낄 수 있고, 원격으로 참여하면서도 콘서트의 경험을 다른 이들과 공유하며, 그 경험을 또 다른 차원으로 끌어올릴 것이다. 그래픽과 공간 음향만 충분히 뒷받침이 된다면 진짜처럼 보일 수도 있다. 어쩌면 그 경험은 진짜보다 시각적으로 더 환상적일 것이다. 2D든 3D든 그러한 가상 이벤트에서는 음악의 리듬에 맞게 시각적 요소를 정렬하여 부가적 감각을 생성할 수 있기 때문이다. 또한 현실 세계의 이벤트처럼 이벤트가 진행되는 동안 아바타 스킨, 디지털 패션이나 웨어러블 형태의 기획 상품을 NFT로 판매할 수도 있는데, 이는 아티스트와 다른 관계자를 위한 추가적인 수익 창출의 기회가 될 수 있다.

몇 년만 지나면 자기 집 거실에서 증강현실 안경을 이용하여 홀로그램 투영으로 좋아하는 아티스트의 개인화된 콘서트를 즐길 수도 있다. 또한 인공지능과 결합될 경우 좋아하는 아티스트가 당신의 이름을 불러주고, 심지어 간단한 대화도 나눌 수 있는 더욱 더 개인화된 경험도 할 수 있다. 이처럼 가능성은 무궁무진하다.

물론 유명 가수만 메타버스의 기회를 누릴 수 있는 것은 아니다. 스탠드업 코미디언, 기조연설을 하는 유명 기업가, 그리고 책을 출판한 유명 작가까지도 디지털 트윈을 만들어 메타버스에서 자신이 보여주고 싶은 것을 보여줄 수 있다. 5~10년쯤 뒤면 연극 공연장에서 증강현실 안경을 나눠주고 실제 배우의 연기와 환상적인 디지털 생명체가 한데 어우러져 특별한 경험을 만들어내는 것도 가능해질 것이다. 그리고 그런 경험은 공연장에 완전히 새로운 의미를 부여할 것이다. 메타버스는 미디어, 문화, 엔터테인먼트 분야에 대변혁을 일으켜 이전에 보았던 어떤 것과도 다른, 믿을 수 없을 만큼 굉장한 경험을 다양하게 펼쳐놓을 것이다. 다시 말해 우리가 마법이라고 생각했던 것들이 현실이 될 것이다.

(유명) 아티스트와 플랫폼 소유자가 많은 돈을 벌 수 있는 가상 경험을 제공하는 것 외에도 NFT는 모든 아티스트에게 더 많은 수익을 창출할 수 있는 기회가 될 것이다. 아이버 아카데미Ivors Academy(영국의 음악 작가 협회-옮긴이)는 한 연구에서 음악 창작자의 80퍼센트가 연간 275달러 미만을 버는 데 반해, 대형 인기 음반회사는 하루에 1,200만 달러씩 벌어들이고 있다고 밝힌 바 있다.[55] 하지만 이제 NFT가 있기 때문에 아티스트가 팬과 직접 상호작용하고, 자신의 음악으로 더 높은 수입을 올릴 수 있게 되었다.

자연스럽게 음악 산업도 2021년에 NFT 시류에 편승했고, 여러 유명 아티스트와 접촉하여 다양한 선택지를 탐구했다. 그라임즈, 킹스 오브 리언, 에미넴 등 대형 가수들이 팬들로부터 직접 돈을 받기 위해 NFT로 노래와 앨범 아트를 발행했다. 에미넴은 자신의 첫 번째 NFT 음악 컬렉션으로 170만 달러를 벌어들였고, 그라임즈는 디지털 아트 NFT를 판매했다.[56] 다행스러운 건 NFT가 유명 가수만의 전유물이 아니라는 점이다. 신진 아티스트도 NFT와 암호화폐를 통해 자금을 모아 앨범을 제작하고 커뮤니티를 성장시킬 수 있다. 즉, NFT는 스트리밍 플랫폼에서 들어오는 적은 수입을 대체할 훌륭한 수입원이 될 수 있다.

예를 들어, 음악 플랫폼 로열Royal.io은 음악가가 팬들에게 로열티 소유권을 분할 판매할 수 있게 해준다. 아티스트가 돈을 벌면 팬들도 돈을 버는, 이른바 '음악도 듣고 돈도 버는Listen to Earn' 개념이다. 로열티 지분 외에도 가수는 각 NFT에 팬과의 유대감을 강화할 수 있는 특전을 추가할 수 있다. NFT를 사용하면 아티스트가 통제권을 가지고 팬 기반을 더욱 확장하는 매력적인 경험을 만들 수 있다. 아티스트는 자산 혹은 멀티플 아트multiple art(한정된 수량으로 기획 생산하는 예술품 – 옮긴이)를 팬들에게 직접 판매하여 중개자 없이 팬들과 직접적인 경제 관계를 형성할 수 있다.

아티스트는 누가 NFT를 소유했는지 볼 수 있고, 지속적인 성원에 대한 보상으로 또 다른 NFT나 디지털 웨어러블, 디지털 선물을 드롭할 수도 있다. 또한 팬이 가상 세계에서 입을 수 있고, 무대 뒤에서 아티스트와 만날 수 있는 기능을 입력한 한정판 티셔츠를 만들 수도 있다. 이처럼 NFT는 콘텐츠 제작자에게 권한을 부여하고, 중개자에게 덜 의존할 수 있도록 하며, 팬들과의 유대감을 강화할 수 있다. 신진 아티스트는 로열과 같은 플랫폼을 사용해 일찍부터 팬들과 로열티를 공유하고, 존재감을 더 높이기 위한 활동에 자금을 사용할 수도 있다.

이러한 방식을 영화 산업에도 똑같이 적용해서 영화가 만들어지기도 전에 NFT 영화표를 만들 수도 있다. 이는 영화를 제작할 수 있는 기반이 되고, 영화가 성공하면 NFT 소유자는 지분을 받을 수 있다. 영화가 흥행에 성공하면 NFT 영화표는 현실 세계에서처럼 수집가들이 찾는 아이템이 될 수 있다.

신생 기업인 그루브업GrooveUp과 포털Portal은 여기서 한 단계 더 나아가 아티스트가 팬들이 음악을 스트리밍하면 스마트 계약을 통해 자동으로 관리되는 NFT로 보상을 할 수 있게 한다. 이와 같은 '스트리밍으로 돈을 버는Stream-to-Earn' 비즈니스 모델은 대형 음반 회사의 위력을 무너뜨리기 위한 또 다른 시도로 볼 수 있다.

가상 콘서트와 NFT로 팬들과 직접 관계를 형성하게 되면, 수익 창출의 기회는 음반 회사에서 아티스트와 가상 플랫폼으로 넘어갈 가능성이 높다. 메타버스와 NFT는 아티스트에게 더 많은 자율권을 부여한다. 아티스트가 음반 회사의 도움 없이 한 걸음 더 나아가 팬들과 직접 연결되기를 원한다면 이와 같은 일은 얼마든지 가능하다. 물론 메타버스와 NFT가 기존의 불평등한 관계를 뒤집을 수 있을지는 지켜봐야 하고 이는 음반 회사가 가진 힘에 의해 좌우될 테지만, 적어도 (곧 데뷔할) 아티스트가 팬들과 연결되어 음반 회사에 대한 의존도를 줄이면서 성공할 수 있는 새로운 방법을 제공할 것이다.

이렇게 팬과 직접적 관계를 형성하는 것은 모든 브랜드에 적용되며, 메타버스에 뛰어들고자 하는 회사는 반드시 고객과의 관계를 어떻게 발전시켜나갈지를 고민해야 한다. 브랜드는 메타버스 안에서 자사 제품과 서비스에 관심을 갖고, 구매하고, 공유하거나 전시해주는 소비자에게 보상을 해야 한다. 아직 초기 단계이기 때문에 실전 테스트가 되지 않았지만, 브랜드와 신생 기업은 효과가 있는 것과 그렇지 않은 것을 알아내기 위한 실험을 해야 한다.

메타버스 교육 혁명이 시작된다

조직에 자문을 하거나 기조연설을 할 때, 나는 항상 우리는 지금 지수 시간exponential time(시간 복잡도가 입력 데이터의 개수에 대한 지수식으로 증가하는 시간-옮긴이)에 살고 있으며 세상은 그 어느 때보다 빠른 속도로 변화하고 있다고 말한다. 이것이 나의 확고한 지론이지만, 교육 산업에 있어서만큼은 예외이다. 지난 100년 동안 세상은 급격히 변화해왔으나 아이들을 가르치는 방식은 100년 전과 똑같다. 학생들로 가득한 교실, 칠판을 바라보고 앉아 선생님 말씀을 듣는 학생들, 무언가를 설명하고 숙제를 내주고 가끔 학생들과 토론을 하는 교사가 있다. 설상가상으로 팬데믹은 전 세계 어린이가 집에서 줌이나 팀즈로 연결된 컴퓨터 앞에 장시간 앉아 수업을 받거나 부모에게 홈스쿨링을 받아야 하는 환경을 만들었다. '줌 피로Zoom fatigue'는 직업인들에게 현실이며, 주의 지속 시간이 길지 않은 아이들에게도 사정은 마찬가지다. 팬데믹 기간 동안 온라인으로 학습하는 것은 어린이와 부모, 교사 모두에게 쉽지 않은 일이었다.[7]

나는 아이들을 가르치는 일이야말로 사회의 가장 중요한 과업이며, 미래를 혁신하는 것은 결국 아이들이라고 생각한다. 활용할 수 있는 기술이 이렇게 많음에도 불구하고 지난 100년 동안 교육 방법을 쇄신하지 않았다는 사실이 놀라울 뿐이다. 우리는 여전히 아이들에게 전통적인 방식으로 전통적인 과목을 가르치는 낡은 패러다임을 고집하고 있다. 지금 아이들에게 가르치는 대부분의 과목은 앞으로 10년 안에 무용지물이 될 것이다. 대신 우리는 프로그래밍, 로봇공학 및 윤리 과목을 통해 아이들에게 연구하고 분석하는 기술을 가르쳐서 자신의 생각을 구체화하는 방법, 스스로 공부하는 방법, 빠른 변화에 적응하고 대처하는 방법, (책임 있게) 기술을 사용하고 응용하는 방법을 알려주어야 한다. 무엇보다도 우리는 AI 코칭부터 가상 경험 및 증강 경험에 이르는 첨단 기술을 받아들여, 아이들이 졸업할 때쯤이면 근본적으로 달라져 있을 세상에 대비하도록 해야 한다.

게다가 수동적인 교육 방법은 지식을 전달하는 데 효과적이지 않다는 것이 연구로 증명되고 있다. 지식을 가르치는 가장 비효율적인 방법이 바로 강의이다. 교사가 교실 앞에 서서 말하는 방식으로 진행하는 전형적인 형태의 강의를 통해 공유된 지식이 장기적으로 기억에 남는 비율은 5퍼센트에 불과하다. 읽기 수업은 기억 잔존율을 10퍼센트로 미미하게 향상시킨다.[58] 그런데 참여식 교육을 할 경우 기억 잔존율은 급격하게 높아진다. 그룹 토의를 통한 학습은 50퍼센트까지, 실행에 의한 학습은 75퍼센트까지 기억에 남는 비율이 올라간다. 듣기와 읽기가 유용한 경우도 있지만, 가장 좋은 방법은 실행에 의한 학습이며, 여기에서 증강현실과 가상현실 기술이 진가를 발휘할 수 있다. 결국 연습을 통해 완벽해진다는 말이 진리임이 입증되는 셈이다.

가상현실을 통해 고대 로마를 체험하게 하고, 그룹 토의를 결합하여 가상현실 속에서 수업을 진행하는 역사 선생님을 상상해 보라. 학생들은 가상 환경으로 들어가 선생님이나 반 친구들과 상호작용하며, 원하는 장면이나 세션에서 일시 중지하거나 그 부분을 반복 재생할 수 있다. 특정 장면을 방문하거나 재생할 때마다 달라진 점을 발견하기도 한다. 아이들은 안전하고 통제된 환경에서 새로운 환경을 경험하고, 완전히 몰입된 상태에서 다양한 관점으로 지식을 탐색할 수 있다. 현미경 세상 속으로 직접 들어가거나 기후 변화의 영향을 받은 다양한 환경을 보여줌으로써 양자역학의 세계를 가르칠 수도 있다.

가상현실을 교육 현장에 활용할 수 있는 방법은 무궁무진하며, 이렇게 재미있는 학습 환경이 조성된 덕분에 교사 및 학교 평가에서 최고 등급을 받는 일이 생길지도 모른다. 뿐만 아니라 연예인 교사가 몰입형 환경에서 수백만 명의 어린이를 동시에 가르칠 수도 있다. 그러기 위해서는 가능한 많은 아이들이 수업에 필요한 하드웨어를 구비할 수 있어야 한다. 어쩌면 개발도상국 아이들에게 100달러짜리 노트북을 하나씩 갖게 하자는 취지의 프로젝트인 '모든 어린이에게 노트북을!'에 상응하는 프로젝트를 진행해야 할지도 모른다. 하지만 전 세계 어린이가 몰입형 환경에서 학습할 수 있는 동등한 기회를 갖도록 VR 혹은 AR 헤드셋을 제공하려면, 외진 지역의 인터넷 연결 문제를 먼저 해결할 필요가 있다.

가상현실을 활용하면 아이들과 학생들이 수업에 완전히 몰입하고 집중하게 만들기가 훨씬 수월해진다. 줌이나 팀즈 혹은 대면 수업에서처럼 학생들이 집중하지 못하는 것을 걱정할 필요가 없다. 물론 가상현실이 어린이의 뇌에 미치는 영향을 이해하기 위해서는 더 많은 연구가 필요하지만, 어린이가 하루 1~2시간 이상 가상현실에서 시간을 보내는 것은 건강에 좋지 않을 가능성이 높다.

디지털 환경에서 자란 메타버스 네이티브의 뇌 구조는 완전히 다를 것이다. 하지만 그것이 반드시 나쁘다고만은 할 수 없다.

가상현실과 증강현실이 아동 교육을 크게 향상시킬 수 있다면, 기업 훈련이나 기술 기반 학습에 (증강현실로 세탁기 고치기와 같은) 대변혁을 일으킬 수도 있을 것이다.[59] 디지털 트윈이나 복제된 공장은 (신입) 직원이 실제 현장에서 필요한 기술을 숙달하고 좀 더 복잡한 도구로 작업할 수 있을 때까지 안전한 작업 환경에서 훈련시키는 데 활용할 수 있다. 스탠퍼드대학 가상 인간 상호작용 연구소VHIL, Stanford Virtual Human Interaction Lab의 창립 이사이자 가상현실 기반 몰입형 학습 플랫폼 기업인 스트리버Strivr의 창립자인 제러미 베일렌슨은 교육과 훈련을 '홈런' 사용 사례라고 말했다. 스트리버는 월마트와 협력하여 몰입형 경험을 통해 직원을 훈련시켰고, 그 결과 직원들의 업무 만족도는 30퍼센트, 지식 잔존율은 15퍼센트 증가했다.[60]

전 세계의 근로자가 다치거나 실제 기계를 손상시키지 않으면서 새로운 기술과 복잡한 기계 작동법을 배울 수 있는 가능성에는 사실상 한계가 없다고 할 수 있다. 직원 온보딩부터 안전 및 보안 절차를 습득하고, 드물지만 예기치 못한 상황에 대비하는 방법을 배우고, 고객 및 클라이언트와의 상호작용을 개선하는 것까지, 가상현실은 새로운 기술을 더 빠르고 더 효율적으로 배울 수 있는 새로운 방법을 제시할 것이다.[61]

이론상 앞으로 몇 년 안에 전 세계 교육은 21세기에 들어서게 된다. 몰입형 경험을 활용하여 '놀이를 통한 학습Play-to-Learn'을 하거나 팀 기술, 공동 작업, 눈과 손의 협응력, 전략 수립과 같은 기술을 훈련하는 데 e스포츠와 같은 새로운 개념을 활용하면 아이들과 직원의 학습 방식을 혁신적으로 변화시킬 수 있다. 한 걸음 더 나아가 커리큘럼을 자유롭게 만들어 학생들이 다양한 학습 자원을 활용해 자신만의 커리큘럼을 짤 수 있게 허용할 수도 있다. 단, 이 과정은 NFT에 연결된 코스여야만 하며, NFT를 충분히 모으면 블록체인이 인증하는 졸업장을 받는다.

학교와 대학은 이 책에서 설명한 다양한 기술을 수용하여 어린이와 학생이 앞으로 근본적으로 달라질 미래 사회에 대비할 수 있는 교육을 해야 한다. 그렇게 하지 않으면 어린이와 사회 모두 기회를 놓치게 될 것이다.

창작자를 위한 경제 시스템

어떤 가상 세계에서든 사용자 생성 콘텐츠는 메타버스에서 점점 더 중요한 역할을 할 것이다. 게임, 몰입형 노래, 볼륨메트릭 미디어, 교육 환경을 디자인하고 제작하는 것이든, 가상 세계, 예술, 그리고 차세대 인터넷에 활기를 불어넣을 아바타를 디자인하고 제작하는 것이든, 메타버스는 창작자 경제가 될 것이며, 메타버스에서는 사용자 생성 콘텐츠가 그 무엇보다 중요해질 것이다.

몰입 경험과 증강 경험을 제작할 수 있는 기술이 진보한 덕분에 메타버스는 우리를 상상의 시대로 나아가게 하고, NFT와 암호

메타버스 유토피아

화폐는 창작자가 (많은) 돈을 벌 수 있는 기회가 될 수 있다. 이 내용은 7장에서 자세히 다룰 것이다.

　메타버스 내에서는 사용 생성 콘텐츠를 보고 들을 수 있으며, 어느 시점에는 만질 수도 있게 될 것이다. 그 안에서 사람들은 서사가 담긴 경험을 만들어낼 것이다. 하지만 향후 5~10년 안에 상황이 어떻게 변할지 확언하기는 어렵다. 모바일 웹 초창기에도 사람들은 앱 경제가 얼마나 놀라운 잠재력을 품고 있는지 전혀 알지 못했다. 되돌아보면 초기 앱들은 약간 우스꽝스럽고 별로 쓸모가 없었다. 하지만 그것은 정상적인 과정이다. 모바일 환경에서 어떤 것이 가능하며 그 생태계가 무엇을 의미하는지 파악하는 과정이었을 뿐이다. 몰입형 인터넷도 마찬가지이다. 앞으로 우리는 가상현실과 증강현실로 무엇을 할 수 있는지 더 많이 알아내고, 콘텐츠 창작자는 이러한 신기술을 최대한 활용하여 놀라운 경험을 만들어낼 수 있다.

　물론 이렇게 만들어진 몰입 콘텐츠나 증강 콘텐츠를 사용자가 검색할 수 있어야 한다. 현재 메타버스에는 이 모든 공간 경험의 위치를 찾을 수 있는 구글과 같은 검색 도구가 없다. 아마도 이는 한 플랫폼 내에서 쉽게 해결할 수 있는 포털 시스템이 될 가능성이 높다. 더 어려운 문제는 수백만 개의 플랫폼을 서로 연결하여 사용자가 직접 샌드박스에서 포트나이트로, 다시 네오스VR로 순간 이동할 수 있게 하는 것이다. 친구들과 함께 순간 이동할 수 있다면 더 좋을 것이다. 이것이 실현되기 위해서는 사용자를 한 플랫폼에서 다른 플랫폼으로 안내하는 일종의 허브 모델이 필요하다. 이는 중앙집중식 엔티티가 공간 간의 이동을 통제하지 못하도록 당연히 오픈 소스 소프트웨어를 사용하여 탈중앙화된 방식으로 만들어져야 한다. 성공한다면, 현재 웹사이트 간 이동시 사용자 경험과 같이 매끄럽고 원활한 경험이 가능해질지도 모른다.

메타버스는 아티스트와 창작자에게 중요한 기회인 동시에 브랜드가 고객, 팬, 미래의 고객과 관계를 맺는 장소가 될 수도 있다. 하지만 (본인이 원해서 광고를 추천하도록 사전 동의한 경우가 아니라면) 메타버스가 지금의 웹처럼 가상 세계를 넘어다닐 때마다 광고가 따라다니는 광고 지옥이 되는 일은 막아야 한다. 이제 다음 장에서 브랜드가 메타버스에 진입하는 방법에 대해 알아보자.

메타버스 유토피아

Chapter 5

창의적인 브랜드
마케팅의 세계

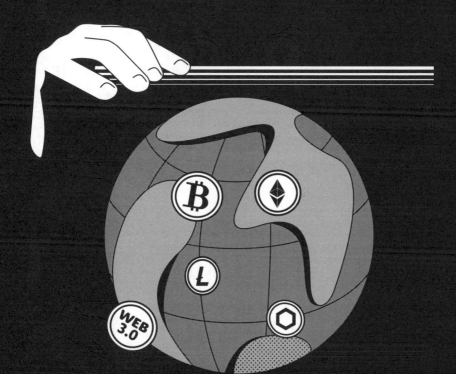

불빛 너머로

"테크놀로지는 반짝거리는 미끼라네. 그런데 아주 드물게도 사람들이 그 불빛 너머에 이끌리는 순간이 있지. 바로 상품에 정서적인 유대감을 가질 때야."

돈 드래퍼 〈매드맨〉

돈 드래퍼가 했던 이 말은 드라마를 통해 잘 알려진 대사이며, 지금도 그 의미는 유효하다. 해일처럼 범람하는 데이터 덕분에 오늘날 우리는 그 어느 때보다 손쉽게 원하는 사람들을 광고 대상으로 삼을 수 있게 되었다. 충분한 돈을 들여서 극도로 표적화되고 개인화된 광고를 만들면 분명 사람들의 이목을 사로잡는 광고를 만들 수 있을 것이다. 인터넷에서 사람들이 집중하는 시간은 겨우 몇 초에 지나지 않으며, 끝없이 이어지는 스크롤의 함정 속에서 새로운 것이 화면에 나타나는 순간 잠깐 전에 봤던 광고는 다시 사람들의 기억에서 사라진다. 또한 대다수 온라인 광고의 질은 평균(이하)라고 할 수 있으며, 따라서 사람들에 감정적인 유대감을 끌어내면서 실체를 가진 광고가 부각되며 사람들에게 영향을 미친다.[1]

매드맨Mad Men이라 불리는 광고쟁이들이 활보하던 1960년대는 대량 마케팅이 시작된 시대였다. 라디오와 TV 덕분에 회사는 한 번의 메시지로 많은 사람에 다가갈 수 있게 되었다. 이는 곧 광고 하나에 뛰어난 메시지를 담아야 한다는 것을 의미했다. 표적 집단 별로 메시지를 수정할 수 없었기 때문이다. 따라서 광고의 메시지는 겨냥하는 청중의 반응을 끌어내는 간결하고 명확한 제안이어야 했다. 수년 동안 이러한 대량 마케팅이 브랜드 광고에 잘 먹혔고, 그래서 인터넷이 등장했을 때 브랜드는 온라인 영향력을 구축하는 것을 꺼렸다. 현재로서는 상상도 할 수 없는 일이지만 인터넷이 태동하던 당시에는 많은 브랜드가 웹사이트의 필요성을 알지 못했다. 심지어 전자상거래eCommerce가 자리를 잡은 이후에도 브랜드는 온라인 상점을 여는 것을 주저했다. 팬데믹 초기에도 여전히 온라인 채널에 막대한 투자를 하지 않았던 브랜드는 전 세계적인 봉쇄 사태가 벌어지고 오프라인 상점이 문을 닫아야만 했을 때 문제에 부딪히고 말았다. 팬데믹이 발생하기 전에 디지털 시대로 공급망을 확대하지 않았던 회사들은 디지털 방식으로 최적화된 공급망 및 전자상거래 채널을 보유한 다른 회사보다 훨씬 더 뉴노멀new normal(시대 변화에 따라 새롭게 떠오르는 표준-옮긴이)에 적응하기 어려워졌다.

소셜 미디어와 모바일 인터넷 시대가 열렸을 때에도 상황은 마찬가지였다. 그때도 브랜드는 모바일 애플리케이션 및 소셜 미디어에서 영향력을 확대하는 것과 트위터, 페이스북, 유튜브, 최근에는 틱톡에 커뮤니티를 구축하는 것이 유리하다는 사실을 납득해야만 했다.

브랜드는 몇 번이고 새로운 기회를 수용하기를 주저해왔다. 반면 그와 동시에 새로운 현실을 포용한 소수의 선두 주자와 혁신가들은 시행착오를 거치면서 새로운 가능성을 살피고 장기전에서 성공했다. 이와 대조적으로 혁신에 실패하거나 새로운 현실을 받아들이지 못한 회사의 비석이 묘지에 가득하다. 이제 우리는 메타버스라는 소비자와 연결되는 새로운 시대에 들어섰고, 브랜드는 같은 실수를 되풀이해서는 안 된다. 몰입형 인터넷은 독특하고 진실된 방식으로 소비자를 사로잡을 기회를 제공하여 소비자가 제품에 새로운 정서적 유대감을 형성하게 만든다.

실수에서 배움을 얻은 브랜드도 있다. 바로 워너 뮤직 그룹이다. 2022년 초반 워너 뮤직은 샌드박스에 콘서트 집중형 테마파크를 조성하겠다고 발표하며 일찍이 새로운 패러다임을 수용했다. 이는 20년 전 워너 뮤직이 파일 공유 및 냅스터(음악 파일 공유 사이트)의 대두로 힘겨운 싸움을 했던 것과는 상당히 다른 접근 방식이다.[2] 이전의 실수를 통해 배운 또 다른 브랜드로는 JP모건을 들 수 있다. 2017년 JP모건의 CEO인 제이미 다이먼Jamie Dimon은 비트코인을 사기라고 폄하했다.[3] 그런데 2022년, 로비에 호랑이가 어슬렁거리는 JP모건 가상 지점이 디센트럴랜드에 문을 열었다. 1조 달러의

기회에 뛰어든 것이다.[4]

아직 메타버스는 초기에 불과하지만, 오늘 몰입형 세계에 발을 들이기로 결정한 브랜드가 내일의 선구자가 될 수밖에 없다. 새로운 가상 세계와 증강 세계는 (미래의) 소비자와 연결되기 위해 완전히 다른 접근 방식을 필요로 한다. 따라서 연습이 완벽을 만든다는 말처럼, 일찌감치 시작한 회사는 경주에 뒤늦게 뛰어들 다른 대부분의 회사에 비해 유리한 출발을 하는 셈이다. 마케팅 규칙은 변화하고 있으며, 출처 불명의 강요성 마케팅과 광고의 시대는 저물었다. 특히 Z세대와 알파 세대는 웹에서 귀찮게 따라다니는 광고나 친환경으로 이미지를 세탁하려는 위장 환경주의greenwashing(친환경을 가장하는 기업의 행태), 또는 고객 자신보다 고객을 더 잘 아는 척하며 귀찮게 하는 표적 광고 등을 더 이상 받아들이지 않는다.

과거의 마케팅 시대를 뒤로하고 새로운 형태의 마케팅으로 향하는 문이 열렸다. 소비자는 이제 소셜 미디어뿐만 아니라 AR 필터, 비디오게임 및 실시간 몰입형, 대화형 콘텐츠를 통해 디지털로 쇼핑을 하고 사교 활동을 하는 현실에 익숙해졌다. 이러한 피지털 세계에서 소비자는 여럿이 함께 온라인 게임을 하고, 친구들과 어울리기 위해 가상 세계를 거닐며, 디지털 이벤트에 참여하기도 하고, 새로운 가상의 장소를 방문하거나, 브랜드와 소통하여 (디지털) 상품과 서비스를 구매한다. 오늘날 인간의 평균 집중 시간은 겨우 8초에 불과하기에,[5] 새로운 가상 세계와 증강 세계에서 브랜드는 소비자와 소통하고 제품을 판매하는 방법을 재정립해야만 한다. 다시 말해, 마케팅 활동을 재정립하고 (미래의) 고객에 고유하고 진실된 디지털 경험을 제공해야 한다. 거기에서는 공동 창작과 공동 소유가 일반화되며 커뮤니티 중심의 마케팅이 성공의 열쇠가 된다.

몰입형 생태계의 발전과 함께, 기업은 새로운 길을 찾아 브랜드 충성도를 높이며 예상치 못했던 흥미진진하고 재미있는 방식으로 (미래의) 고객을 사로잡을 것이다. 몇 년 지나지 않아 메타버스는 성공적인 브랜드 전략의 중요한 구성요소가 되고, 메타버스라는 대세에 올라타기를 거부한 회사는 주류에서 밀려날 것이다. 몰입형 인터넷을 고객과 연결하기 위한 또 다른 수단이라고 생각해도 되지만, 기존의 비즈니스 방식은 이제 옳지 않다.

몰입형 커뮤니티의 힘

메타버스에는 '쿨한' 브랜드와 '쿨하지 못한' 브랜드를 나누는 두 가지 기준이 있다. 바로 창의성과 진실성이다. 물론 예전부터 통용되었던 기준이지만, 무엇이든 가능한 메타버스에서 이 두 가지는 더욱 중요한 가치이다. 메타버스로 향하기 위해 브랜드는 가장 처음으로 실제 세계의 제품과 경험을 가상 세계로 옮기는 작업을 해야 하는데, 이 과정에서 가상 세계에 실제 세계를 흉내만 내는 것에 그친다면 실수가 될 것이다. 2022년 초반 삼성은 디센트럴랜드에 가상 브랜드 매장인 837X를 오픈했다. 이는 뉴욕에 있는 실제 837 매장의 디지털 복제라고 하는 게 맞을 것이다. 뉴욕의 837 플래그십 스토어 자체가 체험이라고 할 수 있는데도 메타버스에 해당 매장을 그대로 복제함으로써 몰입형 인터넷을 통해 고객 경험을 확장할 기회를 놓치고 있다.

브랜드는 그동안 실제 세계에서 본 것과는 다른 고도로 시각적이고 실험적이며, 매력적인 경험을 만드는 일에 집중하여, 물리적 세계의 마케팅에서 기대하는 바를 뛰어넘고 디지털 세계의 무한한 가능성을 활용해야 한다. 무엇보다 중요한 것은 비즈니스가 고객의 감정과 연결되는 경험이 되도록 하는 것이다. 그 과정에서 브랜드는 자신을 재발명하고 새로운 내러티브를 제시함으로써, 그저 상품을 팔아치우기만 하는 것이 아닌 고객과의 직접적인 협업 및 소통을 이끌어낼 기막힌 기회를 얻게 된다.[6] 따라서 메타버스-네이티브가 활발하게 자기 표현을 하고 진정성 있는 특별한 연결을 원한다는 사실을 인식하고, 개인화된 엔터테인먼트 및 가치를 제공할 수 있도록 주의 깊게 커뮤니티를 만들고 보살펴야 한다.

세계적인 맥주 브랜드인 스텔라 아르투아Stella Artois가 팬데믹 기간 동안 정확하게 이와 같은 행보를 보였다. 다른 이벤트도 그랬지만, 켄터키 더비Kentucky Derby(미국의 3대 경마대회 중 하나-옮긴이) 같은 경마 이벤트가 취소되자 사람들은 가상 경마에 관심을 기울였다. 가상 경마가 시작된 지는 얼마 되지 않았으나, NFT의 등장과 함께 사용자는 실제로 가상의 말을 소유하고 길러서 현실의 돈을 걸어 가상 경주에서 경쟁시킬 수 있게 되었다. 제드 런ZED RUN이라는 플랫폼이 그런 경주를 제공하여 팬데믹 이후 1,000퍼센트 가까이 성장했다.[7] 스텔라 아르투아는 실제 경주를 후원하는 브랜드와 마찬가지로 디지털 경마 후원에 뛰어들었으며, 앤하이저부시 인베브AB Inbev(스텔라 아르투아를 소유한 맥주 제조회사-옮긴이)에서 캠페인을 담당했던 린제이 맥이너니는 이를 "스텔라 아르투아와 프리미엄 경마의 파트너십을 반영한 자연스러운 현상"이라고 설명했다.[8] 그들은 경마 플랫폼과 파트너십을 맺고 테마 스킨을 포함한 고유의 디지털 말 세트와 3D 경마장을 만들어서, 사용자에 독특한 경험을 제공하며 해당 맥주 브랜드를 이 분야에서 혁신적 사고의 선구자로 자리 잡게 했다.

메타버스는 우리가 존재하는 세계 가장 위층에 자리한 디지털 레이어 전체를 뜻한다. 그러므로 브랜드는 소셜 미디어나 모바일 인터넷이 그랬던 것보다 더욱 파괴적인 영향을 받게 될 것이다. 이러한 가상 계층 혹은 증강 계층이 제공하는 셀 수 없는 기회를 통해 브랜드가 소비자와 연결되고, 그들의 충성도를 쌓을 특별한 경험을 제공할 수 있다. 앞서 논의했던 상호운용성에 대한 필요성이 이런 기회를 훨씬 더욱 확대하겠지만, 우리가 그런 중대한 발판을 마련하기 전까지는 현재의 가상 세계와 증강 세계가 이미 보여준 좋은 방법을 사용하여 브랜드는 (잠재적) 고객과 의미 있는 양방향 소통을 할 수 있다.

메타버스를 시작하는 가장 흥미로운 브랜드에는 월트 디즈니가 있다. 그들은 2021년 12월 메타버스에 테마파크를 불러오는 '가상 세계 시뮬레이터'의 특허를 신청했다. 이 특허 내용을 살펴보면, 사용자는 "증강현실용 장비를 착용할 필요 없이 고도로 개인화된 몰입형 3D 가상 체험"을 할 수 있다.[9] 월트 디즈니는 정보의 디지털화에 관해서라면 늘 앞서 있었다. 이미 2013년 매직 밴드 플러스(디즈니랜드에서 사용하는 전자 손목 밴드)라는 손목 장비를 선보였을 정도니,[10] 미키 마우스 브랜드의 디지털 마법을 기대할 수도 있을 것이다.

메타버스라는 미지의 세계에 뛰어들기 전에 브랜드는 디지털 세계에서 정확히 무엇이 되고 싶은지 명확한 계획을 세워야 한다. 메타버스는 (정적인) 웹사이트, 앱 또는 대화형 소셜 미디어를 구축하는 것 이상을 의미한다. 따라서 회사의 정체성과 표적 그룹, 그에 따른 기대치 및 (미래의) 고객이 가상 세계의 어디에서 시간을 보낼지에 대한 깊은 이해가 선행되어야 한다. 그 과정이 잘 완료된 이후에야 조직은 깊고 오래 지속되는 충성도를 쌓을 수 있다. 이는 브랜드 평판과 순이익에 직접적이고 긍정적인 영향을 미치는 요소이다. 그런 과정이 잘못될 경우 브랜드는 심각한 손해를 감수해야 것이다.

3장에서는 구찌가 어떤 방식으로 로블록스에 고유의 소통형 체험을 창조하여 디지털 럭셔리 상품을 동일한 실제 상품보다 더 많이 판매했는지를 살펴보았다. 이는 메타버스로의 성공적인 탐험이었으나 완벽하지는 않았다. 플랫폼의 핵심 사용자인 어린이와 10대 초반을 포함하지 않았기 때문이다. 로블록스 사용자의 54퍼센트가 12세 미만이며,[11] 로블록스를 이용하는 어린이라면 의심할 여지없이 즐겁게 가상의 구찌를 착용했겠지만, 수백 수천 달러에 이르는 디지털 상품은 당연히 게임에 접속한 99.99퍼센트의 어린이가 손도 대지 못할 곳에 있다. 어린이의 부모라도 크게 다르지 않을 것이다. 설상가상으로 명품에 희소성을 부여하려는 개념에 따라 구찌가 드롭한 독점적인 상품의 대부분은 제한된 시간 동안에만 사용할 수 있었다. 게다가 상품 드롭은 주요 표적 그룹이자 로블록스를 플레이하는 어린이들이 잠자는 시간에 이루어졌기에 상당수가 재미를 놓치고 말았다. 그러니 성인들은 수천 달러에 판매되는 디지털 상품에 신나 있었지만, 구찌의 미래 고객이자 실제 게임을 하는 어린이들은 소외된 기분을 느끼며 불만스러워했다. 구찌는 멋진 이야기로 홍보했으나 미래 고객과 강한 유대를 형성하는 데에는 실패했을지 모른다. 따라서 가상 세계의 실제 사용자들이 긍정적인 브랜드 경험을 얻기를 원한다면 반드시 그들을 고려해야 한다.

실수는 차치해 두고, 브랜드가 몰입형 인터넷을 활용함으로써 얻을 수 있는 이점은 수도 없이 많다. 이를 하나씩 살펴보자.

끝없이 등장하는 새로운 테크놀로지

이미 다양한 가상 세계와 증강 세계가 메타버스 전체에 걸쳐 나타나고 있다. 앞으로 10년 동안 이런 환경을 구축할 테크놀로지에 대한 접근성이 좋아지면 그 수는 폭발적으로 증가할 것이다. 결과적으로 웹 2.0이 제공하는 소수의 주요 플랫폼 대신, 고유한 방식으로 표적이 될 수 있는 크고 작은 다양한 커뮤니티가 생길 것이다. 이러한 새로운 접점에서 독특한 브랜드 참여의 기회나 상품 배치의 기회가 생길 것이다. 여기에는 사용자가 가상 세계에서 시승할 수 있는 최신 자동차를 드롭하거나, 3장에서 보았던 디지털 패션을 창조하거나, 재미있는 방법으로 제품 차별화 요소를 제시하는 행위 등이 포함된다. 제품 차별화 요소는 브랜드에 다양한 기회를 제공하지만, 결과적으로는 파편화를 일으키며 고객에게 도달하는 비용이 커진다.

패스트푸드 브랜드 웬디스가 2018년 브랜드 활성화의 일환으로 벌였던 '포트나이트를 신선하게Keeping Fortnite Fresh'라는 마케팅은 디지털 세계에서 재미있는 방식으로 제품의 차별화 요소를 부각한 완벽한 사례라고 할 수 있다. 2018년 포트나이트는 플레이어가 자신이 가장 좋아하는 디지털 레스토랑을 대표하여 싸우는 '푸드 파이트Food Fight'라는 새로운 이벤트를 선보였다. (버거 팀의) 듀어 버거와 (피자 팀의) 피자 핏이 대결을 벌이며 상대 레스토랑의 마스코트를 파괴하면 승자가 되는 것이었다. 웬디스는 자사의 광고를 청중의 엔터테인먼트 요소로 만들고자 이 게임에 참여하기로 결정했다.[12] 냉동 쇠고기를 절대 사용하지 않는 웬디스의 규정과 달리 듀어 버거의 햄버거가 냉동고에 보관된다는 사실을 발견한 웬디스는 이 이벤트에서 "냉동육을 쓰지 않아 신선합니다"라는 광고를 할 수 있는 기회를 포착했다.

웬디스는 트위치Twitch(게임에 특화된 인터넷 방송 중계 서비스)에 등장해서 자신들의 브랜드 마스코트를 닮은 캐릭터를 생성하고 포트나이트 게임에 드롭시키더니, 다른 플레이어를 죽이기는커녕 푸드 나이트 모드에서 모든 냉동고를 부수고 다니기 시작했다. 웬디스는 자신들의 퀘스트를 트위치에서 실시간으로 중계했다. 여기에 수십만 명의 플레이어가 초대되었으며, 웬디스 캐릭터가 다른 플레이어는 건드리지 않고 냉동고만 부수러 다니는 모습을 지켜보고 함께 플레이를 하기도 했다. 9시간에 걸친 중계 동안 트위치 시청 시간은 150만 분 이상이었으며(대략 3년 동안 쉬지 않고 트위치를 시청하는 것과 같다), 소셜 미디어에서 브랜드를 언급한 횟수는 119퍼센트 증가했고, 모두가 웬디스의 차별화 요소를 알게 되었다. 이 희한한 냉동고 싸움은 웬디스의 성공적인 게릴라성 마케팅 활동으로 알려졌고, 광고업계의 오스카상이라고 불리는 칸 라이언즈Cannes Lions에서 8개 부문을 수상하는 등 많은 상을 받기도 했다.[13]

끊임없이 실시간으로 이루어지는 인사이트

구찌, 발렌시아가, 돌체앤가바나 등 일부 럭셔리 브랜드의 첫 번째 메타버스 마케팅 활동은 브랜드 경험을 높인 좋은 사례이다. 그러나 새로운 패션 라인을 실제로 출시하기 전에 고객이 무엇을 좋아하고 싫어하는지를 더 제대로 이해하고 싶을 때도 디지털 패션을 사용할 수 있다. 포트나이트나 로블록스 같은 게임을 하는 사용자가 어떤 선택 사항과 조합을 선택할지 주의 깊게 분석함으로써, 명품 브랜드만이 아니라 일반 패션 브랜드도 (게임에 무료 디지털 상품을 드롭할 때 누가 무엇을 입고 있는지에 기반하여) 어떤 그룹의 고객이 어떤 패션 스타일에 가장 잘 어울리는지를 빠르게 배울 수 있고, 그에 따라 물리적인 상품을 적절하게 조정할 수도 있다.

더욱이 몰입형 디지털 상품 시연, 즉 고객이 실제 상품을 구매하기 전에 먼저 사용해보고 만들 수 있는 상품 맞춤화는 브랜드를 위한 데이터의 보고寶庫나 다름없다. 만약 소비자가 상품을 구매하

메타버스 유토피아

지 않기로 결정하더라도, (미래의) 고객과 소통하면서 고객이 중요하게 여기는 것에 대한 소중한 통찰력을 얻을 수 있는 기회이기 때문이다. 물론 온라인 상품 시연이나 상품 구성은 자체는 이미 오래전부터 웹에 존재했으므로 새로울 것이 없다. 다만 그것의 몰입형 3D 버전이라면 브랜드 경험을 대단히 향상시킬 수 있고, 전통적인 조사 이상의 통찰을 가져다줄 수 있다.

2017년에 출시된 이케아 플레이스 앱은 증강현실을 사용한 뛰어난 사례이다. 이 앱은 고객에게 독특한 경험을 제공하기 위하여 증강현실을 사용하는 동시에 이케아가 사용할 수 있는 추가적인 사용자 데이터 스트림을 생성했다. 이는 애플의 증강현실 프레임워크인 AR 키트를 최대로 활용한 모바일 쇼핑 앱의 첫 번째 사례로, 소비자들은 이 앱을 이용하여 디지털 방식으로 가구를 배치하며 새로운 소파나 테이블이 집 안에 잘 어울릴지 확인할 수 있다. 이처럼 디지털 방식으로 이루어지는 고객과의 상호작용을 조직의 비즈니스 지능에 직접 연결하면 누가 언제, 어디서, 무엇에 흥미를 느끼며, 그 이유는 무엇인지 이해할 수 있는 매우 귀중한 실시간 통찰을 얻을 수 있다.

메타버스에서 생성되는 데이터의 양은 현재 웹과 비교하여 10배에서 100배까지 증가하는 데에도 불구하고 브랜드가 메타버스를 시작하지 않는다는 건 눈가리개를 하고 운전을 하는 것이나 다름없다.

지속 가능성의 증가

3장에서 언급했듯이 가상현실과 증강현실을 통해 온라인 쇼핑 중 의사결정 과정을 더욱 재미있고 매력적으로 만들 수 있으며, 반품률을 줄이고 "사용한 뒤 구매하세요!"같은 가상 체험을 하게 함으로써 브랜드의 지속 가능성을 높일 수 있다. 2021년 말 증강현실 회사인 스냅Snap은 의류 브랜드 타미 진스와 협력하여 가상 입어보기 서비스를 시작했다. 고객은 스냅의 AR 안경을 이용하여 타미 진스의 남성용 혹은 여성용 패딩 점퍼를 입어보고 점퍼 색상을 변경해보며 어떤 스타일이 자신에게 가장 잘 맞는지 고를 수 있다. 또한 바로 연결된 웹사이트를 클릭하여 집에서 가상으로 입어봤던 상품을 구매할 수도 있다.[14]

물론 메타버스는 기업의 이산화탄소 배출량을 줄일 수 있는 기회가 되기도 한다. 특히 여행이나 협업의 경우에 그러한데, 이 내용은 다음 장에서 자세히 살펴보기로 하자.

가상 세계에서 고려할 사항

가상 세계에는 고객들에게 놀라움을 선사할 무수히 많은 가능성이 존재하지만, 그중 어디서부터 시작할지 결정하는 것이 중요하다. 가상 브랜드 체험이나 증강 브랜드 체험을 어디에 구축할지 결정하는 과정은 물리적 세계에서 브랜드 체험이나 상점을 오픈하는 과정과 매우 유사하다.

새로운 물리적 상점을 열기 위해 결정을 내릴 때 기업은 다양한 지표를 고려해야 한다. 그런 지표에는 지역 인구 통계, 유동 인구수, 지역의 치안성, 경쟁사의 위치, 지역의 접근성, 비즈니스에 드는 비용, 규칙 및 제한 사항 등이 포함된다. 이와 마찬가지로 가상 브랜드 체험을 오픈할 가상 세계를 선택할 때는 다음과 같은 사항을 어느 정도 고려할 필요가 있다.

- 플랫폼을 이용하는 사람들의 수는 얼마나 되는가
- 플랫폼은 얼마나 잘 알려져 있는가
- 사람들이 얼마나 오래 플랫폼에 머무는가
- 사람들이 얼마나 자주 방문하는가
- 사용자 위치의 인구 통계는 어떤가
- 플랫폼에서 할 수 있는 활동에는 무엇이 있는가
- 신용 사기(스캠)가 발생했는가
- 플랫폼의 규칙과 제한 사항은 무엇인가
- 가상 상점을 준비하는 비용이 얼마나 되는가

메타버스의 초기 단계에서는 회사가 여러 플랫폼을 시도해봐야 한다. 각각의 플랫폼이 사용자와 규칙, 브랜드 기대치 등에서 차이가 있기 때문이다. 가지각색의 디지털 세계를 더 많이 탐구할수록, 메타버스의 작동 방식 및 (미래) 고객에 최적이 될 디지털 경험이 무엇인지 더 빠르게 이해할 수 있다.

경험 마케팅의 시대

조직이 소비자와 연결되기 위해 메타버스에 발을 들여놓으려면, 창작자와 예술가, 다양한 가상현실 또는 증강현실 애플리케이션에 대한 이해도가 높은 인플루언서를 참여시키는 것이 현명하다. 가능한 빨리 커뮤니티에 참여해야 구찌가 저질렀던 (잠재적 비용이 높은) 실수를 막을 수 있다. 다시 말해, 메타버스에 처음 발을 들여놓는 기업이 새로운 커뮤니티에 들어가려 한다면, 제아무리 다국적 기업이라도 브랜드로서 겸손해야 한다. 버추얼 브랜드 그룹Virtual Brand Group의 창립자인 저스틴 호크버그Justin Hochberg에 따르면, 브랜드는 창의적인 커뮤니티에 들어가서 이를 슈퍼볼(미국 최고 스포츠 이벤트인 미식축구 결승전으로, 광고비가 세계에서 가장 비싼 것으로 유명하다-옮긴이)처럼 이용하려는 경향이 있다. 하지만 그런 식으로 광고 메시지를 쏟아 붓기보다 오히려 브랜드가 커뮤니티의 일부가 된다면 훨씬 더 많은 이익을 얻을 수 있을 것이다. 이는 메타버스에서 특히 그러하다.

　게다가 메타버스는 적어도 몇 년 동안은 계속 형성되는 과정에 있기 때문에 최선의 의도를 가지고 참여한다고 해도 위험이 따를 수밖에 없다. 일례로 2021년 말 맥도날드가 맥립 메뉴 출시를 기념하며 10개의 NFT 세트를 만들었는데, 이 과정에서 맥도날드는 NFT를 민팅minting(디지털 자산에 가치를 부여하여 NFT로 만드는 작업-옮긴이)하는 것과 햄버거를 굽는 일은 다르다는 사실을 깨달았다. 맥도날드는 맥립 NFT를 "팬들이 가장 사랑하는 샌드위치의 디지털 버전"이라고 불렀다.[15] 하지만 안타깝게도 이 발표 이후 공식 맥립 NFT 컬렉션의 이더리움(블록체인 기반 암호화폐 시스템이자 그 암호화폐의 이름 - 옮긴이) 주소에 연결된 초기 거래에 인종적인 비방이 발견되었다.[16] 맥도날드와 연결된 인종 차별이 블록체인에 영원히 기록되고 만 것이다. 회사 측에서는 이 사태와 전혀 연관이 없다고 주장했지만 재미있어야 할 브랜드 경험은 완전히 빗나가고 말았다. 이 사건이 맥도날드 내부자의 소행이든 전혀 무관한 사람의 소행이든 관계없이, 메타버스가 브랜드에 완벽히 안전한 곳은 아니다. 그러므로 자신이 하는 일을 잘 이해하고 제대로 공유하는 것이 중요하다. 다시 말하자면, 메타버스 초기에는 수년에 걸쳐 그 공간에 익숙해지며, 지속적으로 진화하는 다양한 환경을 이해하고, 조직을 흥미진진한 새로운 기회로 이끄는 사람들을 참여시킬 필요가 있다. 또한 지금 당장은 자신만의 생태계를 만들 것이 아니라 자신이나 자신의 브랜드를 새로운 가상 세계 및 기존의 가상 세계와 연결해야 한다.

메타버스를 시작하는 브랜드는 리더십을 발휘할 기회, 혁신할 기회, 그리고 새로운 커뮤니티와 채널을 활용할 기회를 얻을 수 있다. 특히 브랜드가 진실한 행동을 보여주고 원하는 커뮤니티에 맞춰 몰입형 경험을 조정하면 그런 기회는 더욱 확대될 것이다. Z세대와 알파 세대는 창작자 세대라고 할 수 있다. 이들은 기업과 함께 콘텐츠 생성에 참여하고 창작할 준비가 되어 있으므로 브랜드들은 바로 이런 기회를 만들어내야 한다. 이것이 바로 패션 브랜드 포에버21Forever21이 했던 일이다. 미국의 유명한 패션 업체인 포에버21은 커뮤니티 위주의 브랜드 경험을 로블록스에 개발하여 2021년 말에 출시했는데, 이를 통해 로블록스 사용자가 자신만의 포에버 21 매장을 운영해볼 수 있게 했다.

포에버21은 로블록스 커뮤니티에 물리적 공간과 디지털 공간을 완전히 하나로 만드는 독특한 브랜드 경험을 창조하고 가치를 제공함으로써 전통적인 미디어의 대대적인 관심을 받았다. 메타버스를 향한 모험심으로 포에버21을 위한 메타버스 전략 및 경험을 설계했던 버추얼 브랜드 그룹의 CEO 저스틴 호크버그는, 이 브랜드가 로블록스의 크리에이터, 디자이너, 인플루언서와 활발하게 협력한다고 말했다. 로블록스는 포에버21 고유의 디자인을 전시하고 판매할 플랫폼도 제공했다. 로블록스의 포에버21 브랜드 매장 내에는 '콜랩21 Collab 21'이라는 구역이 있는데, 사용자가 매달 여기에 자신의 포에버21 디자인을 전시하면 다른 사용자가 구매할 수 있다. 또한 타이쿤 게임 Tycoon game (경영 시뮬레이션 게임 – 옮긴이) 부류의 게임도 구축하여 플레이어가 자신만의 포에버21 매장을 디자인하고 완전히 운영할 수 있도록 했다.

현재 다른 브랜드는 이러한 가상 세계를 탐색만 하고 있는 데 비해, 포에버21은 장기간 게임에 머물며 이런 매장을 지속적으로 운영할 계획이다. 또한 이 업체는 소비자들과 끊임없이 소통하기 위해 새로운 브랜드 경험인 '포에버21 데이 Forever 21 Day'라는 마케팅 캠페인을 발표했다. 그 내용을 살펴보면 매달 21일에 실시간 이벤트를 하거나 한정판 NFT 드롭을 제공하고 때로는 다양한 브랜드나 유명인과 협업을 할 수 있게 하는 것이다. 게다가 이 캠페인에는 호크버그가 '무한 마케팅 루프Infinite Marketing Loop'라고 부르는 주요 특징이 있는데, 포에버21의 신상품이 물리적 세계와 디지털 세계 동시에 출시되어 사용자가 실제 세계에서 착용하는 것과 아바타가 착용하는 것을 일치시킬 수 있다. 물리적 브랜드와 디지털 브랜드를 통합하고, 게임과 같은 환경을 지속적으로 제공하여 물리적 세계와 디지털 세계를 연결하는 것이다.

포에버21은 로블록스와의 지속적인 협업을 통해 다양한 성과를 얻었다. 92퍼센트의 긍정적 평가를 받았고, 사회적 인지도는 같은 시기에 출시된 다른 브랜드의 20배로 상승했으며, 포에버21 회사 전체가 90일 동안 애써야 하는 수준의 2.5배에 달하는 미디어 노출 기회를 30일 만에 달성할 수 있었다. 참고로 로블록스의 포에버21에서 가장 잘 나가는 제품은 거의 100만 개가 판매되었는데, 이 제품은 커뮤니티에서 창작된 것이었다. 그리고 포에버21은 연구 개발 비용을 한 푼도 들이지 않고 해당 제품을 물리적으로 생산할 것이다.[17]

메타버스가 태동하는 지금, 로블록스에 만들어진 포에버21 체험을 통해 우리는 마케팅 방법이 어떻게 변화했는지 볼 수 있다. 표적 그룹에 접근할 때는 다양한 관점으로 몰입형 인터넷을 살펴봐야 한다. 그러므로 브랜드는 콘텐츠 생산 방법 및 사람들이 콘텐츠와 상호작용하는 방법, 그리고 해당 콘텐츠의 역량과 유용성 등을 재고해야 할 것이다. 예술적 창의성 촉진에서부터 커뮤니티 구축에 이르기까지, 앞으로 10년간 마케팅 부분에서 폭넓은 혁신이 이루어질 것이라 기대할 수 있다. 소셜 미디어 마케팅은 메타버스

마케팅에 자리를 내주고, 브랜드는 새로운 방법으로 소비자를 사로잡아 계몽시킬 것이다. 브랜드가 그렇게 할 수 있는 방법에는 디지털 이벤트 준비, 일련의 NFT 출시, 디지털 상품 드롭, 플랫폼 간 교차 가능한 브랜드 경험 생성 등이 포함되며, 이런 방법들을 조합할 수도 있다.

메타버스에 브랜드로서 첫걸음을 내딛고 싶다면 작은 실험부터 해보는 것이 바람직하다. 예를 들어 2021년 미국 패스트푸드 체인점인 타코 벨은 일련의 NFT를 공개하고 나서 수만 달러를 벌어들였다.[18] 이미 자리를 잡은 브랜드의 수익으로는 대단한 수준이 아니었고 타코 모양의 GIF 파일에는 어떠한 효용도 없었지만, 이를 다른 시각에서 생각해볼 수 있을 것이다. 만약 패스트푸드 레스토랑이 둥둥 떠다니는 타코 그림 NFT를 판매해서 돈을 벌 수 있다면, 다른 회사도 고유의 NFT 캠페인을 만들어 사용자에 브랜드 경험을 제공하지 못할 이유가 없지 않을까?

코카콜라는 여기서 한발 더 나아갔다. 2021년 7월 코카콜라가 온라인 경매에 공개한 NFT 컬렉션은 72시간 만에 57만 5,000달러에 판매되었다. 코카콜라는 자신들의 브랜드 파워 및 전 세계 열혈 코카콜라 애호가들에 의지하여 컬렉션을 밀어붙여 자선기금을 마련했다. 코카콜라는 국제 우정의 날을 맞아서 오픈씨OpenSea라는 거래소를 통해 우정을 주제로 한 4종의 NFT를 옥션으로 판매했다. 이 NFT는 하나의 루트 박스loot box(게임 아이템 뽑기 상자 – 옮긴이)처럼 판매되었는데, 이런 방식은 유명한 비디오게임의 봉인된 미스터리 박스에서 영감을 얻은 것이다. 경매 낙찰자는 4종의 NFT를 소유하게 되었을 뿐만 아니라 코카콜라 병으로 채워진 진짜 냉장고 등의 추가 기념품도 받았다. 이는 NFT가 단순한 디지털 이미지를 넘어서 실제로 유용성이 있음을 보여주는 훌륭한 사례이다. 이 NFT 경매는 암호화폐 커뮤니티에서 대단한 반응을 불러일으켰으며, 코카콜라는 고객을 제대로 이해하는 혁신적인 브랜드라는 평가를 얻었다.[19]

조직이 메타버스 마케팅으로 더 많은 실험을 할수록 브랜드는 자신과 커뮤니티를 위한 최적의 방법이 무엇인지 제대로 이해할 수 있다. 그런 측면에서 디지털 런웨이 쇼, 쇼핑, 뒤풀이 파티, 참가자 대담을 가상의 세계로 끌어들인 메타버스 패션위크보다 메타버스 마케팅을 잘 실험할 방법이 있을까? 2022년 3월 23일부터 27일까지 디센트럴랜드에서 메타버스 패션위크가 열렸다. 4일 동안 50개가 넘는 럭셔리 디지털 브랜드가 메타버스에 발을 들여놓으며 독특한 경험을 했다.

영국의 고급 백화점 브랜드인 셀프리지는 의류 브랜드 파코라반의 고유 NFT 드레스 12벌을 전시했는데, 매장은 옵 아트Optical Art(착시 등을 이용하는 시각적인 미술-옮긴이) 운동의 개척자인 빅터 바사렐리Victor Vasarely에게 영감을 받아 꾸며졌다. 이 전시는 같은 시간 런던의 셀프리지 백화점에서 진행되는 물리적 전시회를 모방한 것이었다. 그리고 럭셔리 패션 브랜드 돌체앤가바나는 명백히 메타버스를 위해 디자인된 의상을 여러 벌 공개했으며, 고양이처럼 보이는 아바타가 그 옷을 입고 등장했다. 많은 브랜드가 패션위크의 방문자들에게 (디지털) 패션 상품을 판매했다. 타미 힐피거와 휴고(휴고 보스가 만든 Z세대 브랜드)는 웹 3.0 신생 기업인 보손 프로토콜Boson Protocol과 제휴하여 사용자가 패션위크 동안 NFT로 물리적 상품도 구매할 수 있도록 했다.[20] 그러면 사용자의 아바타가 타미 힐피거나 휴고의 옷을 입어보는 동안 집에서 물리적 상품을 받아볼 수 있었다. 이것으로 물리적 경험과 가상 경험이 하나가 된 피지털 경험이라는 훌륭한 조합을 만들어진 것이다. 패션 브랜드뿐만 아니라 화장품 브랜드인 에스티 로더 역시 합류하여, 자사의 유명 상품인 나이트 리페어 세럼을 본떠서 사용자의 아바타에 빛나는 금색 반짝이 효과를 내는 1만 개의 디지털 웨어러블을 나누어 주기도 했다.[21]

디센트럴랜드에서 진행된 이 이벤트 전체가 블록체인 기반으로 이루어졌으므로, 사용자가 구매한 NFT의 상호운용성이 보장되었다. 그러나 참석자들이 지적한 부분도 있다. 그래픽이 평균 이하였으며, 다른 디지털 패션쇼에 비해 결함이 많았다는 것이다. 이는 디센트럴랜드가 블록체인 기반이라 3D 디자인 능력에 한계가 있었기 때문이다.[22] 그러한 결함에도 불구하고 10만 명이 넘는 참석자가 디지털 패션위크에 모여들었으며, 다양한 브랜드가 메타버스 마케팅과 NFT를 독특한 방법으로 실험하는 모습을 볼 수 있었다. 올바르게 사용된다면 NFT는 환상적인 마케팅 도구이며, 메타버스 패션위크에 참여한 브랜드는 메타버스에서 Z세대 및 알파 세대와 연결되는 방법에 대한 소중한 교훈을 얻었다.

메타버스 마케팅이란 결국 스토리텔링이 있는 경험을 제공하는 것이다. 스토리텔링은 언제나 브랜드가 가야 할 길과 브랜드가 소비자와 연결되는 방식의 핵심이었다. 몰입형 디지털 환경에서 디지털 자산을 어떻게 표현하는지는 디지털 자산 그 자체만큼이나 중요하다. 디지털 세계의 무한에 가까운 가능성 덕분에 브랜드는 사람들에게 행복을 가져다줄 유일하고도 흥미로운 콘텐츠를 생성할 기회를 얻을 수 있다. 돈 드래퍼의 말을 다시 한 번 생각해보자. "광고를 구성하는 것은 단 하나뿐입니다. 바로 행복입니다." 행복은 사람들을 참여시키고 브랜드나 커뮤니티에 소속되게 만든다. 이 과정에서 브랜드 평판을 결정하고 순수익에 영향을 미치는 것은 광고 이면에 숨어 있는 생각이다.

창의성, 커뮤니티, 그리고 공동 창작

메타버스는 고객과 연결되어 상품을 판매하기 위한 뛰어난 수단이기는 하지만, 그렇다고 해서 메타버스가 브랜드로만 가득하고 모든 것이 상품화된 광고의 반이상향으로 끝나서는 안 된다. 브랜드는 무엇을 해야 하는지, 어떻게 고객과 연결될지, 그리고 어떻게 하면 기괴하게 보이지 않을지를 열심히 고민해야 한다. 물론 맥도날드, 나이키, 구찌, 코카콜라 같은 대형 브랜드는 이미 커뮤니티를 구축했으니 어렵지 않게 할 수 있는 일이다. 하지만 새로 만들어진 소규모 브랜드는 메타버스로 향하기 전에 (물론 메타버스-네이티브의 브랜드가 아닐 경우에만) 우선 커뮤니티를 구축하고 확장하는 일에 집중해야 한다.

무엇보다 브랜드는 자신의 방식으로 메타버스에 광고하는 것을 피해야만 한다. 어쨌든 웹 2.0의 광고 사례를 메타버스에 그대로 적용한다면, 차세대 인터넷은 분명 광고의 악몽이 될 것이다. 앞에서 언급했던 것처럼 사용할 수 있는 데이터의 양이 오늘날에 비해 폭발적으로 늘어나면서 훨씬 더 개인화되고 거슬리는 광고가 가상현실에서 또는 증강현실을 사용하여 소비자들이 가는 곳은 어디든 따라다니게 될 것이다. 2초나 3초만 보고 있어도 코앞에서 확대되는 광고판이나 가상현실로 볼류메트릭(동작을 캡처해서 입체 영상을 만드는 기술-옮긴이) 영화를 보는 도중에 끊임없이 감상을 방해하는 광고, 혹은 여러분이 운영하는 비즈니스를 대상으로 인간형 AI가 개인화된 광고를 가지고 끊임없이 접근해서 설득하는 몰입형 광고[23] 등에 최적화된 메타버스는 우리가 원하는 메타버스의 세계가 아니다.

물론 메타버스에도 광고는 존재하겠지만 이때의 광고는 경험과 함께해야 한다. 대화형 광고판은 포트나이트나 기타 게임을 플레이하는 동안 게임에 집중하지 못하도록 방해하고 결국 플레이어를 귀찮게 할 것이다. 반대로 브랜드 경험 또는 웬디스의 "포트나이트를 신선하게!" 같이 재미있는 게릴라성 마케팅 캠페인은 더욱 성공적일 수 있다. 기존의 웹과 마찬가지로 메타버스에도 광고를 차단하는 기능이 존재하겠지만, 모든 협찬 메시지를 차단하려면 기술이 훨씬 발전해야 한다. 따라서 가장 좋은 접근 방식은 브랜드 메시지를 (가상의) 얼굴에 들이미는 대신 특별한 경험을 제공함으로써 사용자가 관심을 보이면 거기에 따라 보상을 하는 방법

　　　　　　　　　　　　　메타버스 유토피아

이다.

브랜드가 메시지를 홍보하는 방법에 대한 흥미로운 사례로 보어드 에이프 요트 클럽과 아디다스 사이의 제휴를 이야기할 수 있다. 보어드 에이프 요트 클럽는 1만 개의 보어드 에이프 NFT 컬렉션(지루한 원숭이 캐릭터 NFT – 옮긴이)이며, 각각의 보어드 에이프의 가격은 회원 전용 혜택을 받을 수 있는 요트 클럽 회원권 가격의 두 배에 달한다. 보어드 에이프 요트 클럽은 꽤 성공적이어서 가장 비싼 원숭이인 8817번 보어드 에이프는 2021년 10월에 340만 달러에 판매되었다.[24] JPEG 파일이 그렇게 비싼 이유 중 하나는 효용성이 함께 제공되기 때문이다(다른 이유로는 NFT의 새로움과 유명한 소유자 등이 있다). 더 중요한 것은 대부분의 NFT와 달리 이들은 소유자에게 보어드 에이프를 현금화할 저작권을 준다는 사실이다.

7장에서 다루겠지만 소수의 NFT만이 저작권을 가지며, 소유자는 종종 JPEG 파일이 위치한 장소를 가리키는 토큰만 구매할 뿐이다. 결과적으로 여러 개의 보어드 에이프를 가진 소유자들은 이미 자신들의 원숭이를 현금화했으며, 거기에는 셀린 조슈아와 지미 맥닐(NFT 투자자들 – 옮긴이)이 유니버설 뮤직 그룹과 협업하여 만든 보어드 에이프 요트 클럽의 밴드가 포함되어 있다. 이 밴드의 이름은 '킹십KINGSHIP'으로, 밴드에 소속된 네 마리의 보어드 에이프가 새로운 음악과 NFT 팬 수집품, 커뮤니티 기반 상품을 만들어 낼 것이며, 아티스트와 팬을 연결시켜줄 여러 경험을 출시할 것이다.[25]

비슷한 시기에 아디다스 역시 보어드 에이프를 구매하며 NFT

세계에서 가장 잘 알려진 유명인들과 제휴를 맺기 시작했다. 아디다스의 옷을 입은 보어드 에이프로 아디다스는 업계에서 가장 창의적인 브랜드로 자리 잡았다.[26] 아디다스는 이러한 디지털 의류를 NFT로도 사용할 수 있게 만들었고, 소유자의 디지털 상품과 일치하는 물리적 대응품 또한 제공했다. 또한 아디다스는 샌드박스에 있는 디지털 본사 역시 디지털 스포츠 의류를 NFT로 판매하는 코인베이스Coinbase와 제휴를 했다고 발표했다.[27] 아디다스는 이 캠페인을 '메타버스 속으로'라고 불렀는데, 이를 통해 상품과 고객이 만나는 다양한 접점을 조합하여 미디어의 주목을 끌었고, 끌면서 혁신적인 기업으로 자리매김했다.

물론 아디다스가 메타버스에 발들인 유일한 스포츠 브랜드는 아니다. 나이키 역시 깊은 고민 끝에 메타버스를 수용했다. 나이키는 물리적 상품과 연결되는 완전 몰입형 디지털 경험을 만드는 것으로 시작했다. 2021년 2월 4일부터 11일까지, 나이키의 뉴욕 플래그십 스토어인 나이키 하우스 오브 이노베이션Nike's House of Innovation을 방문하는 고객은 가상으로 만든 오리건주의 스미스 락 주립공원을 체험할 수 있었다. 이 경험은 지오펜싱geofencing(실제 위치 정보를 사용하여 가상의 구역을 만드는 기술-옮긴이)을 사용하는 나이키 건물 내부로 제한되었으나, 방문자는 휴대폰을 사용하여 증강현실을 경험할 수 있었다.[28] 그 장소 안에서 고객의 호기심을 불러일으키기 위한 활동이 최대한 양방향으로 흥미진진하게 이루어졌으며, AR 및 QR 코드 스캔을 통해 디지털 방식으로 이야기를 하고 전달할 수 있게 구성되었다.

같은 해 말 나이키는 로블록스에 나이키랜드라는 가상의 본사를 오픈하며 이 이벤트를 한 단계 끌어올렸다. 이로써 나이키 팬들은 가상 경험을 통해 서로의 경험을 연결하고 창작하며 공유할 수 있고, 가상 세계에서의 경쟁도 할 수 있게 되었다. 나이키는 현실 세계의 나이키 본사에서 영감을 받아 회사의 초기 경험을 기반으로 하여 물리적 세계와 디지털 세계를 아우르는 세계를 만들어냈다. 사용자들이 현실 세계에서 달리기를 하면 그들의 물리적 활동이 로블록스 게임 내에서 독특한 동작으로 변환된다.[29] 당연히 사용자들은 로블록스 아바타를 위해 디지털 나이키 상품을 구매할 수도 있다. 이런 방법은 특히 2021년 말 나이키가 가상 운동화 제조회사인 RTFKT를 인수하며 더욱 활성화되었다.

이번 장에서 살펴보았듯이 초기에 메타버스를 받아들이고 메타버스 커뮤니티와 협력한 브랜드는 성과를 얻거나 적어도 미디어의 시선을 끌 수는 있었다. 마케팅의 미래는 다양한 커뮤니티와 가상 세계를 포용하고 그 이야기들을 특별한 내러티브로 통합하는 스토리라인을 창작하는 데에 있다.

메타버스는 결국 창의성과 커뮤니티, 공동 창작의 문제이다. 앞서 포에버21과 패브리컨트 스튜디오가 했던 것처럼, 제품 창작 과정에 고객을 참여시켜서 브랜드가 더 강력한 충성도와 참여도를 기르는 데 도움을 줄 수 있다. Z세대와 알파 세대가 기대하는 브랜드는 커뮤니티의 일부가 되어 그 커뮤니티를 통제하지 않고 일방적인 광고가 넘치도록 만들지 않는 브랜드이다. 이는 조직이 소비자에게 다가갈 때 남들과 다르게 생각해야만 하는 다중 레이어 접근 방식이라고 할 수 있다.

　메타버스에서는 모든 브랜드가 마케팅 활동을 재고해야 하며 그러지 않을 경우 축음기처럼 역사 뒤로 사라지는 위험을 감수해야 한다. 그러므로 브랜드는 광고를 보여주는 데 비용을 지불하는 대신, 그 돈을 커뮤니티와 관계를 형성하는 기회를 얻는 데 사용해야 한다. 독특한 브랜드 경험, 즉 효용성을 제공하고 물리적 경험을 디지털 세계로 확장하며 반대 경우에도 동일한 작용을 하는 브랜드 경험을 공동 창작하고 참여하며 확립하기 위해서이다. 그러기 위해서는 브랜드와 고객 모두의 노력이 필요하며, 자신의 고객을 창작 과정에 포함시키는 브랜드가 승자가 될 것이다.[30]

Chapter 6

디지털화를
꿈꾸는 뉴노멀 시대

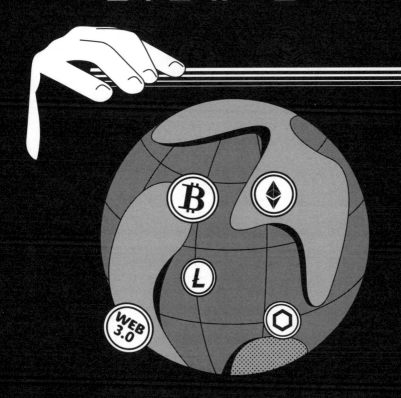

변화하는 세계

팬데믹이 세상에 공포와 분노, 절망과 슬픔을 가져오는 동안 우리의 일자리에도 급격한 변화가 있었다. 봉쇄 조치가 전 세계로 번지자마자 모든 산업이 사실상 하룻밤 사이에 원격 협업으로 전환되었고, 초반의 충격이 가신 후에는 놀랍게도 그럭저럭 세계 경제가 버틸 수 있었다.

많은 이에게 재택근무는 뉴노멀이 되었다. 회의와 행사는 물리적 세계에서 디지털 세계로 장소를 바꾸었다. 어느 순간 직원들은 줌이나 팀즈로 사내 적응 교육을 받아야 했고, 투자는 창업자를 직접 만나보지도 못하고 이루어졌으며, 연례 총회는 디지털 영역으로 자리를 옮겨야만 했다. 많은 밀레니얼 세대와 베이비부머 세대에게 이런 현상은 완전히 새로운 경험이었지만, Z세대와 알파 세대에게 가상으로 연결되는 일 정도는 일상적인 것에 불과했다.

이들은 디지털 세계에서 성장해왔고, 로블록스, 마인크래프트, 포트나이트와 같은 폐쇄형 가상 세계에서 사교 활동을 하고, 상호작용을 하고, 거래를 하고, 놀고, 파티를 즐기고, 연인을 만나고, 일하고, 실험을 하고, 참석하고, 협업하며 자라났다. 앞으로는 이들 세대 중에서 특히 Z세대가 노동 시장에 뛰어들 텐데, 그들이 기대하는 일자리는 전혀 다른 방식이다. Z세대는 좁은 사무실로 9시에 출근하고 6시에 퇴근하는 직장을 받아들이지 않을 것이다.

2021년 5월 팬데믹이 한창이던 어느 날, 앤서니 클로츠Anthony Klotz는 '대퇴사의 시대The Great Resignation'라는 용어를 처음 사용했다.¹ 텍사스 A&M대학교의 경영대학원 부교수인 앤서니 클로츠는 자신의 연구에서 팬데믹이 사람들로 하여금 자신의 삶을 되돌아보게 만들었다는 사실에 주목했다. 더 많은 사람이 가족과 함께하는 시간을 소중하게 여기고, 원격 근무의 장점을 깨닫고, 통근시간을 줄이고, 진정으로 좋아하는 일에 집중하는 능력이 중요하다고 생각하기 시작한 것이다. 디지털로 진행되는 근무 환경 덕분에 자기 삶의 방식을 스스로 통제할 수 있게 되었음을 깨달은 밀레니얼 세대는 디지털 업무 환경의 필요성이라는 측면에서 Z세대와 의견을 같이했다.

이러한 깨달음은 여전히 진행 중인 팬데믹 상황과 결합하여 더 많은 사람이 자신의 열정을 따르기로 마음을 먹는 계기가 될 것이다. 현재의 직장을 그만두고 새로운 일을 구하는 사람은 더 이상 생활 반경이라는 지리적인 제약에 얽매이지 않는다. 이는 구직자의 입장에서는 꽤 좋은 상황인데, 갑자기 기회의 폭이 넓어졌기 때문이다. 이런 상황은 원격 근무를 완전하게 수용한 조직에도 똑같이 적용된다. 기업 역시 지금보다 훨씬 크고 세계적인 인재 풀에서 직원을 선발할 수 있게 된 것이다. 기업은 세계 곳곳에서 더 많은 직원을 찾아낼 수 있고, 심지어 어떤 업무는 계속해서 발전하고 있는 AI나 로봇으로 직원을 교체할 수 있다. 그럼에도 불구하고 재능 있는 개인들을 계속 끌어오려는 조직은 그들의 문화와 업무 관례를 바꿀 필요가 있다.

지리적 한계에서 벗어나게 되면서 고용인은 더욱 선택적으로 변할 수 있으며 전례 없는 디지털 노마드digital nomad (디지털 유목민)의 생활방식을 받아들일 수 있다. 특히 암호화폐가 향후 10년 동안 대세가 된다면, 디지털 노마드는 세계 어디서든 암호화폐로 즉각 임금을 지급받을 수 있다. 재미있는 사실은, 만약 어떤 디지털 노마드가 미국이나 영국에서 급여를 받지만 개발도상국에서 살고 있을 경우 그 사람은 수십 명의 관광객보다 그 나라에 더 큰 도움이 될 것이라는 점이다. 늘 그렇듯 관광객은 많은 문제를 일으키고 겨우 며칠의 여행 기간 동안 정해진 돈만 쓰고 돌아간다. 원격 근무를 하는 데에는 장점이 많지만 그런 생활 방식을 선택하는 사람들이 적은 원인은 바로 친구와 가족을 잃을지도 모른다는 두려움이 있기 때문이다. 그러나 이 문제는 몇 년 안에 바뀔 것이다.

메타버스가 태동함에 따라 원격 근무를 위한 기술은 더욱 발전하여 직관적이 되며, 협업에 익숙해지고, 디지털 하이웨이를 통해 현재의 줌이나 팀을 사용하는 것보다 훨씬 편안하게 친구 및 가족과 어울릴 수 있게 될 것이다. 기술이 향상되면 어디서든 일할

메타버스 유토피아

수 있는 업무 방식이 (부분적으로는 혼합된 형태로) 재택근무를 대신할 것이다. 우선은 새로운 패러다임에 이미 익숙해진 지식 근로자에서부터 시작하여, 추후에 디지털 트윈과 가상 및 증강현실 도구가 충분히 발전해 멀리 떨어진 열대의 섬에 살면서 수소 발전소나 공장 전체를 원격으로 원활하게 운영할 수준이 되면, 발전소의 운영 직원에까지 이런 근무 형태가 확대될지도 모른다. 물론 편안한 해변 의자에 앉아 석양을 바라보며 일하는 삶을 누리기 위해서는 먼저 기업이 사고방식과 문화를 바꾸고 '여기서만 일해야 한다'는 업무 방식을 포기해야 한다.

모든 조직은, 심지어 구식 패러다임을 고수하는 조직이라도 변화하지 않으면 미래의 노동 인력을 얻을 수 없을 것이다. 우리는 전 세계 고용 형태의 지각변동을 눈앞에 두고 있다. 대퇴사의 시대를 기점으로 사람들이 더 많은 자율권을 얻게 되면, 그들은 노동으로 돈을 벌기보다 언제 어디서든 놀면서 돈 버는 일을 선택할지도 모른다. 여러 기업을 설립한 기업가이자 유명한 디지털 노마드로 잘 알려진 피터 레벨스Pieter Levels는 2035년까지 10억 명의 디지털 노마드가 생겨날 것이라고 예측했다. 이는 6G와 초음속 여행처럼 기하급수적으로 발전하는 기술 덕분이다.[2] 10억 명이라는 디지털 노마드의 숫자가 너무 많게 느껴지겠지만, 우리는 앞으로 몇 년간 그들이 증가하는 모습을 분명히 목격할 것이다.

코로나19에서 벗어나 예전처럼 원활하게 여행할 수 있게 되면 어디서든 일할 수 있는 업무 방식이 우리의 여행 방식과 생활방식은 물론이고 일하는 방식까지 바꾸어놓을 것이다. 게다가 메타버스가 가동되기 시작하면 디지털 협업 도구를 사용한 원격 근무가 사무실 근무만큼이나 자연스러워질 것이다. 발전된 AR 헤드셋과 AR 안경으로 하이브리드 회의를 열고, 직접 회의에 참석한 사람의 AR 안경에 가상현실과 연결된 동료가 홀로그램 영상으로 나타나 함께한다. 그와 동시에 4장에서 설명했던 인텔 트루 뷰 기술의 미래 버전을 통해 회의에 직접 참여한 직원의 동작과 얼굴 표정까지 포함하는 극사실주의 아바타가 가상현실에 매끄럽게 복제되어 과거의 물리적인 회의를 흉내 낸 하이브리드 협업을 할 수 있게 될 것이다. 이제 기업형 메타버스와 일자리의 미래에 대해서 이야기해보자.

몰입형 일자리의 미래

엄밀하게 말하면 기업형 메타버스는 올바른 용어가 아니다. 1장에서도 밝혔지만 결국 메타버스는 하나뿐이다. 이 용어를 사용하기로 한 이유는 소비자가 재미와 놀이, 쇼핑과 오락을 위해 이용하는 메타버스와, 조직이 시공간을 넘나들며 작업하고 협업하기 위한 메타버스 사이의 차이점을 보여주기 위해서이다.

메타버스 속의 모든 오락거리는 소셜 미디어보다 훨씬 더 우리의 엔도르핀을 자극하고 도파민을 치솟게 만든다. 그것이 좋든 나쁘든, 기업 버전의 메타버스는 실제로 일을 더 재미있고 효율적으로 만들 수 있다. 사실 기업의 관점에서 우리는 이미 메타버스 버전 0.1 속에 살고 있는 셈이다. 물리적 세계와 디지털 세계를 통합하는 줌과 팀을 사용하고, 슬랙Slack(기업용 메시징 플랫폼)과 미로 Miro(협업 플랫폼) 등의 협업 도구로 디지털 협업을 수행하고 있기 때문이다. 여기에는 줌 피로 증후군과 같은 새로운 현상도 포함된다. 줌 피로 증후군이란, 모니터 사용 시간의 증가와 늘어난 인지적 업무의 양, 제한된 신체 이동 및 실시간 카메라 영상에 끊임없이 자기 모습을 시각화하며 느끼는 자기 평가 때문에 발생하는 피로함을 의미한다.[3] 그러나 이런 메타버스는 물리적 세계와 디지털 세계의 완전한 융합이 아니라 두 세계의 현실을 엿보는 창문에 불과하다. 어느 쪽도 몰입형 경험을 제공하지 않기 때문이다. 비록 줌과 마이크로소프트가 몰입형 가상 경험을 공언하기는 했지만, 오늘날 사용할 수 있는 도구를 보면 대부분이 3D와 같은 몰입형이 아닌 평면적인 2D이다.

조직이 활성화된 메타버스를 받아들이면, 증강 직원(직원이 업무를 수행하는 방식을 개선하기 위해 기술을 사용하는 것–옮긴이)이 대세가 될 것이다. 지금 우리는 변곡점에 서 있다. 증강 직원이 일반화되기 시작할 것이고, 증강 직원은 가상현실과 증강현실 등의 몰입형 기술, 특히 인공지능과 로봇공학, 디지털 트윈과 같은 다양한 몰입형 기술의 혜택을 누릴 것이다. 따라서 증강 노동력이란 인간 노동자와 기술이 더 나은 결과를 위해 원활하게 협력하는 조합이라고 할 수 있다.[4] 결과적으로 미래의 업무 방식이 더욱 효과적이고 능률적으로 변함에 따라 더 적은 수의 직원이 같은 업무량을 소화할 수 있게 될 것이다. 대개 위기가 휩쓸고 지나가면 후유증이 남듯이, 팬데믹 때문에 증폭된 위기가 끝나고 비즈니스가 정상으로 돌아오면 경제 생산은 회복되겠지만 해고된 사람들은 다시 고용되지 않을 것이다.[5] 다시 말해 회사는 다른 방법을 찾아 생산력을 회복하고 갈수록 인간 대신 기술에 의존하게 되는데, 현재는 대퇴사의 시대라는 흐름 속에서 이런 현상이 더욱 가속화하고 있다.

하지만 증강 노동력은 다른 문제이다. 이는 기술이 인간의 노동력을 완전히 대체하는 것과는 다르다. 수년 내로 공장, 소매, 농업, 여행업, 그리고 서비스 지향적 산업에 투입되어 작업하는 로봇이 폭발적으로 증가할 것이다. 예를 들어 2022년 초반, 농기계 제조업체인 존 디어John Deere가 세계 최초로 대량 작업을 위한 완전 자율주행 트랙터를 발표했는데, 한번 트랙터의 기능을 설정하면 농장 일은 잊어버려도 된다고 약속하며 농작물을 재배하는 방식을 바꿔버렸다.[6] 이미 몇 년간 자동화 및 로봇공학은 제조업, 가공업, 에너지와 광산업을 포함한 여러 산업을 변화시켜왔지만, 팬데믹 위기는 더 많은 자동화를 위한 기폭제가 될 것이다. 봉쇄 조치로 인하여 조직이 비즈니스를 유지할 다른 방법을 찾아야 했기 때문이다.

팬데믹 발생 후 겨우 몇 달 만에 중국 회사들은 직원 대신 로봇으로 비즈니스를 재개할 방법을 모색하기 시작했다.[7] 로봇은 아플 일이 없으며, 24시간 일할 수 있고, 사회적 거리두기를 할 필요도 없다. 디지털 전환이 극단적으로 이루어짐에 따라 점점 더 완전 자동화된 공장이 많이 생길 것이다. 이런 공장은 완전한 자동 시스템을 갖추고 있으며, 제조 과정에 인간이 포함되지 않아 불을 켤 필요가 없기 때문에 어두운 공장으로도 불린다. 이런 공장을 건설하는 데는 많은 비용이 들지만, 인간 노동자에게 들어가는 임금이 없기 때문에 일단 가동하기 시작하면 막대한 수익을 얻을 수 있다.[8] 어두운 공장을 가동하기 위해서는 발전된 디지털 트윈이 필요하다. 이는 비록 폐쇄적이고 보안 처리되어 있기는 하지만 그런 공장 역시 메타버스의 일부라는 뜻이다.

어두운 공장도 미래의 일자리라고 할 수는 있으나, 메타버스는 브레인스토밍, 회의, 디자인, 공동 창작 등으로 인간(그리고 AI)과 협업할 때 가장 많은 기회를 제공한다. 가까운 미래에는 만화영화처럼 다리가 없는 아바타들이 가상현실 속에 모여서 협업의 대부분을 수행할 것이다. 팬데믹 이후에 일부 회사는 하이브리드 형태의 재택근무로(예를 들어 3일은 출근하고 2일은 재택근무를 하는 형태) 전환했다. 하지만 기술이 충분히 발전하여 극사실주의적 하이브리드 형태의 디지털 경험이 가능해지면, 더 많은 지식 노동자가 풀타임으로 근무하되 근무지가 자유로운 직장에 관심을 가질 확률이 높다.

이미 가상현실로 전환을 마친 회사 중의 하나가 호주의 마케팅 대행사인 인 마케팅 위 트러스트In Marketing We Trust이다. 100퍼센트 원격 근무 회사가 된 이곳의 직원들은 14국에 거주하고 있다. 2021년 코로나19 때문에 두 번 연속 연례모임을 취소하고 나서, 회사는 전 직원에 VR 헤드셋을 제공하고 VR에서 회의를 진행하기로 결정했다. 회사의 창립자인 폴 휴잇Paul Hewett은 이 기업의 회의에 항상 세 가지 목표가 있다고 설명했다. 모두가 서로를 알아가고 더 좋은 성과를 내기 위해 학습 경험을 만들고, 사람들과 문화적 경험을 나누며, 서로를 즐겁게 만들어주는 것이다. 그리고 이 세 가지 목표는 가상 세계로 옮겨졌다. 그들은 서로에게서 배우기 위해 페이스북의 호라이즌 월드에서 회의와 프레젠테이션을 하고, 렉 룸 Rec Room(VR 게임 플랫폼 - 옮긴이)에 들어가서 함께 휴식하며 VR 게임을 즐겼다. 이렇게 모두가 가상현실에서 보낸 3일은 독특한 문화적 경험이 되었다. 전 직원은 자신만의 아바타를 만들었고, 공간 음향을 사용하며 물리적인 세계에서 했던 그대로 다양한 활동을 할 수 있었다. 폴 휴잇에 따르면, 이런 이벤트는 온라인 회의에서 흔히 겪는 줌 피로 증후군 없이 깊게 몰입할 수 있는 흥미로운 경험이었다.

3일 동안의 가상 회의에서 직원들이 배운 것 중 하나는 가상현실에서 아바타로서 서로 연결되면 인간으로서도 연결될 수 있다는 사실이었다. 한 가지 부족한 점도 있었다. 식사를 함께하는 일처럼 인간적인 부분이 그랬다. 회사에서 모두를 위해 저녁식사와 음료를 주문해주었지만, 기술이 크게 발전하여 홀로그램 레스토랑을 이용할 정도가 아니라면 가상에서보다는 물리적으로 함께하는 식사가 더 낫다. 전반적으로 이벤트는 큰 성공이었고 이제는 그들의 전략 세션 역시 가상 세계로 옮겨갔다.

아직 메타버스의 많은 부분이 건설 단계에 있지만, 폴의 마케팅 대행사는 몰입형 기술의 잠재력을 보여주었다. 직원들의 거주 지역에 관계없이 조직은 서로 협업하고 긴밀하게 연결될 수 있었다. 2018년 캡제미니 Capgemini(글로벌 컨설팅 및 아웃소싱 회사-옮긴이)의

보고서에 따르면, 업무 환경에서 가상현실이나 증강현실을 구현하고 있는 10개 회사 중에서 8개 회사의 운영 이익이 기대치를 넘어섰다고 한다. 이런 기술을 일찍 수용했던 얼리어댑터 회사들은 평균적으로 효율성이 57퍼센트 증가하고 안전성이 55퍼센트 증가했으며, 생산성이 52퍼센트 증가했고 조직의 복잡성은 47퍼센트 줄어들었다.[9] 이는 팬데믹 발생 몇 년 전의 결과이며, 이후로 기술이 훨씬 더 발전했음은 말할 것도 없다.

예를 들어 이제 우리는 가상현실을 사용해서 다른 차원의 브레인스토밍을 할 수 있다. 네오스VRNeosVR(대규모 멀티플레이어 온라인 가상현실 메타버스 – 옮긴이)은 사용자가 실제로 만들고 있는 마인드 맵에서 사용할 수 있는 가상현실용 마인드 매핑 도구를 만들었다. 전통적인 마인드 매핑은 이미 학습과 기억력을 15퍼센트까지 끌어올릴 수 있다.[10] 실제 마인드 맵 내부에 있다고 상상해보자. 가상현실 마인드 매핑 도구를 이용하면 비디오와 오디오 파일, 사진과 프레젠테이션 등 다양한 매체를 자신의 마인드 맵 안에 가지고 들어와서 가상의 마인드 맵을 확장해나갈 수 있다. 3D 디지털 협업 공간에서 작업하면 완전히 새로운 업무 방식과 협업 방식을 사용하게 된다. 비록 호라이즌 워크룸이나 글루Glue의 화이트보드(가상 협업을 위한 대화형 전자 칠판 – 옮긴이) 사용방법을 빠르게 익혀야 하지만, 이러한 몰입형 도구를 사용하면 더 영리한 방법으로 브레인스토밍을 하고 문제를 해결할 수 있다. 새로운 기술을 배워야 한다는 부담이 있기는 해도 일단 숙련되면 2D 미로 보드Miro board(온라인 2D 협업 도구 – 옮긴이)보다 훨씬 직관적으로 사용할 수 있으며, 특히 동료들이 지리적으로 멀리 떨어져 있을 경우에 유용하다.

몰입형 마인드 맵은 브레인스토밍 세션에 도움을 주지만 가상 현실에서 사용할 수 있는 무한한 공간이야말로 상당한 장점이 될 수 있다. 원격 근무 추세가 이어지면서 전 세계 거대 조직이 대도시 중심가의 값비싼 사무실을 폐쇄하거나 규모를 축소하고 있으며, 그에 따라 세계적인 대도시들의 중심 상업 지역의 생계에 직접적인 영향을 미칠 수 있다. 멀지 않은 미래에 VR 헤드셋과 AR 안경의 기능 및 편의성이 빠르게 향상되며, 직원들이 가상 업무 공간을 실행하거나 가상 사무실로 순간 이동할 수 있을 것이다. 사람들은 함께 있으면서도 분리될 수 있다. 잠시 집중할 시간이 필요하다면 버튼을 누르고 방해 금지 영역을 활성화해서 동료들과 서로 볼 수 있으면서도 방해받지 않도록 설정할 수 있다.

미래의 가상 사무실에서는 직원들이 노트북 한 대 혹은 물리적 책상 위의 모니터 두 대가 아니라, 모니터나 화이트보드를 무제한으로 사용해 무한한 가상 공간에서 일하게 된다. 앞으로 10년 안에 VR 헤드셋은 지금보다 훨씬 높은 해상도를 자랑하며 착용하기 쉬워지고 사용자의 피로감도 줄어들 것이다. 그러면 노트북이 없더라도 간단히 가상현실과 증강현실의 업무 공간을 실행해서 어디서든 일할 수 있다. 초반에는 누군가가 허공에 대고 보이지 않는 키보드를 열광적으로 두드리고 공중에 손을 휘저으며 작업을 정리하는 모습이 굉장히 이상하게 보일지 모른다. 하지만 우리는 모든 사람이 스마트폰을 보면서 별 생각 없이 스크롤을 넘기는 모습에 이미 익숙해져 있지 않은가. 심지어 어떤 이는 다른 사람들과

술을 마시면서도 스마트폰을 놓지 않는다. 나는 정확히 그런 모습으로 일하는 사람들이 조만간 카페에 넘쳐나리라 확신한다.

메타버스에서는 어디에나 직원이 있을 수 있다. 디지털 공간이든 물리적 공간이든 동일한 사무실과 회의실, 아니면 회사의 가십을 떠들어대는 사람들을 위한 탕비실까지 모든 곳에 있다. 미래의 일터는 몰입형이고 메타버스는 변치 않는다. 마치 물리적 사무실처럼 디지털 사무실이 메타버스에 존재하고, 일을 하려면 사무실에 들어가야 한다는 것도 같다. 그런데 구할 수 있는 일자리의 종류가 달라지듯 그런 직원을 채용하는 방식도 당연히 극적으로 바뀔 것이다.

메타버스에서 취직하기

오늘의 로블록스 및 마인크래프트의 빌더builder(여기서는 메타버스 세상을 만들고 꾸미는 건축가를 의미함-옮긴이)가 내일의 대학생이나 노동력으로 성장하면, 이들은 아날로그를 디지털로 바꾸는 데 일조했던 일부 밀레니얼 세대와는 근본적으로 다른 사고방식과 기술적인 역량을 갖게 될 것이다. 원하는 시간에 원하는 곳에서만 일하고 싶어 하는 건 당연하고, 몇 년에 걸쳐서 다 같이 디지털 세계를 탐험하고 즐기고 창조해온 경험 덕분에 많은 이들이 협동정신과 문제 해결 능력, 창의적인 역량을 갖추게 될 것이다. 다행히 기술 융합으로 자신이 잘하는 일에만 집중할 수 있게 되면서 우리의 업무 방식도 달라질 것이다. 다시 말해, AI가 지루하고 반복적인 임무를 맡는 동안 인간은 창의적인 방법으로 함께 문제를 해결할 수 있다.

가상 세계와 증강현실의 경험 속에서 성장한 메타버스-네이티브는 몰입형 인터넷의 잠재력을 완전히 인식하고 있으며, 유연한 업무 방식을 기대한다. 그러니 Z세대 인재를 고용해야 한다면 그들이 익숙하게 여기는 가상 세계에서 만나보는 것도 좋은 방법일 것이다. 삼성과 현대가 이미 그렇게 하고 있다. 2021년 여름, 현대는 개더타운Gather Town에서 채용설명회를 진행했다. 개더타운이란 화상회의 웹 플랫폼의 역할을 할 수 있는 톱다운 방식의 비디오 게임(위에서 내려다보는 방식의 게임 - 옮긴이)이다. 또한 현대는 신입사원 환영 행사를 제페토에서 열기도 했다. 여기서 제페토는 모바일 기기를 통해 접속할 수 있는 가상 세계인데, 주로 아시아에서 활발하게 사용되며 1억 5,000만 명의 사용자를 가지고 있다. 이 환영 행사는 신입사원들이 서로 친밀감과 유대감을 쌓을 수 있도록 기획되었으며, 코로나19 때문에 첫 직장을 원격 근무로 시작해야 하는 신입사원들에게 좋은 반응을 얻었다.[11] 삼성전자는 개더타운 플랫폼에 잠재적 구직자와 인사 담당자를 함께 불러 모아서, 그들의 아바타들이 서로 만나고 어울리며 회사에서 일한다는 것이 무엇을 의미하는지 배울 수 있도록 했다.[12]

가상 채용설명회와 환영 행사 프로그램은 메타버스에서 HR만의 활동은 아니다. 해당 기업이 활발하게 사용할 플랫폼에서 미래의 직원을 채용하는 일은 매우 유익한 일이다. 아트 디렉터인 리처드 첸Richard Chen(암호화폐 예술품 제작자-옮긴이)은 2021년 11월 3,000 NFT에 달하는 그의 스페이스 버그Space Bugs 아트 프로젝트를 6시간 만에 매진시켰는데, 그의 커뮤니티 담당자 25명은 모두 디스코드, 텔레그램, 클럽하우스 같은 플랫폼 출신이었다.[13] 이밖에도 가상 플랫폼을 통한 채용으로 다양한 인재를 찾을 수 있다. 메타버스에서는 아바타를 통해 원하는 무엇이든 될 수 있으므로, 고용 담당자의 편견이 줄어들고 배경, 종교, 인종이나 면접 때의 모습으로 사람들을 판단할 일이 적어진다.

고용된 직원에게도 교육이 필요하다. 4장에서 다루었던 것처럼 교육은 가상현실에서 하나의 킬러 애플리케이션(등장하자마자 시장을 지배할 만큼 성공한 프로그램 – 옮긴이)이다. 가상현실 교육은 새로운 직원들을 가상의 위험과 스트레스에 노출시킴으로써 안전 표준 및 필수사항을 가르치거나, 복잡한 장비의 사용방법을 가르치는 효과적인 해결책이 될 수 있다. 물론 그다지 새로운 방법이라고는 할 수 없다. 항공사들은 이미 수년 전부터 비행 시뮬레이터를 사용해왔기 때문이다. 그러나 헤드셋의 가격이 떨어지면서 이제는 모든 회사가 이런 방법을 사용할 수 있게 되었다. 예를 들어 패스트푸드 체인점인 KFC는 가상현실 방 탈출 게임을 만들어서 10분 만에 신규 직원에게 치킨을 튀기는 기본적인 방법을 교육하는데, 이런 재미있는 경험을 통해서 직원이 해당 임무를 숙달하는 데 걸리는 시간을 50퍼센트나 단축할 수 있었다.[14]

이러한 사례가 아니더라도 가상현실 교육은 직원이 민감한 장비를 다루거나 섬세한 작업을 하는 동안 도움을 줄 수 있다. 그리고 촉감 반응, 적절한 접지 및 동작 데이터를 정밀 VR 및 AR 교육과 통합하면 외과의사의 수술 실력 향상에 큰 도움이 될 것이다.[15]

기업형 메타버스의 단기적인 효과로 회사는 새로운 방식을 사용해 직원들의 흥미를 끌고, 그들을 고용하고, 교육할 수 있다. 그리고 장기적으로 보면 물리적 세계와 디지털 세계가 하나로 합쳐지며 새로 다양한 직업이 생겨날 것이다. 인터넷이 시작되었을 때는 예상하지 못했던 새로운 직업 기회가 인터넷과 소셜 미디어를 통해 탄생했듯이, 메타버스는 어마어마하게 많은 새로운 직업을 창출해낼 것이다. 예를 들면 다음과 같은 직업을 생각해볼 수 있다.

- 고유의 가상 세계나 실제 도시의 디지털 트윈을 찾아 탐험할 수 있게 도와주는 가상 여행사와 디지털 투어 가이드
- 2D 및 3D 가상 세계에서 소비자와 소비자의 아바타에 가장 잘 어울리는 의상을 찾아주는 가상 쇼핑 도우미
- 메타버스에서 필요한 것은 무엇이든 찾아주고, 가상 이벤트에 참석할 수 있게 도와주는 디지털 고객 서비스 대행사
- 아바타를 위해 최신의 다이내믹한 디지털 패션 아이템을 디자인해줄 아바타 패션 디자이너
- 사람들이 메타버스에서 잘못된 행동을 하지 않도록 막아주는 메타버스 보안요원(이는 8장에서 다룰 내용이다.)
- 다양한 가상 세계를 위한 건물을 개발하거나 물리적 세계에 고객들의 집을 설계하고 지어줄 3D 가상 건축가
- 대규모 양방향 실시간 이벤트가 특별한 청각 경험이 될 수 있도록 도와줄 공간 음향 엔지니어
- 메타버스 내부에서 활동하는 몰입형 스토리텔러와 메타버스 기자

- 유명한 디즈니 캐릭터와 비슷하지만 가상 세계에만 존재하는 3D 가상 연예인

    물론 이런 직업은 우리가 예상할 수 있는 것의 일부에 불과하며, 변화의 시기에는 항상 그렇듯이 아직 예상하지 못한 다른 많은 직업도 출현할 것이다. 하지만 대부분의 직업은 가상의 영역에서만 존재하는 직종이라 원격으로 근무하고 단순히 헤드셋만 쓰면 출근할 수 있다. 이렇게 많은 장점이 있는 반면에 직원이 불리한 입장에 놓이기도 하는데, 노조를 조직할 수도 없고 프리랜서가 아닌 직원으로 대접받기도 어려울 것이다. 바로 우버 운전기사와 음식 배달원이 이런 경우에 해당한다. 특히 메타버스에만 존재하여 국경을 초월하는 조직이나 행정적인 본사가 규정이 엄격하지 않은 나라에 명의로만 존재하는 회사에서 일할 때 더욱 불리할 수 있다.

어떻게 준비해야 할까

    완벽하게 몰입되는 원활한 디지털 업무 환경이 가능해지려면 수년이 걸릴 수 있지만, 하이브리드 업무 환경의 기회를 오늘부터 찾지 않으면 장기적으로 불리한 상황에 놓일 가능성이 있다. 대부분의 대형 브랜드가 당연히 실수를 저지르면서도 메타버스를 탐험하고 있듯이, 우선 기업형 메타버스가 자신의 비즈니스에 어떤 이익을 줄 수 있을지 살펴보는 것이 현명하다.

    메타버스를 탐색하려는 조직은 작은 실험부터 시작하는 것이 좋다. 그런 실험에는 가상 채용 설명회나 가상 본사 재현 또는 호

라이즌 월드, 마이크로소프트의 팀, 알트스페이스VR 같은 가상 플랫폼을 사용한 가상현실 회의 및 이벤트 등이 있다. 이런 실험을 통해 조직은 어떤 방식이 자신과 어울리는지 빠른 속도로 깨달을 수 있다. 결국 몰입형 기술을 받아들이고 누구나 어디에서든 원할 때 일할 수 있는 메타버스를 만들려면 문화가 바뀌어야 한다. 메타버스가 전 세계 사람의 업무를 더욱 유연하고 포용적이며 접근하기 쉽게 만들 수 있는 특별한 기회를 제공하면서 직업 만족도가 높아지고 작업 결과물이 증가하겠지만, 그렇게 되기까지 시간이 걸릴 뿐만 아니라 관련된 직원들의 상당한 노력도 필요하다.

　앞으로 디지털 도구가 더욱 몰입형으로 발전하여 차세대 VR 헤드셋과 AR 안경의 기능을 최대한으로 이용할 수 있을 때, 오늘날의 2D 협업 도구와 가상 세계를 되돌아보면 마치 원시시대처럼 보일지도 모른다. 마치 우리가 1990년대의 첫 번째 웹사이트나 2008년의 첫 번째 앱을 보고 그 어설픈 모습에 웃음이 터지는 것과 같다.

디지털 트윈

저커버그가 회사를 메타버스에 다시 집중하겠다고 발표하며 메타버스에 일반 대중의 이목이 집중되자, 산업체들은 메타버스에 대해 이야기하기를 꺼리기 시작했다. 페이스북과 관련되고 싶지 않았던 것이다. 하지만 메타버스가 단지 소비자와 연결하거나, 좋아하는 게임을 하거나, 비즈니스 및 협업을 하기 위한 플랫폼만은 아니다. 메타버스는 디지털 세계 내에 물리적 세계를 모방하는 것이기도 한데, 이것은 물리적 세계를 최적화해주는 가상현실이나 증강현실을 사용하여 경험할 수 있다. 사실 디지털 트윈은 메타버스 구성요소의 일종이라고 할 수 있으며, 물리적 세계를 증강하여 디지털 영역에서 접근할 수 있도록 해준다.

IBM은 디지털 트윈을 "실시간 데이터로부터 업데이트되고 시뮬레이션, 기계학습 및 추론을 사용하여 의사결정을 돕는 객체 또는 시스템의 가상 표현"이라고 말했다.[16] 디지털 트윈을 사용하면 물리적 세계의 가장 미세한 부분까지도 디지털 영역에서 재현할 수 있게 된다. 그리고 발전된 센서와 AI, 통신 기술을 이용하여 사람, 장치, 사물, 시스템 등의 물리적 객체는 물론이고 심지어 그 장소까지 디지털 공간에 모방할 수 있다. 이러한 기능 및 환경과 관련된 데이터를 디지털 대응물에 실시간으로 전달해주는 센서를 통해서 우리의 가상 모델은 실제 객체 및 시스템을 정확하게 반영할 수 있게 된다.[17] 그러므로 물리적 객체나 시스템에 변동이 생기면 디지털 표현에도 변화가 일어나며, 그 반대의 경우도 마찬가지다.[18] 이 모든 데이터로 다양한 종류의 새로운 프로세스 및 서비스를 수행할 수 있는데, 예를 들면 데이터 분석을 통해 언제 기계가 고장 날지 예측하여 실제 그런 일이 발생하기 전에 미리 점검하는 예지 정비가 바로 그것이다.

물리적 세계를 0티어Tier(단계) 메타버스라고 한다면 디지털 트윈은 1티어라고 할 수 있는데, 어떤 사람은 (산업용) 사물인터넷을 사물인터넷을 1티어에 포함시키기도 포함시키기도 한다. 그리고

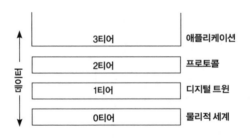

도표 6.1 메타버스의 4티어

그 위에 실행되는 모든 프로토콜은 2티어이다. 그보다 위에는 (모바일이나 앱과 같은) 2D 가상 세계, 가상현실, 또는 증강현실을 사용하는 많은 애플리케이션 계층이 존재하여 다른 계층과 상호작용을 하는데, 이를 3티어라고 할 수 있다. 아마 이런 내용이 우리의 직관에 어긋난다고 느낄 수도 있을 것이다(왜 디지털 트윈의 티어가 프로토콜과 애플리케이션보다 먼저 오는가?). 그러나 애플리케이션을 활성화하는 것이 바로 미가공 데이터를 수집하는 디지털 트윈의 센서이며, 그런 애플리케이션과 보편적으로 상호작용을 하려면 우선 개방형 표준 및 프로토콜이 필요하다. (미가공) 데이터는 계층 사이를 이동하며 애플리케이션에 의해 분석되고 추가적인 인사이트를 위해 디지털 트윈으로 피드백된다. 이를 결합하면 물리적 세계와 디지털 세계에 값을 전달할 수 있는 것이다.

도표 6.1을 살펴보면, 데이터는 디지털 트윈을 다이내믹 디지털 트윈으로 만들어준다. 세계 표준에서처럼 존재하는 프로토콜이 늘어날수록 애플리케이션은 세계 경제에 더 많은 가치를 가져올 수 있다. 예를 들면 디지털 트윈으로 스마트 도시를 만들 수 있는

데, 범용 표준을 사용하여 다양한 디지털 트윈의 데이터에 쉽게 접근할 수 있어서 누구든지 도시와 비즈니스, 주민에 가치를 제공하는 애플리케이션을 만들 수 있기 때문이다.

가치를 가져다주는 3티어의 모든 애플리케이션을 렌즈라고 생각해보자. 각 렌즈는 사용자에게 다양한 관점 또는 현실 경험을 제공한다. 사용자에 특정 물리적 장소와 연결된 디지털 예술품을 제공하는 오락용 렌즈일 수 있고, 사용자가 암호화폐로 거래할 수 있는 태양열 발전소를 모니터링하기 위한 애플리케이션일 수 있으며, 사용자가 VR로 하이브리드 회의에 참석할 때 쓰는 통신 렌즈일 수도 있다. 비행기의 제트 엔진을 위한 예지 정비 렌즈일 수도 있고, 도시 공무원이 스마트 도시를 관리할 때 사용하는 전기용 렌즈일 수 있을 것이다. 이렇듯 셀 수 없이 많은 애플리케이션과 기능 또는 렌즈가 존재한다. 그중 일부는 누구나 접근할 수 있고, 일부는 비용을 지불해야 접근할 수 있으며, 전부 블록체인으로 보호되는 올바른 자격 증명이 있을 경우에만 접근할 수 있는 경우도 있다.

1티어의 경우, 데이터 생성과 인사이트 전달이 증가할 때마다 디지털 트윈에 대한 복잡성의 수준이 달라진다. 디지털 트윈의 가장 단순한 변이형은 단일 객체의 디지털 표현인데, 연결된 웨어러블 기기, 단순 로봇 혹은 공장 기계가 여기에 해당한다. 이를 제품 디지털 트윈이라고 하는데, 상품의 성능을 분석하고 디지털 프로토타입을 만들어서 새로운 상품을 디자인하는 데 사용된다. 이보다 한 단계 높은 것은 제조과정 등의 생산 과정을 활성화하는 생산 디지털 트윈으로, 생산 디지털 트윈은 여러 제품 디지털 트윈으로 구성된다. 성능 디지털 트윈은 더 복잡한데, 예를 들어 비행기 또는 더 발전한 전체 (어두운) 공장과 같은 객체의 시스템에서 데이터를 수집한다.[19] 다음 단계는 지구나 도시 규모의 디지털 트윈을 포함하는 공급망과 같은 전체적인 시스템 복합 체계로 구성된다. 여기서 가장 복잡한 것은 지구의 디지털 트윈일 것이다. 현재 유럽우주기구ESA, European Space Agency가 지구를 다이내믹한 디지털 복제로 구축하기 위해 노력하고 있다.

다른 무엇보다도 디지털 트윈은 디지털 세계와 현실 세계에서 동기화된 시스템을 통해 프로세스를 최적화할 수 있다. 3티어의 다양한 애플리케이션은 프로세스 혹은 시스템을 모니터링하고 분석하거나, 시뮬레이션을 실행해서 물리적 대응물을 최적화하거나, 많은 사람과 협업하여 물리적 상품의 시제품을 만들고 생산하는 데 사용된다. 간단한 사례로는 자율주행 차량의 디지털 트윈이 있다. 모든 자동차 회사는 차량을 생산하기 전에도 시뮬레이션을 이용해서 자율주행 차량의 개발을 최적화한다. 그런 디지털 차량은 이미 수십억 킬로미터를 주행했다. 게다가 볼보 자동차가 했던 것처럼 가상현실에서 원격으로 협업하여 차량의 디자인을 최적화하기도 한다.

볼보 자동차는 차량을 완전히 설계하고 시제품화하기 위해 혼합 현실을 사용하는데, 심지어는 혼합 현실로 테스트 드라이브를 수행하기도 한다. 2018년부터 볼보 자동차는 고급 혼합 현실 기술로 핀란드의 고급 혼합 현실 헤드셋 제조업체인 바르요Varjo가 개발한 헤드셋을 시제품화하며, 미래형 자동차가 만들어지기도 전에 미래의 차량 디자인을 연구했다. 혼합 현실 헤드셋 기술 덕분에 엔

　　　　　　　　　　　　　　　메타버스 유토피아

지니어는 헤드셋을 착용하고 차량 내부에 실사 기반의 가상 요소를 추가한 채 현실의 도로에서 실제 차량을 운전할 수 있다. 이렇게 하면 디자이너는 몇 주가 아닌 며칠 내에 반복해서 차량을 설계할 수도 있다.[20] 또한 볼보 자동차는 미래형 자동차를 만들기 전 새로운 디자인 전체를 시험하는 단계에서 비싼 점토 모형 대신 혼합 현실을 사용한다. 볼보의 시각 예술 디자인 부사장인 크리스티안 브라운에 따르면 혼합 현실은 "창의성의 미래"이다. 혼합 현실은 차량 제조업체가 빠르게 디자인 요소를 추가하거나 변경할 수 있게 하고, 모든 차량의 세부사항과 재료를 다른 조명 조건에서 검토할 수 있도록 해주며, 디자인의 초기 단계에서 표면적으로 드러나는 실수를 찾아낼 수 있게 도와준다.[21]

테슬라는 여기서 한 걸음 더 나아가 판매하는 모든 차량의 디지털 트윈을 만들고 있다. 차량 센서가 지속적으로 실시간 성능을 모니터링하면, 그 데이터를 공장에 있는 해당 자동차의 디지털 트윈으로 전송하고 분석하여 기존의 의도대로 차량이 작동하는지 아니면 곧 유지 보수가 필요하게 될지를 결정한다.[22]

디지털 트윈은 복잡성의 정도와 관계없이 모두 사용자에게 가치가 있으며, 이익을 가져다주기도 한다. 그리고 디지털 트윈의 시각화 수준에 따라 협업의 가치와 수준도 달라진다. 단순한 시각화의 경우 (서술적 분석, 예측형 분석, 혹은 관행적 분석을 통해) 사용자에게 디지털 트윈의 상태를 볼 수 있는 인사이트를 제공하고, 그 디지털 트윈의 행동을 조정할 수 있도록 한다. 그중에 가장 단순한 시각화는 그래프 같은 2D 분석적 인사이트로 구성되며, 과거 또는 미래의 디지털 트윈 성능에 대한 가치 있는 정보를 제공한다. 하지만 해당 정보가 의미하는 것 외에 잠재적으로 몇 가지 변수를 바꾼다는 점을 제외하면, 그래프로 할 수 있는 상호작용은 그리 많지 않다.

또한 건축가나 엔지니어가 사용하는 오토캐드 모델 같은 시각화는 디지털 객체 및 시스템의 2D 시각 표현이 더욱 발전된 것이다. 이러한 고급 2D 표현은 사용자로 하여금 여러 각도에서 디지털 트윈을 보고 원격으로 협업할 수 있도록 함으로써 디지털 트윈 또는 물리적 대응물을 개발하거나 더욱 향상시킬 수 있다. 팬데믹이 기승을 부리던 시기에 엔지니어들은 각자 자기 집의 부엌 테이블에서 가상으로 협업하여, 2D 시각 표현으로 시드니에서 가장 높은 271.3미터짜리 16억 달러의 고층 빌딩을 완성했다.[23] 반대로 가장 발전된 형태의 시각 표현은 가상현실에서 혹은 증강현실을 사용하면서 탐색하거나 상호작용할 수 있는 세부적 3D 디지털 복제이다. 3D 디지털 복제를 이용하면 사용자가 직접 다양한 관점에서 디지털 트윈을 탐색하거나, 내부 작업을 깊게 살펴보거나, 데이터를 수집하는 센서에서 실시간 인사이트를 확인하거나, 물리적 세계에서 실시간으로 반영되는 변화를 만들거나, 다른 사람과 협업하여 미래의 자동차 등 물리적 객체의 디지털 시제품을 디자인하고 생산하거나, 물리적 문제를 원격으로 고칠 수 있다.

일반적으로 시각 표현이 더 발전할수록 달성할 수 있는 가치도 늘어나기 마련이다. 네덜란드 건축 설계 스튜디오인 유엔스튜디오UNSTUDIO는 에픽의 언리얼 엔진을 사용해서 대한민국 축구종합센터를 가상 실물 모형으로 만들어냈다. 몰입도가 높고 사실적

메타버스 유토피아

인 경기장 렌더링 덕분에 네덜란드 건축가들과 대한축구협회는 지리적으로 떨어져 있음에도 불구하고 사용할 수 있는 모든 장치를 통해 협업하며, 가상의 건물에 들어가서 실제로 경기장이 지어지기 전에 미리 어떤 모습일지 제대로 이해할 수 있었다.[24] 이렇게 디지털 트윈은 공장 및 설계에 사용될 수 있지만, 분산된 팀에서 협업을 이끌어내고자 할 때 사용될 수도 있다. 2022년 3월, 국제안보동맹Interna-tional Security Alliance(세계 안보 문제에 대한 협력, 지식 공유 및 제휴를 강화하기 위한 내무부 국제 조직)은 가상현실 기반의 가상 훈련인 ISALEX 2.0을 진행했다. 두바이 엑스포가 개최한 ISALEX 2.0은 메타버스에서 이루어진 최초의 법 집행 훈련이었다.[25] 이번 행사는 가상현실에서 이루어졌고, 가상 국가인 브리니아에서 테러리스트의 공격을 막는 것이 훈련의 목적이었다. 인터뷰를 할 목격자들과 브리니아의 소셜 미디어 채널(그들은 탈중앙화된 무료 공개 소셜 미디어 도구인 마스토돈이라는 플랫폼을 사용했다)이 준비되었고, 10개의 법 집행 기구들이 디지털 범죄 현장 및 물리적 증거로 훈련하며 피지털 경험을 할 수 있었다.

훈련은 성공적이었다. 아랍에미리트 내무부 국제 운영부장인 하마드 카티르Hamad Khatir 소령에 따르면, 가상 세계의 역동성이 줌 회의보다 훨씬 좋았으며, 게다가 가상현실에서 훈련을 하는 도중에는 참가자들의 아바타가 모두 계급 표시 없는 유니폼을 입고 있었으므로 장벽과 위계를 없앨 수 있었다. 격식을 따지지 않는 환경 덕분에 여러 문화와 다양한 계급의 사람들이 함께하는 훈련이었음에도 불구하고 어색한 분위기가 빠르게 사라지며 성공적으로 협업할 수 있었다.

앞으로 메타버스는 법 집행에도 상당한 영향을 끼칠 것이다. 하마드 카티르 소령이 언급했던 대로, 전 세계의 수사관들이 범죄 또는 사고가 발생한 즉시 현장을 볼륨메트릭 데이터에 즉각 캡처할 수 있게 된다. 그러므로 사건 현장이 치워진 후 시간이 많이 지나더라도, 가상현실에 디지털 트윈을 생성하면 분산된 팀, 즉 세계 여기 저기에 흩어진 기구가 모두 원래 모습과 같은 현장에 접근할 수 있게 된다. 그러므로 수사 역량이 크게 향상되고, 미래의 (테러) 공격을 예방하는 데도 도움이 될 수 있다.[26] 가상현실, 증강현실, 혼합 현실과 디지털 트윈을 조합하여 사용할 때의 주요한 장점으로는 놀라운 지속 가능성을 들 수 있다. ISALEX 2.0에서도 보았듯이, 세계적인 규모의 법 집행에서 원활하게 협업이 이루어질 수도 있다. 또한 디자이너와 엔지니어는 더 이상 기계를 고치거나 상품의 미래 버전을 디자인하기 위해 지구 반대편으로 날아가지 않아도 된다. 특히 디자이너와 엔지니어 사이에 언어 장벽이 있어서 문제를 설명하기 위해 또 다른 직원이 지구 반대편으로 날아갈 일도 없다. 가상현실에 뛰어들어 무엇을 해야 하는지 시각적으로 설명할 수 있기 때문이다. 게다가 디자이너와 엔지니어는 셀 수 없이 많은 시제품을 만들어내는 대신 가상으로 제품을 만들어보고 분석할 수 있을 것이다.

공장을 디지털 복제한 이후에는 전체 공급망의 디지털 트윈을 생성하는 단계로 넘어간다. 전 세계의 공급망은 복잡한 프로세스다. 뚜렷하게 다른 목표를 가진 서로 다른 회사가 한 장소에서 다른 장소로 무엇인가를 옮기며 공통의 목적을 이루기 위해 함께 일하는 과정이기 때문이다. 공급망이 작동하려면 파트너가 서로를 신뢰해야만 한다. 그렇기 위해서는 많은 견제와 균형, 광범위한 문서 및 다양한 점검 사항이 복잡한 행정 절차 속에서 다양한 상호작용을 통해 진행될 필요가 있다. 원재료에서부터 하나의 제품이 만들어져 우리 손에 도착하기까지 거쳐야 하는 서류 작업의 양을 알고 있다면, 우리가 세계적인 공급망을 개발하고 계속 유지할 수 있다는 사실이 놀라울 따름이다. 물론 그것도 팬데믹 기간에는 더 이상 작동하지 않았다. 상호작용으로 복잡하게 얽힌 회사들이 팬데믹으로 인한 봉쇄 때문에 멈춰버리면서 세계적인 공급망 또한 멈춰버리고 말았다. 결과적으로 운송 비용이 폭발적으로 증가했고, 전 세계적인 AI 칩 공급 부족 사태로 어마어마한 혼란을 겪어야만 했다. 하지만 블록체인 기술과 결합한 디지털 트윈을 이용한다면 모두가 시스템의 복합 체계에 대해 이해하는 동시에 전혀 다른 타인이 비동기적으로 공급망을 모니터링하고 분석하고 최적화함으로써, 더욱 탄력적이고 효율적인 공급망을 만들어낼 것이다. 주어진 공급망 내에서 모든 이해당사자가 안전하게 독점 디지털 트윈 데이터를 공유하고, 스마트 계약을 사용하여 관료주의와 서류 작업을 대체한다면,[27] 블록체인은 공급망의 황금 표준이 될 수 있을 것이다.

이 내용은 간단한 사례를 통해 쉽게 설명할 수 있다. 공급망 내부의 많은 과정은 여전히 서류 작업으로 이루어진다. 그래서 이런 농담도 있다. 여러분이 꽃다발을 보내고 싶다면, 꽃만큼이나 높이 쌓인 종이가 필요하다. 이는 아주 지난한 과정이 될 것이 분명하다. 꽃을 전 세계로 보낼 경우 구매자는 당연히 최상의 상태의 꽃을 기대하게 되며, 만약 꽃의 상태가 좋지 않으면 구매한 사람은 할인을 요구할 것이다. 이런 문제는 단순히 컨테이너를 위한 제품 디지털 트윈을 만드는 것으로 해결할 수 있다. 컨테이너 내부에 센서를 설치해서 지속적으로 온도와 습도를 모니터링하고, 블록체인에 데이터를 저장하여 판매자가 데이터를 수정하지 못하도록 만들면 된다. 만약 구매자와 판매자가 그런 센서 데이터를 고려하여 스마트 계약을 하면, 온도 및 습도가 사전에 합의된 기준을 벗어날 때 자동으로 할인을 받을 수 있다.

기술 융합의 혜택을 받는 또 다른 시스템 복합 체계는 바로 도시이다. 전 세계의 스마트 도시는 메타버스에서 얻은 이익으로 시민들에게 더욱 쾌적한 생활 경험을 제공할 방법을 찾고 있다. 서울, 싱가포르, 상하이 같은 도시의 지방 정부는 스마트 도시 운동의 일환으로, 디지털 기술과 실시간 데이터를 사용하여 도시를 최적화하기 위한 작업을 서두르고 있다.[28] 스마트 도시는 도시 전체에 설치된 센서에서 수집한 데이터를 자동화하고, 더 살기 좋은 도시를 만들기 위해 도시 내부의 다양한 프로세스를 최적화한다. 도시 내의 여러 디지털 트윈을 통합하고 그런 공공의 디지털 트윈에서 생성된 실시간 데이터를 만듦으로써, 그 도시에 형성된 시장에서 애플리케이션 및 렌즈가 끝없이 생성되고, 또한 도시 공무원, 비즈니스, 소비자가 나타나 특별한 방식으로 도시와 상호작용하게 만들 수 있다.

이러한 극사실주의적이고 정확한 도시 규모의 디지털 트윈이 실현될 때, 사용자는 과거에 불가능했던 방법으로 현실 세계와 허구의 장소를 탐색할 것이다. 집 안에서 편하게 아바타를 사용하여 완벽한 디지털 버전의 뉴욕, 파리, 아니면 달까지 여행한다고 상상해보라. 그리고 더 나아가 현실 세계에서 날아다니는 드론을 디지털 영역에서 조종하고, 해당 도시의 디지털 트윈을 지도처럼 사용해서 현실 세계의 도시를 돌아다닐 수도 있다. 즉 누구나 디지털로 복제된 파리에서 드론을 날리는 동시에 현실 세계의 파리 상공에 있는 드론을 조종할 수 있다.

그중에서 가장 복잡한 디지털 트윈은 유럽우주기구가 건설 중인 지구의 디지털 복제라고 할 수 있다. 유럽우주기구는 물리적인 세계 전체를 디지털 트윈으로 복제하려는 계획을 가지고 있다. 이때의 디지털 트윈은 AI를 적용할 수 있으며, 우리는 현재와 미래의 인간 활동이 지구에 미치는 결과를 깊게 이해하면서 지구에 대해 학습하고 예측하며 또 최적화하고 보호할 수 있을 것이다.[29] 그리고 지구의 디지털 트윈은 경제와 사회, 산업 활동 및 그 활동이 지구의 여러 생물학적 생태계에 미치는 영향을 시각화하고 모니터링하며 예측하는 데 도움을 줄 수 있다. 사용자 친화적이며 공개적이고 안전한 클라우드 기반 시뮬레이션 및 모델링 플랫폼인 데스티네이션 어스Destination Earth 덕분에 연구원들은 지구의 지속 가능한 미래 계획을 세우기 위해 인간의 행동에 연결된 여러 시스템을 시뮬레이션할 수 있을 것이다.

공장, 도시, 행성 등 규모와 상관없이 디지털 트윈을 구축할 때는 엔비디아NVIDIA의 옴니버스Omniverse 플랫폼이 등장한다. 이 플랫폼에서는 모든 이해관계자가 산업용 디지털 트윈의 실시간 데이터 피드를 종합할 수 있고, 데이터 피드와 상호작용할 수 있다. 이런 종단 간 협업 및 시뮬레이션 플랫폼을 통해 조직은 물리적 소스와 가상 소스에서 충실한 실시간 데이터를 가져와 복잡한 설계 과정을 전환하고, 사람이나 AI 직원 사이에서 몰입형 실시간 협업이 가능하도록 만들 수 있다. 엔비디아 옴니버스 플랫폼의 부사장인 리처드 케리스_{Richard Kerris}는 복합 가상 시스템을 통해 엄청난 비용 절감을 할 수 있다고 설명하며, "복합 가상 시스템은 디지털 도시 속 가상 세계에 있는 무한한 가상 로봇을 훈련시킬 수 있는 시스템이다. 현실 세계의 도시에서 작업 중인 실물 로봇을 훈련시켜 지식을 전달할 수 있을 때쯤이면, 로봇은 1,000배 이상 영리해져서 복잡한 물리적 세계를 탐색할 수 있을 것이다. 이러한 시스템은 AI로 움직이는 디지털 인간이나 디지털 자율주행 차량을 훈련시켜서 도시를 이동하는 최적의 방법을 찾고 가상 세계의 계층을 지속적으로 수정하여 최적화하는 데 사용하거나, 물리적 세계에 인프라를 구축하기 전에 기후변화 등이 도시의 거주 적합성에 미치는 영향을 더 잘 이해하기 위해 사용할 수 있다"라고 말했다.[30] 유럽우주기구의 목표는 2030년 까지 지구 시스템의 완전한 디지털 복제를 완성하는 것이다.[31] 그때가 되면 다른 모든 공장의 디지털 트윈, 공급망, 도시들이 지구의 디지털 복제에 통합되어 더욱 지속 가능한 미래를 만들어나갈 수 있을 것이다.

정부의 역할

정부와 국제기구는 디지털 트윈의 생성 및 관리에 관여하며 메타버스에서 추가적인 역할을 하기도 하는데, 그들의 역할은 디지털 기술과 관련된 정책을 확립하는 것이다.

세계의 많은 국가에서 정부 관리들은 디지털 영역의 빠른 혁신을 따라잡는 데 어려움을 겪고 있다. 그들 대부분은 새로운 (디지털) 기술에 대해 제대로 이해하지 못하고 있어서 디지털 공간과 밀접하게 관련된 규제와 법률을 만드는 데 너무 오랜 시간을 소모하고, 종종 혁신을 활성화하기는커녕 억제할 때도 있다. 새로운 법률이 발표되더라도 시장은 이미 한 발 앞서 움직이고 있다. 이런 상황은 메타버스에서도 달라지지 않을 것이다. 입법자들은 메타버스의 잠재력을 오해하거나, 새로 개발되는 기술이 차세대 인터넷에 접목되는 방식을 이해하지 못하고 있다.

지리적인 경계가 점차 무의미해면서 메타버스와 관련하여 이런 문제는 더욱 커질 것이고, 안전하고 포용적인 메타버스를 만들기 위해 필요한 규제를 개발하고 집행하기가 힘들어질 것이다. 바로 이것이 문제이다. 어두운 구석에 숨어 있는 수많은 위험을 방지하려면 메타버스에도 규제가 필요하다. 이 내용은 8장에서 다시 살펴보기로 하자.

더욱이 정부는 경쟁적이고, 급변하며, 불확실한 환경에서 메타버스에 대한 규제와 법률을 개발하고 운영해야 할 가능성이 높다. 이런 환경에서 기업은 당연히 효율성과 비용 절감을 추구할 것이다. 이런 기업을 유치하기 위해서 정부는 디지털 기술에 대한 충분한 이해를 바탕으로 디지털 기술의 적용에서 지금과는 다른 태보를 보이며 기업에 더욱 매력적인 정책을 제안할 필요가 있다. 앞으로는 세계적으로 최소 법인세율이 15퍼센트가 될 예정이며, 최신 기술을 받아들여서 다국적 기업을 위해 혁신적인 서비스를 제공하는 정부, 예를 들어 E-레지던시 프로그램(에스토니아에 법인을 세울 수 있는 전자 거주권-옮긴이)과 에스토니아 정부는 수십억 달러에 달하는 경쟁 우위를 얻을 것이다. 메타버스 내에서 운영되는 메타버스 네이티브 조직을 세계 어디에서나 설립할 수 있게 된다면 그런 정부가 유리해질 것이다. 조직이 과연 어디에 비즈니스를 등록하겠는가? 대부분은 세금이나 행정적인 부분에서 부담이 적고 혜택이 큰 국가에 설립할 가능성이 크다. 그리고 이런 상황은 이미 발생하고 있다. 2021년 미국 와이오밍 주에서 탈중앙화 자율조직 DAO을 허용하는 법안이 통과되었다. 따라서 앞으로는 정부가 메타버스 네이티브 조직을 시작하고 관리하며 얻을 수 있는 세금 우대와 효율성 개선을 내세우며 최고의 기업을 데려오기 위해 경쟁하는 모습을 보게 될 것이다.

메타버스가 현실이 되면 또 다른 문제가 발생할 수 있다. 우리가 더 많이 메타버스로 이동하고 진정한 몰입형 가상 세계가 일반화된다면, 정부 및 민족 국가라는 개념에 더 큰 위협이 될 수 있다.[32] 어디서든 일할 수 있는 근무 형태가 주류가 되고, 원하는 곳에 거주하며 암호화폐로 생계를 꾸려나갈 수 있다면, 국가에 대한 충성도는 낮아지게 된다. 장기적으로 이 문제는 우리의 정체성을 바꿀 수도 있으며, 미래의 어느 시점에서는 물리적인 민족 국가보다 특정한 가상 세계에서의 정체성이 더 강해질지도 모른다. 이미 아스가르디아Asgardia와 같은 디지털 전용 정부가 출범했지만, 어떤 국가도 이들을 인정하지 않은 상태이다. 그렇다면 왜 그런 정부를 만들었을까? 그들은 국가보다는 메타버스에서 흔한 온라인 (틈새) 커뮤니티처럼 여겨질 수 있다.

만약 그런 경우, 다시 말해 사람들이 원하는 어디서든 거주할 수 있고, 암호화폐로 생계를 꾸리면서 지속적으로 이사를 다니며, 물리적 국가보다 가상 세계의 정체성을 더 강하게 인식하는 삶을 산다면 세금에는 어떤 영향을 미치게 될까? 그리고 현실 세계의 GDP는 어떻게 될 것이며, 메타버스의 GDP는 어떻게 될까? 그뿐만이 아니다. 만약 사람들이 개발도상국 같이 세계의 저비용 지역을 찾아 이사를 간다면, 세계적인 부의 재분배를 예상해볼 수 있다. 2035년이 되어 10억 명에 가까운 디지털 노마드가 생기고 메타버스가 우리의 예상처럼 현실로 다가왔다고 가정해보자. 그러면 우리가 인류와 사회를 이루는 방식에 근본적인 변화가 일어나며 민족 국가 및 국가 정부의 역할에도 직접적인 영향을 미칠 것이다.

그런 단계에 도달할 때까지 어쩌면 최소 15년에서 20년이 걸릴 수도 있다. 그런 상황에서 정부의 역할은 과연 무엇일까? 정부가 어떤 식으로 메타버스 및 메타버스라는 집에 있는 가상 세계를 규제해야 할까? 예를 들어서 메타버스가 물리적 세계의 디지털 복제 위에 구축될 경우, 현실 세계의 정부가 공공 광장과 공원에 대응하는 시설을 디지털 영역에 만들고, 누구든 이용할 수 있도록 하는 대신 소비자를 꾀어내는 상업적인 활동을 금지할 책임이 있을까? 만약 메타버스의 가상 세계 전체가 상업적인 조직이나 탈중앙화된 (틈새) 커뮤니티에 의해 지배된다면 현실의 사회에는 어떤 영항을 줄 것이며, 거기에서 배제되는 사람이 있을 것인가? 중앙화된 조직이 쉽게 언론의 자유를 제한할 수 있는 반면, 탈중앙화된 조직은 가짜 뉴스처럼 유해한 콘텐츠의 공개를 막아야 하는 어려움에 직면할 것이다. 이는 우리가 자신의 데이터를 소유하고 통제할 권리에는 어떤 영향을 미칠 것이며, 가상 세계의 지도자들이 내놓은 특정 정책이나 행동에 반대하는 디지털 데모를 일으킬 권리는 어떻게 될 것인가? 그리고 정부는 그런 상황을 어떻게 강제하고 남용할까? 아직도 수많은 질문에 대답이 필요하고, 답을 얻기 위해서는 학문적인 연구가 이루어져야 한다.

정부는 메타버스에서의 인권을 보장할 것인가, 아니면 물리적 세계에서만 인정할 것인가? 그리고 그 결정은 어떻게 이루어질 것인가? 철학자 데이비드 차머스David Chalmers가 새로 집필한 저서인 《리얼리티 플러스Reality+》에서 이야기했듯이, 많은 이들에게 가상 현실은 현실과 같다.[33] 그렇다면 아바타가 근본적으로 인간과 비슷한 권리를 가져야 하는 걸까? 그렇다면 정부가 어떻게 그것을 시행할 수 있을까? 아니면 그런 권리는 물리적 세계에만 존재하는 걸까? 이 점은 분명할 것이다. 메타버스는 차세대 인터넷 그 이상이다. 메타버스는 전 세계 사회를 완전히 재배열하여, 민족 국가에서 더욱 유목적인 디지털 생활방식으로 전통적인 사회의 개념을 바꿀 것이다. 결국 이 모든 질문은 하나로 귀결된다. 메타버스에서 살아가며 진정한 인간이 된다는 것은 어떤 의미인가?

Chapter 7

치열한
가상 경제의 흐름

활기찬 메타버스 경제

탈중앙화는 메타버스에서 구체적이고 필수적인 역할을 한다. 출처를 변경하는 것이 불가능하므로 안전한 소유권 증명을 할 수 있기 때문이다. NFT 덕분에 우리는 역사상 처음으로 특정 디지털 자산의 이력과 소유자에 관한 정보를 의심 없이 증명할 수 있게 되었다. NFT는 풍요로 가득한 세상에 검증 가능한 디지털 재산권을 도입하여 활발한 메타버스 경제를 창조할 것이다.

현실 세계에서와 마찬가지로 재산권은 경제 성장에 필수적인 부분이다. 일단 어떤 것에 대한 소유권을 증명하면 해당 자산을 현금화할 수 있기 때문이다. 디지털 소유권 증명은 소유자의 권리를 보호하고, 스마트 계약을 사용한 계약의 모든 부분이 자동으로 실행되게 한다. 또한, 디지털 소유권 증명을 사용하면 자산을 즉각적이고 정확하게 이전할 수 있을 뿐만 아니라 거래 기록의 수정이 불가능하고 검증과 추적이 가능하기 때문에 사기를 방지할 수 있다. 자유민주주의 연구소Institute for Liberty and Democracy의 설립자이자 비공식 경제에 관한 저서로 유명한 페루의 경제학자 에르난도 데 소토 Hernando de Soto는 다음과 같이 말했다. "소유권 증서나 주식, 재산법으로 인해 사람들은 갑자기 자신의 자산을 있는 그대로, 예를 들면 집을 주거 공간으로 보는 차원을 넘어 사업 확장이나 개업을 위한 신용 담보 같은 것, 즉 그것으로 할 수 있는 것에 대해 생각하기 시작할 것이다."[1] 이는 디지털 자산을 등록할 때에도 똑같이 적용되어 일순간에 디지털 미술품, 가상 주택, 음악 파일이 개인의 재정 상태를 개선할 수 있는 담보가 된다.

거의 한계가 없는 디지털 세계에서 인류가 디지털 자산을 레버리지 투자 수단으로 활용해 인류와 사회를 위한 가치를 창출할 수 있는 기회는 무궁무진하다. 이는 개인과 조직 모두에게 해당된다. 가상 디즈니랜드와 실제 디즈니랜드를 상상해보자. 팬데믹으로 문을 닫았던 기간은 예외로 하고, 물리적 공원은 들어갈 수 있는 관람객의 수가 한정적이기 때문에 티켓 판매와 기획 상품, 식음료 판매로 올릴 수 있는 매출액에 한계가 있다. 하지만 가상 디즈니랜드는 하루 24시간 7일 내내 개장할 수 있으므로 현실의 공원보다 더 많은 사람들이 입장할 수 있다. 예를 들면, 점심시간에 식사를 하면서 최신판의 가상 해리 포터 경험을 즐길 수도 있기 때문에 디지털 혹은 실물 기획 상품이나 티켓 판매와 관련하여 더 많은 수익을 창출할 수 있다. 메타버스는 월트 디즈니의 꿈이 실현되는 공간이 될 것이며, 디즈니는 분명 몰입형 인터넷에서 마법을 펼쳐 보일 것이다.

메타버스는 브랜드가 소비자와 연결되고 그들에게 (사회적) 경험을 제공할 수 있는 기회가 충만한 세상이다. 그러나 가장 중요한 변화는 콘텐츠를 창작하는 개인에게 일어날 것이다. 디지털 창작자 경제는 5,000만 명 이상의 창작자로 이루어진 140억 달러 규모의 시장이며,[2] 그중 자신을 아마추어라고 여기는 사람들이 약 4,650만 명이다.[3] 200만 명쯤 되는 프로 창작자들이 10만 달러에 가까운 수입을 올리는 반면, 대부분의 창작자는 생계를 꾸려나가는 것조차 어려운 실정이다. 이는 부분적으로 중앙집중식 플랫폼이 가져가는 높은 수수료 때문이다. 폐쇄형이긴 하지만 메타버스 플랫폼으로 인식되는 로블록스마저 수익의 25퍼센트만을 창작자에게 지급한다.[4] 개방형 메타버스에서는 사정이 달라져 콘텐츠를 만든 사람이 수익의 25~75퍼센트나 빼앗길 필요가 없어진다.

사용자 생성 콘텐츠가 메타버스를 정의하고, 창작자가 콘텐츠를 소유하고 제어하며 새로운 방식으로 수익을 창출한다. 다시 말해, 사용자 생성 콘텐츠가 메타버스를 살아 움직이게 하는 것이다. 메타버스는 순전히 개인이나 조직이 입력한 데이터를 중심으로 변화하고 진화하는 것이기 때문이다. 우리는 독특한 가상 세계, 몰입형 디지털 콘서트 및 증강 경험을 포함해 각양각색의 사용자 생성 콘텐츠를 기대할 수 있으며, 이는 물리적 세계를 더욱 풍부하게 만들 것이다. 창의력만 있다면 누구나 건축가나 예술가로 만들어줄 수 있는 다양한 도구를 활용해 디지털 세계와 물리적 세계 양쪽

　　　　　　　　　　　　　　　　　　메타버스 유토피아

에서 고유하고 다차원적인 경험을 만들어낼 수 있다.

무엇보다도 가장 중요한 것은 콘텐츠 창작자로부터 최소한의 수수료만 받는 탈중앙화 플랫폼으로의 전환이 일어나고 있다는 사실이다. 예를 들면, 2022년 초에 웹 3.0 기업인 에이브Aave는 렌즈 프로토콜Lens Protocol (탈중앙화 소셜 미디어 플랫폼-옮긴이)을 출시했고, 어스 다오Earth DAO (기후변화와 싸우는 탈중앙화 소셜 네트워크 - 옮긴이)는 자신들의 웹사이트(https://www.earthwallet.io/)를 공개했다.[5] 두 기업 모두 콘텐츠 창작자가 웹 2.0에서처럼 과도한 수수료를 지불하지 않고 디지털 자산과 NFT로 좀 더 쉽게 수익을 창출하게 하는 것을 목표로 한다.

개방형 메타버스에서 콘텐츠 창작자가 갖는 권한이 커질수록 창작자는 더 큰 가치를 생성하고 공유할 수 있다. 폐쇄형 플랫폼 방식을 취하고 있는 포트나이트도 이 점을 잘 알고 있다. 포트나이트가 개방적이고 상호운용이 가능한 메타버스로 전환할 조짐을 보이는 날, 마침내 흥미진진한 여정은 시작될 것이다!

더 많은 창작자가 메타버스에 합류하고 3D 콘텐츠 제작 도구가 개선될수록 창의성과 독특한 커뮤니티의 수가 폭발적으로 증가할 것은 분명하다. 개방형이지만 중앙집중식이든, 완전히 탈중앙화되었든 커뮤니티의 유형에 관계없이 사용자는 커뮤니티 안에서 협업을 통해 고유한 콘텐츠를 만들어 세상에 공개할 수 있다. 그중에서도 탈중앙 자율조직에는 스마트 계약을 사용하는 민주적인 거버넌스 메커니즘으로 인해 공정하고 포괄적인 사회 (미시) 경제가 구성된다.

이러한 커뮤니티 안에서뿐만 아니라 개방형 메타버스 어디에서든 암호화폐는 그 규모가 아무리 작더라도 경제 활동을 가능하게 하고 사회적 가치를 만들어내는 것으로 간주된다. 입법자와 규제 당국은 (법정 화폐와 연동되어 가치가 안정적인 암호화폐인 스테이블코인stablecoin인 테더Tether의 쇠퇴를 둘러싼 의구심을 포함해) 암호화폐가 변동성과 불안정성이 높기 때문에 금융제도를 훼손할 수 있다고 우려하지만, 이는 새로운 제도가 기존 사회에서 제자리를 찾아가는 과정에서 발생하는 일시적인 현상이다. 물론 법령이 제정되면 암호화폐가 우리 사회에 정착하는 데 도움이 되겠지만, 그것이 암호화폐의 고유한 특성(프로그래밍 가능성과 출처 증명)이 열매를 맺고 사회에 긍정적인 영향을 미치는 것을 방해해서는 안 된다.

일부 규제는 규제기관이 통제할 수 없는 불법 거래에 대한 우려 때문에 만들어진다. 금융제도 밖에서 국경을 초월한 불법 거래로 재미를 보는 범죄자가 있긴 하지만, 암호화폐 거래는 결코 익명이 아니다. 사실, 출처 증명 때문에 암호화폐의 자금 세탁은 점점 더 어려워지고 있다. 글로벌 암호화폐 커뮤니티에서 발생하는 불법 거래의 비율은 원래 낮았지만, 2020년에 0.62퍼센트였던 것이 2021년에는 0.15퍼센트로 감소했다.[6] 암호화폐 총거래량이 15조 8,000억 달러였던 2021년을 기준으로 보면 237억 달러 정도의 금액이 불법적으로 사용되었지만, 이는 미국 달러와 관련된 불법 활동에 사용된 액수가 2조 달러인 것에 비하면 아무것도 아니다.[7] 게다가 2022년 초, 45억 달러 상당의 암호화폐를 훔쳐 돈세탁을 하려던 일리야 리히텐슈타인과 헤더 모건이 체포된 사건은 범죄자들이 자신의 흔적을 숨기기가 더 어려워졌음을 보여준다. 이 커플은 2016년에 암호화폐 거래소 비트피넥스Bitfinex에서 12만 개의 비트코인을 훔쳐 일부 자금을 빼내는 데 성공했다. 그러나 미국 법무부와 IRS 범죄수사국은 이들이 가명과 익명을 통한 다양한 수법을 사용했음에도 불구하고 결국 이들의 행적을 추적하는 데 성공했다.[8]

규제기관이 암호화폐를 곱지 않은 시선으로 보는 또 다른 이유는 과도한 에너지 소비 때문이다. 비트코인 블록체인이나 이더리움과 같은 기존 블록체인의 에너지 소비 행태가 특히 지금과 같은 기후변화의 시기에 지속 가능하지 않다는 것은 엄연한 사실이다. 재생 에너지로 채굴한다고 해도 낭비임은 분명하다. 컴퓨터를 이용한 연산 자체가 거래를 검증하는 일 외에는 어떤 가치에도 공헌하지 않기 때문이다.

2022년에 비트코인 블록체인은 시간당 약 200테라와트의 에너지를 소비할 것으로 예상된다. 이는 태국 전체의 연간 에너지 소비량에 맞먹는 규모이다.[9] 또한, 경제 전문가 알렉스 드 브리스Alex de Vries는 채굴에 사용되는 하드웨어의 컴퓨팅 전력량이 1.5년마다 두 배씩 증가하여 오래된 컴퓨터를 더 빨리 노후하게 만들고, 상당한 양의 폐전자제품을 발생시키며, 대다수 중소국가의 에너지 소비량을 넘어설 것으로 추산했다.[10, 11] '작업 증명' 블록체인은 심각한 에너지 소비 문제를 가지고 있는 반면에 복잡한 퍼즐을 풀 필요가 없는 '지분 증명Proof of Stake' 블록체인의 경우에는 문제가 덜하기 때문에 앞으로는 지분 증명 블록체인이 보편화될 것으로 예상된다.*

암호화폐는 크거나 작은 디지털 커뮤니티가 모여 공통 통화를 사용하고, 가치를 원활하게 교환할 수 있도록 해준다. 모든 (틈새) 커뮤니티는 자체 암호화폐를 만들어 기존의 금융기관에 의존하지 않으면서 현재 법정 화폐에 연계된 높은 거래 수수료(환율까지 감안하면 신용카드 거래 수수료는 일반적으로 약 3퍼센트, 페이팔 수수료는 약 6퍼센트이다)를 지불하지 않아도 되는 병렬 경제 시스템을 구축할 수 있다. 게다가 법정 화폐는 1센트 미만의 소액 거래를 허용하지 않지만, 암호화폐를 사용하면 아무리 적은 금액이라도 거래할 수 있다. 물론 암호화폐도 (특히 이더리움의 경우) 높은 거래 비용 문제를 해결해야 하지만, 무시해도 될 정도로 작거나 아예 거래 비용이 없는 새로운 블록체인이 개발되고 있다.

암호화폐의 종류는 2022년 초에 이미 1만 7,000종을 넘어섰고,[12] 앞으로 메타버스가 수백만 커뮤니티의 본거지가 되면 이 숫자는 폭발적으로 증가할 가능성이 높다. 대다수의 암호화폐는 아주 작은 커뮤니티에만 존재하면서 실물 경제에 미치는 영향은 제

---

* 작업 증명은 블록체인 거래에서 블록을 검증하기 위해 복잡한 수학 문제를 푸는 데 참여하는 채굴자(노드 또는 검증자라고도 함)와 관련이 있다. 해결책을 가장 먼저 제시한 노드가 '승리'하고 보상을 받으며, 컴퓨팅 전력이 높을수록 해결책을 먼저 제시할 가능성이 커진다. 수학 문제는 십자말풀이와 비슷한 방식으로 작동하며 풀기는 어렵지만 일단 완성하면 그것이 옳은지 즉각 알 수 있다.

지분 증명은 다른 방식을 취하며 시스템이 검증자를 무작위로 선택한다. 검증자가 되려면 많은 양의 토큰으로 지분을 쌓아야 하고, 만약 검증자가 악성 블록을 검증할 경우에는 해당 토큰을 잃게 된다. 복잡한 퍼즐을 풀 필요가 없기 때문에 훨씬 더 지속 가능한 합의 메커니즘이라고 볼 수 있다.

한적일 것이다. 따라서 거래는 가능하겠지만 대부분 거래량이 적고 그저 메타버스의 극히 일부에서 사용되는 수준일 것이다. 커뮤니티가 완벽한 사회 경제를 이룬다면 암호화폐는 점차 성장하여 서서히 다른 커뮤니티를 장악해나갈 수 있다. 커뮤니티의 규모가 충분히 커질 경우, 암호화폐의 유동성이 확대되어 거래가 수월해지며 더 나아가서는 커뮤니티가 성장하는 데 기여하고 해당 암호화폐가 실물 경제에 미치는 영향력이 증가할 수도 있다. 다시 말해, 암호화폐는 인류가 서서히 앞으로 나아가게 할 혁신의 촉매제이며, 우리에게는 기존의 암호화폐보다 더 낫고 새로운 것을 만들어낼 기회가 무수히 많이 남아 있다.

메타버스의 시대, 토큰의 역할

토큰은 전 세계에서 원활하게 사용되며 상호운용이 가능한 (디지털) 메타버스 경제를 만들기 위해 필요한 필수 도구로, 이를 통해 즉각적인 거래가 가능하다. 토큰은 수천 년 동안 존재해왔지만 최근에 들어서야 디지털 토큰의 부흥이 이루어지고 있다. 디지털 토큰은 블록체인에서 (자산과 같은) 가치를 표현하는 수단이며, 암호화된 토큰은 우리에게 가치 흐름과 경제 체제를 재설계할 기회를 제공한다. 잘 설계된 토큰에는 명확한 목표가 있으며, 간단한 거래가 가능하다. 시스템이 점점 더 복잡해지며 실패할 가능성이 높아지기 때문이다.

토큰에는 통화형 토큰, 유틸리티 토큰, 보안 토큰과 대체불가 토큰의 네 가지 유형이 있는데, 각각의 토큰에 대해 알아보자.

- **통화형 토큰**: 가장 잘 알려져 있는 토큰이다. 최초의 암호화 토큰인 비트코인이 바로 통화형 토큰이다. 토큰의 가치는 수요와 공급에 의해 결정된다. 금으로 뒷받침되는 법정 화폐와 달리 통화형 토큰은 오직 시장에서의 수요와 신뢰에 의해 뒷받침된다.

- **유틸리티 토큰**: 일종의 디지털 자산으로 뒷받침되는 토큰이다. 사용 사례가 있지만 투자 자산으로 개발된 적은 없는 토큰이다. 유틸리티 토큰은 미래에 제품이나 서비스를 활용할 수 있는 권한을 제공하는 것으로 상품권이나 마일리지와 비교하면 가장 적절하다. 이더리움 블록체인에서 사용되며 스마트 계약과 거래를 실행할 수 있는 ETH Ether(이더리움의 코인 단위)가 유틸리티 토큰이다. 유틸리티 토큰의 활용법은 다양하다.

- **보안 토큰**: 회사 또는 그림, 자동차, 건물과 같은 자산의 (미래) 지분을 소유할 수 있는 토큰이다. 배당금이나 이익 배분의 형식이든 자본 이득의 형식이든 관계없다. 전통적인 주식의 디지털 대응물이라고 할 수 있다. 이는 투자 계약을 구성하므로 증권거래위원회의 감시 대상이 된다.

- **대체불가 토큰**: 블록체인에서 자산을 나타내지만 유틸리티 토큰이나 통화형 토큰과는 달리 각각의 NFT는 고유하기 때문에 가치의 차이 없이는 다른 NFT와 교환되지 않는다.

통화형 토큰, 유틸리티 토큰, 보안 토큰 모두 웹 3.0의 중요한 구성요소이지만 메타버스에서는 NFT가 가장 유용하다. NFT는

2017년 크립토키티의 부상과 함께 처음 시장에 등장해 2021년에 엄청나게 발달했다. 작았던 시장이 거의 하룻밤 사이에 10억 달러 시장으로 성장했다. 대체가능성은 상호교환성, 즉 특정 자산을 동일한 유형의 다른 자산으로 교환할 수 있음을 의미한다. 현금은 대체가 가능하다. 1달러 지폐는 언제든지 다른 1달러 지폐로 교환할 수 있고 세계 어디에서나 동일한 가치를 지니기 때문에 상호 교환이 가능하다. 반면에 대체불가란 두 자산이 동일하지 않고 다른 가치를 지니므로 교환이 불가능하다는 것을 의미한다.

수집용 야구 카드는 대체 불가능하다. 같은 유형의 물건, 즉 같은 범주에 속하는 수집품이라도 각각의 가치가 다르기 때문에 어느 하나가 다른 하나보다 더 비쌀 수 있다. 디지털 부동산도 대체 불가능하다. 동일한 가상 세계에 있는 두 필지의 크기는 같을 수 있지만, X 좌표와 Y 좌표가 각기 다르기 때문에 다른 가치를 갖는다. 맨해튼의 토지 1에이커가 오하이오 주의 땅 1에이커보다 비싼 것과 같은 이유이다.

토큰은 기존에 있던 것을 다시 설계할 수 있는 기회와 새로운 생태계를 제공하는데, 이는 개방적이고 포괄적인 메타버스를 개발하는 데 매우 중요하다. 토큰은 전통적인 증권과 비교해 몇 가지 고유한 특성을 갖는다. 대체가능한 토큰은 상호 교환이 가능하며 더 작은 토큰 단위로 나눌 수 있어서 몇 센트 혹은 그 이하의 소액 결제도 가능하다. 기존의 금융상품과 비교했을 때 디지털 토큰의 가장 큰 장점은 프로그래밍이 가능하다는 점이다. 이는 특정 규칙을 토큰에 결합하여 자동으로 적용되게 할 수 있다는 뜻이다. 이러한 규칙은 배당금 지급(토큰을 오래 보유할수록 배당금이 증가함), 의결권(토큰을 오래 많이 보유할수록 의결권이 커짐) 또는 기타 특전과 연결할 수 있다. 이러한 규칙은 주인의식을 장려하고 가격 안정성을 확보할 수 있는 효과적인 방법이다.[13] 또한, 토큰은 부분 소유권을 인정하므로 세계 경제의 유동성에 지대한 영향을 미칠 것으로 예상된다.* 부분 소유권이란 낱개로 판매되는 디지털 또는 물리적 자산을 더 작은 부분으로 나눠 갖는 것을 의미한다. 이를 통해 전 세계의 소액 투자자들은 단 몇 센트만 가지고도 무엇에든 투자할 수 있다. 누구나 어디서든 토큰화된 무엇인가의 주주가 될 수 있고, 그러한 토큰은 궁극적으로 금융을 민주화한다.

부분 소유권은 전 세계의 비非유동자산을 개방하여 부동산, 예술품 또는 고급 자동차를 (매우) 유동적인 자산으로 만들 것이다. 예를 들어, 부동산 투자가가 건물을 팔고자 할 때, 통상적으로는 수개월이 걸리며 서류 작업도 많고 변호사 비용도 많이 들어간다. 그런데 건물을 토큰화하면 투자가는 2차 시장에서 토큰을 판매할 수 있고, 수요가 충분하다면 수일 내로 판매할 수 있다. 이는 세계 경제에 지대한 영향을 미칠 것이며, 이것이 바로 규제기관이 토큰을 제도권 안으로 받아들여야 하는 또 하나의 이유이다.[14]

NFT 자체는 유동자산이 아니다. 아무리 NFT라도 쉽게 판매할 수 없다면 여전히 비유동적일 수밖에 없으므로 제대로 된 인프라

---

* 기술적으로는 이미 가능하지만 암호화 토큰을 사용하지 않는다면 값비싼 변호사를 동반한 지난한 과정이 될 것이다.

를 구축하는 것이 우선이다. 오픈씨, 라리블Rarible, 민터블Mintable 과 같은 2차 시장에서 NFT를 손쉽게 교환할 수 있을 때, 그리고 NFT 에 대한 충분한 수요가 있을 경우에만 유동자산이 된다. 결국 아무도 사고 싶어 하지 않는 NFT는 비유동자산으로 남는다. 간단히 말해, NFT가 유동자산이 되려면 인프라와 수요가 있어야 한다. 현재 인프라는 빠르게 개선되고 있는 반면에 대부분의 거래가 극소수의 사람들 사이에서만 이루어지기 때문에 수요는 상대적으로 여전히 낮은 실정이다.[15] 당신이 보유한 NFT를 현금화하기 위해 NFT를 분할하여 2차 시장에서 따로따로 판매한다고 가정해보자. 이때 당신의 NFT가 재정적인 담보가 될 수 있는지 잘 생각해보는 것이 중요하다.

이제 막 NFT의 가능성을 탐구하기 시작한 시점에서 JPG 파일이 수백만 달러에 팔리고 있다는 등의 과장 광고는 절대로 NFT의 최종 단계가 될 수 없다. 예를 들면, NFT를 발행하여 해당 NFT가 2차 시장에서 판매될 때마다, 향후 여러 해 동안 수익금의 일정 비율이 창작자에게 가도록 할 수 있다. 이러한 '셀온 조항sell-on clause (소유권이 이전될 때 원래 소유자가 소유권을 포기하는 대가로 일정 금액을 받을 수 있게 하는 조항-옮긴이)'은 기존의 우리 사회에서 꽤 흔한 일이므로 메타버스에서도 이러한 일이 생길 것이라고 보는 것이 타당하다. 창작자는 여러 가지 NFT를 다른 NFT와 함께 묶어서 판매하거나 다른 자산에 대한 담보로 활용할 수도 있다.[16] 이는 예술 활동의 수익성을 높일 뿐만 아니라 메타버스에서 중요한 비즈니스 모델이 될 것이다. 그러나 미국 증권거래위원회의 관심 대상이 될지도 모른다.

마지막으로, 암호화 토큰은 블록체인에 기록되므로 100퍼센트 추적이 가능하다. 누가 얼마나 오랫동안 소유했었는지를 언제든 확인할 수 있다. 이러한 출처 증명은 범죄자를 추적하는 데 도움이 되기도 하지만(암호화폐는 익명이 아니다), 메타버스 안에서의 특정 공연이나 특별한 행사에서 사용된 디지털 웨어러블의 가치가 높아지기도 한다. 예를 들어, 아리아나 그란데가 포트나이트 투어에서 입었던 디지털 드레스가 NFT였다면 단순히 아리아나 그란데의 아바타가 그 옷을 입었다는 이유만으로 가치가 엄청나게 상승했을 것이다.

NFT가 반드시 효용성을 가져야 하는 것은 아니다. 6,900만 달러에 팔린 비플의 NFT 작품 〈매일 첫 5,000일Everyday—The First 5000 Days〉에는 아무런 효용성이 없다. 사실상 아무런 쓸모없는 JPEG 파일이 터무니없는 금액에 팔린 것이나 다름없다. 하지만 NFT에 효용성을 추가하면 NFT는 점점 유용해지고, 결과적으로 그 가치는 상승한다. 효용성은 자산에 딸려오는 특전과도 같다. 앞서 설명했던 버드와이저 캔이나 보어드 에이프의 사례처럼 특정 행사나 커뮤니티에 들어갈 수 있는 권한을 부여할 수도 있다. 특정 게임에 접속할 수 있는 권한을 부여하고, 앞서 살펴봤던 것처럼 해당 게임 안에서 하늘을 날 수 있거나 더 빨리 걸을 수 있도록 능력치를 업그레이드해주는 방법도 있다. 소유주와 세입자가 나눠 갖는 사례금도 좋고, NFT 소유자에게 부가가치를 더할 수 있는 것이면 어떤 것이라도 좋다. 시장에 진입하는 NFT가 많아질수록 좀 더 가치 있

는 NFT로 인식되기 위한 차별화가 필요하기 때문에 효용성은 더욱 늘리는 것이 바람직하다

2021년에 광풍을 일으킨 NFT의 광고는 희귀하고 독점적인 디지털 예술품을 선전하고 그것을 네트워크에서 과시하는 내용이 거의 전부였다. 2022년 초, 트위터도 이러한 흐름에 합류해 사용자가 암호화폐 지갑을 연동하고 트위터 프로필 사진을 자신의 NFT로 설정할 수 있도록 했다. 하지만 긴 안목으로 보면, 나는 그러한 희소성이나 독점성, 과시욕이 NFT의 주요 동인이 될 수 없다고 생각한다. 메타버스에서 독점 아이템을 판매하는 일은 멋지고, 메타버스 경제의 중요한 측면이기도 하지만, 독점적인 NFT가 메타버스의 미래는 아니다. 결국 소수의 사람들만이 로블록스 세계 안의 픽셀 몇 개에 불과한 4,000달러짜리 디지털 구찌 가방을 살 수 있을 테니 말이다. 대다수는 그럴 여력도 없고 그렇게 하지도 않을 것이다.

NFT는 배타성에 대한 증명이 아니라 디지털 아이템을 구매하거나 받아서 취득한 소유권에 대한 증명이다. 메타버스 경제가 풍요롭고 활기차게 돌아가려면 메타버스에도 100만 개가 넘는 품목을 판매하는 이케아의 메타버스 버전이 필요하다. 운동화부터 가상 주택에 필요한 침대에 이르기까지, 모든 아이템에 일련번호가 붙은 인증 가능한 소유권을 부여하는 것이다. 그러면 본인이 1,000개 혹은 1만 개 중 한 개를 소유하고 있다는 것을 알 수 있다. 또한 그것을 거래, 판매, 대여, 전시하거나 그것을 담보로 대출을 받을 수도 있다. 즉, 수익 창출이 가능해진다. 이렇게 하면 NFT가

유용성과 효용성을 획득하여 메타버스 엔진의 윤활유 역할을 할 수 있다.

비디오게임을 하거나 책을 읽고, 음악을 듣는 수백만 명의 사람들에게 디지털 아이템을 구매하는 일은 이미 오래전부터 일상이 되었다. 하지만 포트나이트에서 스킨을 구매하는 일처럼 진정한 소유권을 의미하지는 않는다. 수년간 비디오게임을 하면서 수백 달러를 지출하고 수천 시간을 투자했더라도 어느 순간 그 게임이 지루해지면, 그 모든 시간과 돈은 물거품이 되고 만다. 참으로 끔찍한 가치 파괴가 아닐 수 없다. 모두 그런 것은 아니지만, 당신이 구매하는 다른 디지털 아이템도 마찬가지이다. 예를 들어, 스포티파이의 음악은 실제로 사용자의 것이 아니며, 몇 시간씩 공들여 만든 재생 목록도 구독을 중단하면 사라진다. 킨들 도서 역시 사용자가 소유하는 것이 아니다. 아마존은 언제든 허가 없이 사용자의 킨들에서 전자책을 삭제할 수 있고, 구매한 책은 2차 시장에서 재판매할 수도 없다. 그러나 이제 NFT 덕분에 사람들은 사상 최초로 디지털 자산을 소유하고 수익을 창출할 수 있게 된 것이다. 그리고 이는 글로벌 사회에 긍정적인 영향을 미칠 것이다.

NFT의 문제와 해결 과제

처음에 사람들의 주목을 받은 것은 수집형 NFT, 예술품 NFT, 음악 NFT, 부동산 NFT, 패션 NFT였다. 이런 NFT가 주목을 받은 이유는 쉽게 공감할 수 있었기 때문이다. 비트코인이 나왔을 때보다 훨씬 많은 사람들이 이런 NFT에 관심을 가졌다. 하지만 수십억 달러 거래의 상당 부분은 아주 소수의 그룹에 의해 발생하며, NFT 거래는 결코 주류가 아니다. 뉴스에는 백만 달러짜리 NFT가 많이 언급되지만 실제로 거래가 되지는 않는다. 지금까지 NFT를 구매한 사람들을 세 부류로 나누면 다음과 같다.

- **투기형**: 약삭빠른 투자자와 내부자들. 2장에서 언급했듯이 대부분의 돈을 가져가는 부류
- **과시형**: 자신이 보어드 에이프를 살 수 있을 만큼 부자라는 것을 과시하고 싶은 이들
- **후발주자**: 자기 돈을 잃지 않기 위해 자신의 NFT를 구매하라고 열심히 다른 사람들을 설득하는 사람들

이는 메타버스가 활성화되어 NFT가 실제 효용성을 획득하면 달라질 것이다.

2021년의 NFT 열풍은 전형적인 골드러시 현상이지만 자금을 조성하기 위해 소비자의 불안 심리FOMO, Fear of Missing Out (나만 좋은 것을 놓칠까 봐 불안해하는 심리-옮긴이)를 이용한 사기 사건이 많이 발생했던 2017년의 ICO(초기 코인 공개) 광풍과는 다르다. NFT에 실제 효용성이 생기면 대부분의 NFT 투기나 터무니없는 고가의 NFT는 결국 사라지게 될 것이다. NFT를 접하는 일이 흔해질 것이기 때문이다. 이미 2021년 3월에 아티스트 킴벌리 파커Kimberly Parker와 익

명의 데이터 과학자는 그 달에 오픈씨에서 판매된 NFT의 약 65퍼센트가 300달러 이하였고, 700달러 이상에 판매된 NFT는 19퍼센트에 불과하다는 조사 결과를 발표했다.[17] 이는 그 규모가 1조 7,000억 달러에 이르는 예술계의 사정과도 엇비슷하게 들어맞는다.[18] 대다수의 예술품은 적정 가격에 팔리고 일부 그림만 특별히 고가에 팔리는 현실과 유사하다.

NFT 열풍이 낳은 좋은 점 중에 하나는 디지털 아티스트가 처음으로 자신의 작업과 사회에 기여한 대가를 받게 되었다는 점이다. 그렇다고 NFT가 풀어야 할 과제가 없다는 뜻은 아니다. 사실은 해결할 문제가 많기 때문에 NFT 발행이나 거래에 관심이 있다면 문제점을 반드시 인지하는 것이 중요하다.

현재 NFT가 디지털 소유권 문제를 해결한 것처럼 보이지만, 대부분의 NFT는 저작권, 실제 법적 소유권, 저작권 침해, 절도, 그 밖에 인간의 문제를 고려하지 않고 있으며, 지금과 같은 도입 초기에는 사기 범죄도 흔히 발생한다. 어떠한 문제들이 있는지 하나씩 살펴보자.

첫째, NFT는 어딘가에서 호스팅되고 있는 무언가를 당신이 소유하고 있음을 증명하지만, 그 대상이 되는 자산이 진정으로 당신의 것임을 의미하지는 않는다. NFT가 보여주는 것은 특정 디지털 자산을 거래했다는 사실이다. 다시 말해, NFT는 디지털 예술품 등의 자산을 구매했다는 사실을 적시한 검증된 영수증인 셈이다. 이러한 자산은 분산형 파일 시스템IPFS, 파일코인, 스토리지와 같은 탈중앙 파일 공유 시스템에 저장되는 것이 가장 좋지만, 용량이 큰 JPG, GIF 파일, 동영상이나 MP3 파일을 탈중앙 서버에 저장하면 비용이 많이 들기 때문에 아마존 웹 서비스 같은 중앙집중식 서버에 저장하는 경우도 있다. 그래서 서버에 저장하는 대신 예술품이 저장된 웹 주소만 블록체인에 기록하는 경우가 많다. 중앙집중식 서버에서 호스팅되는 아이템은 무려 수백만 달러를 지불했어도 서버 운영자에 의해 삭제될 수 있다. 그런 참사가 발생하면 아무 짝에도 쓸모없는 NFT만 남는 것이다.

토큰은 기본적으로 블록체인에 있는 (자산이 저장된 서버의 위치를 나타내는) 웹 주소의 위치를 알려주는 스마트 계약이며, 이는 디지털 지갑에 저장된다. 웹 주소는 블록체인에 기록되므로 변조가 불가능하지만, 누군가가 서버에서 자산을 제거해서 변조 위험이 없는 값비싼 웹 주소가 '페이지를 찾을 수 없음(404 not found)'이라는 메시지로 돌아올 수 있다. 당신의 값비싼 예술품이 탈중앙 스토리지 시스템에 저장되지 않는다면 해당 자산에 대한 영수증은 소지했지만 실제로 그 자산을 보유한 것은 아닐 수 있으며, 해당 자산이 저장되어 있는 서버의 소유자가 사실상 통제권을 쥐고 자산을 삭제해버릴 수 있다.[9] 그러므로 오픈씨와 같이 잘 알려진 NFT 거래소를 이용하는 것이 현명하겠지만, 그마저도 안전을 보장하지는 않는다.

오픈씨는 IPFS를 사용하지만 중앙집중식 거래소이기 때문에 다른 중앙집중식 암호화폐 거래소처럼 자산에 할당된 키도 직접 제어한다. 만약 오픈씨가 저작권 침해나 다른 이유로 디지털 자산을 제거하거나 동결하기로 결정하면 NFT는 무용지물이 되며 이러한 일은 이미 한 번 이상 발생한 적이 있다.[20] 2021년 말 오픈씨는 부득이 거래에 개입하여 유명 미술관 소유주이자 수집가인 토드 크레이머Todd Kramer가 도난당한 220만 달러 상당의 NFT 판매를 차단하는 조치를 취해야 했다. 해커가 피싱 공격을 통해 토드의 핫 월렛hot wallet(인터넷에 연결된 암호화폐 지갑)에서 빼낸 NFT였다. 절도범이 NFT를 되팔 수 없게 된 것은 토드에게 좋은 일이긴 하지만, 이는 NFT의 탈중앙화에 관한 중요한 질문을 제기한다.[21] 더구나 절도범이 훔친 NFT를 되파는 데 성공했다면 무고한 구매자는 아무 가치 없는 NFT에 비싼 돈만 날렸을 것이다.

디지털 자산을 탈중앙 스토리지에 저장하면 NFT를 보유한 사용자만 스토리지에 저장된 디지털 자산에 접근하고 제어할 수 있다. 그런데 설상가상으로 중앙집중식 NFT 거래소는 NFT의 개인 키를 중앙집중식 스토리지에 저장한다. 이는 암호화폐를 중앙집중식 거래소에 저장하는 것과 다름없다. 거래소가 해킹당하면 당신의 소중한 NFT가 분실되는 것과 같다. NFT가 탈중앙형 지갑에 있어도 인터넷에 연결된 핫 월렛에 보관되어 있다면 보안에 대한 책임은 본인에게 있다. 토드 크레이머의 사례에서 밝혀졌듯 인터넷 피싱 사기를 통해 해킹을 당하는 경우에도 NFT를 잃을 수 있다.

그런데 놀랍게도 블록체인 기술이 해결해야 하는 NFT의 문제점은 여기서 끝이 아니다. NFT는 이더리움, 솔라나Solana, 이오스EOS를 비롯해 NFT를 사용할 수 있는 다양한 블록체인에 저장된다. 이러한 블록체인은 탈중앙화된 채굴자나 이해관계자, 관리자에 의해 안전하게 유지되며 관리자가 많아질수록 블록체인의 보안은 더

256

강화되어 일명 51퍼센트 공격을 수행하기가 어려워진다. 51퍼센트 공격은 채굴자 그룹이 네트워크의 해시율을 50퍼센트 이상(과반 이상) 확보하여 네트워크를 장악하고 완료된 거래를 되돌림으로써 토큰이 이중 지출되게 하는 해킹 공격이다. 이중 지출 문제는 블록체인이 예방하겠다고 약속했던 것의 전부나 다름없다. 51퍼센트 공격의 희생양이 된 블록체인은 그리 오래가지 못하고, 해당 블록체인에 저장되어 있는 NFT의 가치는 곧 완전히 소멸될 가능성이 높다.

물론 대부분의 NFT는 가장 널리 통용되며 역사가 오래된 만큼 진정한 탈중앙화를 이룬 이더리움에 상주한다. 그러나 여기에는 가스 비용이라는 대가가 따른다. 이더리움에 거래를 기록하기 위해 지불해야 하는 가스 비용이 엄청나게 치솟아 네트워크에서의 불평등이 심화되고 있다. 좀 더 저렴한 다른 블록체인에서 NFT를 사용할 수도 있지만, 중앙집중식 블록체인은 보안이 상대적으로 취약하다. 여기에서 우리는 NFT가 대중화되려면 거래 비용이 내려가야 함을 알 수 있다. 가급적이면 제로 또는 제로에 가깝게 낮아져야 하는 동시에, NFT를 안전하게 유지하기 위한 탈중앙화는 강화되어야 한다.[22] 운이 안 좋으면 비싼 NFT를 살 수도 있고, 지갑을 해킹당하면 NFT가 저장된 블록체인의 보안이 뚫릴 수도 있다. 또는 실제 예술품이 저장된 중앙집중식 데이터베이스가 해킹을 당해 범인이 실제 자산을 서버에서 삭제해버릴 수도 있다. 이런 경우, 사용자는 여전히 서버의 위치를 가리키는 웹 주소를 알려주는 NFT를 갖고는 있지만 실제로 서버에는 아무것도 없기 때문에 사실상 아무것도 소유하지 않은 것이 된다.

위와 같은 경우가 아니라, 75ETH(약 30만 달러)에 팔아야 할 보어드 에이프 아바타를 실수로 0.75ETH(판매 당시 약 3,000달러)에 팔아 버린 맥스의 경우처럼 자신의 NFT를 판매할 때 엉뚱한 가격에 내놓아 벌어지는 사고는 본인의 책임이다. 소유자가 실수를 정정하기 전에 봇이 그 진귀한 아이템을 덥석 낚아채버리면 도리가 없다. 즉시 거래가 처리되도록 송금한 가스 비용은 8ETH(구매 시점 당시 약 3만 4,000달러)였다.[23] 이러한 '팻 핑거 오류Fat-finger errors(손가락이 자판보다 두꺼워서 가격이나 주문량을 잘못 입력하는 실수 - 옮긴이)'는 전에도 발생한 적이 있다. 이는 원래 주인에게 무척 약 오르는 일임과 동시에 지난 몇 년 동안 전 세계적으로 많은 논쟁을 불러일으켰던 '망 중립성'이라는 더 큰 문제를 보여준다. 이제까지 망 중립성의 목표는 모든 사람에게 평등한 인터넷 접근권을 제공하는 것이었으며, 인터넷 서비스 공급자ISP, Internet Service Providers가 모든 인터넷 커뮤니케이션을 차별 없이 취급하도록 하는 것이었다. 그러나 이제는 가스 비용 탓에 블록체인 세계에는 더 이상 적용되지 않는 것으로 보인다. 이는 미래에 위협이 되고 디지털 격차와 불평등을 심화할 수 있다.

이것이 전부는 아니다. 보어드 에이프 요트클럽과 같은 유명하고 값비싼 수집형 NFT에 관련된 신용 사기와 저작권 침해 사례는 수두룩하다. 혹자는 그것을 풍자라고도 하고 그 자체가 예술이라고 칭하기도 한다. 일례로 고개를 오른쪽으로 향하고 있는 보어드 에이프 요트클럽의 원숭이 아바타를 고개의 방향을 왼쪽으로

만 돌려서 재판매해 약 180만 달러를 벌어들인 펑키 에이프 요트 클럽PAYC, Phunky Ape Yacht Club이 있다. PAYC가 오픈씨, 라리블, 민터블과 같은 중앙집중식 시장에서 금지된 것을 보면, 대중을 위한 원활한 거래 경험을 만들어내는 중앙집중식 시장의 힘을 다시 한 번 확인할 수 있다.[24]

또 다른 예로는 프랑스 명품 가죽 브랜드 에르메스를 모방한 NFT 핸드백 컬렉션, '메타버킨MetaBirkins'이 있다. 이를 제작한 메이슨 로스차일드Mason Rothschild는 2021년 12월에 해당 디지털 자산을 4만 2,000달러에 판매했지만, 곧 버킨 브랜드의 상표권 침해 및 상표 가치 훼손으로 에르메스로부터 소송을 당했다. 오픈씨는 온라인 거래소에서 메타버킨을 신속하게 제거했지만 다른 거래소에서는 계속 거래되었다.[25] 안타깝게도 2017년 ICO 붐과 유사하게, 기술을 범죄 활동에 악용하는 사람들이 많다. 실제로 NFT 생태계 내 사기, 위조, '가장 매매wash trading(수요를 가장하기 위해 자전 거래를 하는 사용자)'에 대한 신고가 많이 발생하고 있다. 실제로 많은 이들이 (노래 및 삽화를 포함해) 자신의 소유가 아닌 콘텐츠를 NFT로 찍어내는 바람에 트위터의 창업자인 잭 도시Jack Dorsey의 첫 트윗을 290만 달러에 판매했던 NFT 거래소 센트Cent는 2002년 2월 대부분의 거래를 중단시켰다.

센트의 공동 창업자 캐머론 헤자지Cameron Hejazi는 그것이 바로 NFT가 가진 "근원적인 문제"라고 말했다.[26] 운도 좋았고 거래가 잘못되는 일도 없었다고 해보자. 그래도 아직 모든 고비를 넘었다고 할 수 없다. 구매한 NFT가 삽화의 이미지는 포함하고 있지만 실제

지적재산권이나 저작권이 포함되어 있지 않아 수익을 창출할 수도 없고, 지갑이나 가상 집에 두고 감상하기 좋은 이미지로만 사용할 수밖에 없는 가능성을 배제할 수 없기 때문이다. 이처럼 굳이 돈을 주고 사지 않아도 할 수 있는 일에 비싼 값을 치르는 실수도 발생할 수 있다. 암호화폐 애호가 그룹인 스파이시 DAO Spice DAO가 공상과학 소설 《듄Dune》의 희귀본을 구매한 예가 있다. 이들은 미공개 원고를 대중에 공개하여 애니메이션 시리즈를 제작하고, 다양한 파생 프로젝트를 지원하려는 목적이었다. 304만 달러나 지불했지만 그들이 구매한 것은 실물 원본이었을 뿐, 그들이 계획했던 일을 실행하는 데 필요한 저작권과 지적재산권이 아니었다.[7] 실제로 2021년에 판매된 NFT의 대부분은 저작권이나 지적재산권을 포함하지 않는, 다시 말해 수익을 창출할 수 없는 것이었다. 경제를 살아 움직이게 할 필수요소가 빠진 것이다. 앞서도 논의했듯이 보어드 에이프 요트클럽 컬렉션에는 지적재산권과 저작권이 같이 따라오기 때문에 커뮤니티가 활성화되고 가격이 급등하는 일도 생기지만, 대부분의 컬렉션은 그렇지 않다. 아이템이 저장된 곳을 가리키는 화살표를 사는 셈이며, 이는 NFT의 대중화를 이룰 수 있는 지속 가능한 솔루션이 아니다.

무언가를 구매할 때, 그 안에 들어 있는 파일을 내가 독점적으로 사용할 수 있는지, 어떻게 활용할 수 있는지 알고 싶은 것이 인지상정이다. 현실 세계에서 구찌 가방을 사면 그 가방에 대한 소유권과 사용권을 얻는 것과 마찬가지이다. 그러면 그 가방을 누군가에게 줄 수도 있고, 돈을 받고 빌려줄 수도 있고, 다른 어떤 것과

메타버스 유토피아

교환할 수도 있으며, 다시 파는 것도 가능하다. 그리고 아무나 함부로 가방을 그냥 가져가거나 망가뜨리지 못한다. 그것은 범죄 행위이기 때문이다. 가상 세계에도 이와 같은 규칙이 필요하다.

암호화폐를 거래하는 경우와 마찬가지로 이번 장에서 NFT에 대해 새롭게 배운 내용이 있더라도 실제로 NFT 거래에 뛰어들기 전에 본인이 직접 하나하나 조사하는 것이 중요하다.

온통 맥 빠지는 이야기밖에 없는 것 같지만, 사실이 그렇기 때문에 어쩔 수 없다. 하지만 세상이 끝난 것은 아니다. 이러쿵저러쿵해도 아직은 시작하는 단계이다. 법 제도가 마련되어 표절이 제한되고 블록체인 생태계가 계속해서 진화하고 발전한다면, 즉 디지털 자산이 진정으로 탈중앙화된 스토리지에 저장되고, 블록체인 간 상호운용이 가능해지며, 무료 혹은 최소한의 수수료로 거래를 할 수 있게 된다면(일부 블록체인은 이미 이를 시행하고 있다), 앞서 언급한 모든 문제는 거의 사라질 것이다. .

이렇게 해결해야 할 과제가 많음에도 불구하고 NFT는 버튼 클릭 한 번으로 한 개인의 자산과 수년간의 작업을 간단히 삭제해 버릴 수 있는 현재의 중앙집중식 시스템보다 본질적으로 훨씬 나은 시스템이라고 할 수 있다. 이런 문제들을 극복한다면 NFT는 메타버스 경제를 새롭게 정의하게 될 것이다.

디지털 부동산의 미래

디지털 예술품뿐만 아니라 디지털 부동산도 잘 알려진 NFT 사용 사례 중 하나이다. 2021년에는 디센트럴랜드, 엑시 인피니티, 샌드 박스 등에서 수백만 달러 규모의 디지털 부동산 거래가 이뤄졌다. 그리고 이는 시작에 불과하다. 다양한 가상 세계를 가로지르는 디지털 토지는 무한대로 공급되기 때문에 가격이 낮을 것이라 기대하겠지만 실제로 그런 일은 일어나지 않는다. 디지털 부동산의 가격은 사상 최고를 기록하고 있으며, 메타버스가 뉴스에 더 많이 나오면 나올수록 가격은 계속해서 올라갈 가능성이 농후하다. 디지털 부동산 중개인 또한 거의 대부분이 디지털 부동산을 어떻게 구매하는지도 모르지만 기회를 놓치는 것은 더 두렵기 때문에 대세에 뛰어들고 있다. 하지만 그것이 잘한 일인지는 두고 볼 일이다. 중개인인 척하다가 돈이나 땅과 함께 자취를 감춰버리는 사기꾼도 있을 수 있다.

　가상 부동산을 매입하는 경우 실제로 구매하는 것은 대체불가 토큰이다. 디센트럴랜드의 땅을 61만 8,000마나MANA(디센트럴랜드에서 사용하는 암호화폐 토큰 - 옮긴이, 구매 시점 기준 약 320만 달러 상당)에 매입한 메타버스 그룹의 창업자인 제이슨 캐시디Jason Cassidy는 디지털 부동산을 매입하는 것은 1900년대에 맨해튼에서 실물 부동산을 매입하는 것과 같다고 말했다. 그러나 가치가 폭발하는 데는 120년까지는 걸리지 않고 5~10년이면 충분할 것이다. 많은 사람들이 디지털 부동산과 그 중요성에 관해서는 매우 낙관적이다. 디지털 부동산에서 가장 중요한 것은 현실 세계에서처럼 첫째도 위치, 둘째도 위치, 셋째도 위치이기 때문에 유동 인구가 많고, 유명인이 옆집에 살고, 가상 부동산의 가치를 높여줄 부촌이 있는 곳이 좋다고 주장하는 사람도 있지만, 나는 반대 의견을 갖고 있다.

현재의 추세는 디지털 부동산 거물과 브랜드가 다양한 가상 세계에서 수백만 달러에 디지털 토지를 사들여 다른 이에게 임대하거나 그 위에 상업 시설을 개발하는 것, 아니면 (미래의) 소비자와 연결하기 위한 가상 상점이나 본사를 구축하는 것이다. 이것이 좋은 생각일 수도 있지만, 나는 내가 5장에서 밝혔던 의견을 견지하고 있다. 브랜드들은 메타버스에 익숙해지기 위해 배운다는 차원에서 다양한 가상 세계의 토지를 조금씩 구매해보고 어떤 문제들이 따라오는지 연구할 필요가 있다. 세컨드 라이프를 만든 필립 로즈데일Philip Rosedale은 2021년 트윗에서 다음과 같이 말했다. "가상 토지가 (블록체인에서) 전부 소유되면 악의적인 소유자들은 인기 있는 공간의 작고 비싼 땅 조각에 불쾌한 콘텐츠를 올려 서로를 착취할 것이다."[28] 그는 20년 전에 세컨드 라이프에서 이러한 일이 일어나는 것을 보았고, 그런 일은 또 일어날 공산이 크다고 할 수 있다. 예를 들어, 당신이 이제 막 디센트럴랜드나 샌드박스에서 200~300만 달러를 지불하고 대지를 매입했는데 어느새 누군가가 근접한 작은 땅 덩어리를 사서 거대한 옥외 광고판을 세우고 불쾌한 콘텐츠를 게시할 수 있다. 그러나 탈중앙화된 플랫폼에서 당신이 할 수 있는 일은 아무것도 없다.

게다가 인위적 희소성 개념을 디지털 부동산에 적용한다는 것은 이해되지 않는다. 애초에 이웃과 상대해야 하는 이유가 무엇인가? 가상 세계에서 스팸이나 저품질 콘텐츠를 차단하는 데 토지를 사용하는 것도 유용하지만[29] 격자무늬의 고정된 패턴 위에 인위적으로 희소하게 만든 토지를 구매하는 대신 스테이킹staking(자신이 보유한 암호화폐의 일정한 양을 지분으로 고정시키는 것으로, 보유한 암호화폐 지분의 유동성을 묶어두는 대신 그에 대한 보상으로 암호화폐를 받는 것이다-옮긴이)을 이용할 수도 있다. 디지털 부동산은 만들어진 구조물이다. 그 자체로는 아무런 문제가 없다. 우리 사회에서도 각양각색의 구조물이 아주 잘 작동하고 있다. 하지만 메타버스는 물리적 한계에 구애받지 않는다. 무한한 디지털 공간에서 어딘가로 이동할 때에는 간단히 순간 이동하면 된다.* 무한한 공간에서 왜 유한한 땅 조각을 원하는가? 가상 세계에서 격자무늬로 구획된 토지의 희소성은 부자연스럽다. 자금을 모으기 위한 활동이라면 이해할 수도 있겠으나 한 경험에서 다른 경험으로 순간 이동할 수 있고 굳이 나쁜 이웃을 상대할 필요도 없는 디지털 우주에서 자신을 제한할 이유가 전혀 없다.

디지털 부동산 매매의 또 다른 문제는 게임이 지겨워진 사용자가 다른 최신 가상 세계로 이동하는 일이 상당히 자주 발생한다는 사실이다. 머지않아 한때 번성했던 가상 세계는 황폐화되고 더

---

* 솜니움 스페이스 플랫폼은 사용자가 솜니움에서 땅을 매입할 때 순간 이동 허브에 대해서도 과금하는 방식으로 희소 지대와 순간 이동의 이점을 모두 활용하려 하고 있다. https://opensea.io/assets/ethereum/0x913ae503153d9a335398d-0785ba60a2d63ddb4e2/5087

이상 관리되지 않는 가상 부동산에서는 재미라는 것을 찾을 수 없게 된다. 세컨드 라이프에서도 같은 일이 발생했다. 가상 토지를 매입했던 초기 사용자들이 떠나고, 디지털 재산을 관리(실물 재산이나 웹사이트를 유지 보수하듯이, 계속 살아 움직이게 만들고 최신 상태로 업데이트하는 일)하지 않아 신규 사용자들은 실제 게임 활동이 일어나는 곳에서 멀리 떨어진 외곽에 땅을 사야 했다. 증강현실 혹은 가상현실의 개척자이자 기업가인 로버트 라이스Robert Rice가 내게 알려준 팁에 따르면, 이해당사자가 내 암호화폐를 스테이킹하는 조건으로 가상 토지를 임대하는 것이 좀 더 나은 선택이다. 계약이 갱신되지 않으면 임대 기간이 종료될 때 토지는 자동으로 반환된다. 이런 방식으로 소유자는 돈을 돌려받고, 빈 땅에는 새로운 사용자가 들어와 다시 멋진 구조물을 지을 수 있게 되며 가상 경제가 지속적으로 번성할 수 있다.

메타버스 플랫폼인 스페이셜Spatial.io은 전혀 다른 접근 방식을 취한다. 토지를 매입하는 대신 아티스트가 미리 제작한 가상 환경을 구입하거나 자신이 직접 가상 환경을 제작할 수 있다. 이러한 공간에는 대부분 일종의 효용성이 함께 제공되며 한번 소유하면 원할 때마다 방문하여 다양한 종류의 공간을 만들 수 있다. NFT를 전시할 디지털 화랑을 구입한 경우, 다양한 모습의 화랑을 얼마든지 만들 수 있다.[30] 이러한 방식은 디지털 부동산 거물이나 플랫폼이 아니라 창작자가 보상을 받는 데 초점을 맞춘 것이며, 나는 이 방식이 좀 더 지속 가능한 접근 방식이라고 생각한다.

더구나 오늘날의 플랫폼과 내일의 플랫폼이 같을 리가 없지 않은가. 더 나은 기능과 성능을 갖춘 다음 버전이 이미 개발되고 있을 것이 틀림없다. 디지털 부동산을 판매하는 플랫폼이 계속해서 스스로를 재창조하지 못한다면 백만 달러의 투자는 그 가치가 빠르게 퇴색될 것이다. 그것은 기술적인 도전 과제이기도 하지만 탈중앙 플랫폼의 경우엔 다수의 동조를 끌어내야 하는 커뮤니티 차원의 도전 과제이기도 하다.

메타버스의 경제 메커니즘

실물 부동산이 메타버스에서 자리를 잡은 방식과 유사하게 현실 세계에 존재하는 모든 비즈니스 모델은 메타버스로 복제될 가능성이 높다. 그중 가장 눈에 띄는 두 가지 비즈니스 모델은 사용자가 수익원이 되는 광고 기반 수익 모델과 프리미엄freemium('무료free'와 '프리미엄premium'이 합쳐진 단어로, 기본 무료 서비스와 고급 및 특수 기능에 요금을 부과하는 형태 - 옮긴이) 구독형 수익 모델이다. 구독 모델은 고객이 디지털 자산에 대한 소유권을 갖지 못하기 때문에 문제가 있지만, 프리미엄 구독 모델은 메타버스에서 통할 수 있다. 한편, 광고 기반 모델은 메타버스에서 더욱 큰 문제가 될 가능성이 있다. 사용자가 온라인 상태에 있는 시간이 길어질수록 더 많은 데이터를 수집할 수 있고, 더 많은 광고를 제공하여 더 많은 돈을 벌 수 있기 때문에 온갖 유인책을 써서 사용자를 플랫폼에 가능한 한 오래 붙잡아두려고 할 것이다. 이는 추천 엔진을 최적화하는 결과로

메타버스 유토피아

이어져 끊임없이 보고 읽고 스크롤하는 사용자를 만든다. 이미 명백히 드러났듯이 이는 우리 사회에 치명 결과를 가져올 것이다. 광고 기반 모델에 최적화된 메타버스는 생각만 해도 끔찍하다.

　다행스럽게도 메타버스에서는 창작자 경제가 주도하는 폭넓고 다양한 종류의 새로운 비즈니스 모델을 기대할 수 있고, 이는 광고 기반 모델의 대안이 될 수 있다. 탈중앙 자율 조직이든 중앙집중식 회사이든 관계없이, 창작자 경제에 최적화된 조직은 광고 수익에 의존하는 대신 즉각적이고 원활한 가치 교환을 보장하기 위해 암호화폐를 사용하는 새로운 경제 메커니즘을 편입시킬 수 있다. 그럴 경우 수익의 30퍼센트를 가져가는 애플, 45퍼센트를 가져가는 구글, 심지어 75퍼센트를 떼어가는 로블록스와 달리 조직이 최소한의 비율, 즉 5~10퍼센트만 가져갈 것이기 때문에 창작자의 수입이 늘어난다. 저커버그가 메타를 공개할 때, 2023년까지 플랫폼 수수료를 받지 않겠다고 선언했으나, 창작자의 플랫폼 의존도가 높아진 후에는 어떻게 바뀔지 아무도 모르는 일이다.

　새로운 암호경제 메커니즘을 편입시키는 일은 단순하지 않으며, 특히 탈중앙 자율 조직의 경우에는 개인에 대한 동기 부여 수단으로써의 토큰 활용법을 철저히 이해할 필요가 있다.

　탈중앙 자율 조직은 오랜 역사를 지니고 있으며, 형태면에서 협동조합과 유사하다. 실제로 네덜란드에서 가장 큰 은행 중 하나인 라보뱅크Rabobank는 거의 200만 명의 조합원을 보유한 협동조합이다.[31] 현실 세계에서 협동조합을 설립하려면 시간도 오래 걸릴 뿐더러 공증인과 변호사가 개입되기 때문에 비용이 많이 든다. 그러나 스마트 계약의 힘을 빌리면 탈중앙 자율 조직을 훨씬 빠르게 설립할 수 있다. 서비스형 DAODAOs-as-a-service는 탈중앙 자율 조직의 운영을 즉시 시작하고 자금을 모아, 구상한 작업(대부분 합법이겠지만 불법일 가능성도 있음)을 수행할 수 있게 하는 탈중앙화된 서비스이다.

탈중앙화 자율 조직을 사용하면 개인적으로 물건을 수집한다든가 다른 사람들과 함께 구매나 거래, 또는 제작을 하기 위해 공동으로 자본을 모금할 수 있는 임시 단체를 만들 수 있다.

이에 대한 예로는 미국 헌법의 원본을 구매하기 위해 2021년 11월에 결성된 임시 탈중앙 자율 조직인 헌법 탈중앙 자율 조직Constitution DAO이 있다. 커뮤니티에서 단 몇 주 만에 ETH로 약 4,700만 달러가 모금되어 소더비 경매에 참여했으나 억만장자 켄 그리핀Ken Griffin에 의해 낙찰에 실패했다. 목표 달성에 실패한 탈중앙 자율 조직은 정해진 수순에 따라 기부한 모든 이에게 반환하지만, 안타깝게도 이더리움 네트워크의 높은 가스 비용으로 인해 일부 기부자는 기부금 전체가 가스비로 사용되어 돌려받을 금액이 없었다. 비록 헌법 탈중앙 자율 조직이 애초의 목표를 달성하지는 못했지만 이는 어떻게 1만 7,000여 명의 사람들이 인터넷에서 단체를 구성하고 짧은 시간 안에 수백만 달러를 모을 수 있었는지 보여주는 훌륭한 사례가 되었다.

이 탈중앙 자율 조직에 기여한 사람들의 3분의 1 이상이 생애 첫 암호화폐 구매자였다는 사실은 매우 흥미로우며, 이는 활동을 조직하는 새로운 방식을 보여준다.[32] 헌법 탈중앙 자율 조직은 서로 다른 디지털 트윈을 결합하고 데이터 저장소를 활용해 독점 데이터를 공유하고자 하는 기업이 사용할 수 있으며, 그 결과 즉시 사용 가능한 데이터의 경제적 가치를 증대할 수 있다. 2장에서 언급했던 사례 중 풍력 발전 터빈의 데이터를 공유하는 에너지 회사들의 예와 유사하다. 이 경우에 다양한 디지털 트윈이 탈중앙 자율 조직의 구성원이 되며 인간의 개입이 필요 없게 된다. 뿐만 아니라 여러 가상 세계를 가로지를 수 없고 특정 가상 세계의 내부에만 존재하는 미니 탈중앙 자율 조직(탈중앙 자율 조직의 하위 계층 – 옮긴이)을 가질 수도 있다. 앞으로 다양한 유형의 탈중앙 자율 조직이 등장하겠지만 어떠한 유형이 됐든 아직은 실험 단계이며, 대중화되기까지는 시간이 걸릴 수도 있다는 사실을 유념할 필요가 있다. 일부는 성공할 것이며, 대부분은 시간이 걸릴 것이다.

탈중앙 자율 조직이 커뮤니티 구성원에게 보상을 하긴 하지만 탈중앙화 및 중앙집중식 플랫폼과 브랜드 모두 소비자에게 제품이나 서비스를 보상으로 제공함으로써 추가적인 가치를 더할 수도 있다. 사용자의 관심에 대한 보상으로 고유한 특전을 제공함으로써 우리는 디지털 자산을 소유할 수 없는 구독 사회에서 벗어나 구매한 (디지털) 자산을 진정으로 소유할 수 있는 사회로 이동할 수 있다. NFT 덕분에 바야흐로 우리는 사용자와 플랫폼에 상당한 가치를 제공할 수 있는 매우 다양하고 새로운 경제 메커니즘의 여명기를 맞이하고 있다. '읽으면서 돈 벌기Read to Earn', '스트리밍하면서 돈 벌기Stream to Earn', '입어서 돈 벌기Wear to Earn', '참석해서 돈 벌기Attend to Earn', '게임하면서 돈 벌기Play to Earn'까지, 어떤 활동이든 수익화할 수 있다. 사용자의 관심과 구매에 대한 보상은 충성 고객을 만들어내고 커뮤니티를 강화하며, 이는 모든 이해관계자에게 엄청난 가치로 돌아온다. 게임화 메커니즘과 유틸리티 NFT 및 다양한 보상 시스템을 활용하면 이러한 경제 메커니즘은 메타버스의 표준 모델이 될 수 있다.

가장 흥미로운 경제 메커니즘은 '게임하며 돈 벌기(돈 버는 게임)'으로, 2021년에 게임 엑시 인피니티와 함께 폭발적인 인기를 얻었다. 이 모델은 비교적 간단한 편이다. 게임을 하는 사용자에게 보상을 제공하고, 더 많은 시간과 노력을 투자할수록 보상은 더욱 커지는데, 이 보상은 사용자 자신뿐만 아니라 생태계 내의 다른 게이머에게도 돌아간다.[33] 엑시 인피니티 안에서 이것은 엑시라는 애완동물끼리 전투를 벌일 때마다 플레이어가 작은 사랑의 물약SLP, Small Love Potion 토큰을 받는다는 뜻이다. 더 많은 전투에서 승리하는 엑시일수록 더 많은 SLP 토큰을 받기 때문에 그 가치가 점점 올라간다. SLP 토큰은 새로운 엑시 동물을 사육하는 데 사용하거나 플레이어가 탈중앙 암호화폐 거래소인 유니스왑Uniswap에서 이더리움 코인ETH으로 교환할 수 있다. 토큰 엔지니어링, 즉 가치의 흐름 및 궁극적인 경제 시스템을 설계하기 위한 기반으로 토큰을 사용하는 관행은 꽤 복잡할 수 있지만,[34] 결과는 간단하다. 더 많이 플레이할수록 더 많이 벌 수 있다.

이는 게임에서 으레 그래왔던 것과는 정반대이다. 기존에는 게이머가 게임에 더 많은 시간과 돈을 쓸수록 그 가치는 게임을 만든 회사에게 돌아가곤 했다. 하지만 '돈 버는 게임'은 기존 시스템을 깨부수고, 가치를 참가자에게 재분배한다. 물론 이런 시스템에 긍정적인 면만 있는 것은 아니다. 엑시 인피니티의 공동 창업자 제프 저린Jeff Zirlin도 인정했듯이, 게임을 시작하는 일은 꽤 복잡할 수 있다.[35] 더군다나 게임을 시작하면 함정도 만나게 된다. 2022년 초에는 한 마리에 100달러에 판매되었고, 2021년 8월에는 350달러까지 간 적도 있는 엑시 동물 세 마리를 구매해야 그때서야 게임을 시작할 수 있다.[36] 게임을 하고 싶지만 그렇게 큰 초기 투자금을 감당할 형편이 안 되는 사람들이 있기 때문에, 기존 사용자들이 새로운 플레이어에게 디지털 몬스터를 대출해주고, 기존 사용자도 게임에서 이익을 얻을 수 있게 하는 엑시 장학금 프로그램이 생겨났다. 주목할 만한 일 같지만, 신규 플레이어는 빌린 괴물을 사용해 얻는 이익의 70퍼센트만 갖게 된다. 그리고 그들은 본인이 소유한 것이 아니기 때문에 게임에서 진짜 돈벌이가 되는 것, 즉 디지털 괴물 판매로 인한 이익은 얻을 수 없다.[37]

이 비즈니스 모델은 게임 내 통화를 사용해 기존 플레이어로부터 엑시 동물을 구입하는 신규 플레이어의 유입에 의존한다. 엑시 인피니티는 모든 구매에 거래 수수료를 부과해서 수익을 얻는다. 기존 사용자 입장에서도 자신이 만들어낸 가치의 대부분을 추출해내려면 새로운 플레이어가 지속적인 들어와줘야 한다.[38] 엑시 동물에 대한 수요가 떨어지는 순간 '돈 버는 게임' 메커니즘은 작동을 멈춘다.

이처럼 해결해야 할 문제가 있음에도 불구하고 '돈 버는 게임'은 가장 중요한 이해당사자가 된 플레이어에게 보상을 제공한다.

2장에서 살펴봤듯이 이는 결과적으로 게임의 이해당사자에게 상당한 사회적, 경제적 가치를 가져다주고 있다. 그러므로 우리는 더 많은 게임이 '돈 버는 게임' 메커니즘을 수용할 것이라고 예상할 수 있다. 프랑스 게임 회사인 유비소프트Ubisoft는 '돈 버는 게임' 형태의 블록체인 게임을 개발 중이라고 발표했다.[39] 마이크로소프트가 메타버스를 끌어안는 데 진심이라면(2022년 초에 액티비전 블리자드를 687억 달러에 인수한 것을 보면 그런 것으로 보인다), 가치 추출의 구식 경제 모델에 대한 고집을 버리고 공유 및 환원 경제 모델을 수용함으로써 구매 가치를 크게 향상시킬 수 있는 가능성이 있다.

게임 개발자, 배급사와 게이머가 모두 멋진 경험의 혜택을 누릴 수 있는, 가치 추출이 아닌 가치 창출을 추구하는 이 긍정적인 경제 모델은 메타버스에서 전개될 일을 짐작하게 해준다.

안타깝게도 모든 혁신적인 변화가 그러하듯이 기존에 권력을 점유한 자들(이 경우에는 정부)이 벌써부터 이 경제 모델을 이용하거나 심지어는 저지하려 하고 있다. 필리핀이 게이머와 배급사에게 세금을 부과하는 방안을 모색하고 있는 반면에[40] 한국은 2021년 말, 애플과 구글의 '돈 버는 게임' 국내 출시를 차단하기 위해 압력을 행사했다. 한국에서는 이러한 게임을 통해 번 돈이 경품으로 인정되며 법적 한도는 8.50달러이다.[41] 이러한 게임이 전체 경제에 가져올 수 있는 명백한 이점을 무시하고, 규칙을 조정하기보다 금지하는 것을 선호하는 근시안적인 정부의 사례이다.

'돈 버는 게임'은 아직 경제 모델의 효과가 증명되지는 않았지만 장래성이 있는 모델이다. 해결해야 할 과제가 있지만, 이는 더 많은 브랜드와 신생 기업이 새로운 경제 메커니즘을 수용하면서 점차 해결될 것이다. 그럼에도 불구하고 자신이 사랑하는 일을 하면서 돈을 버는 것은 매우 중요할 뿐만 아니라 경제의 돌파구 역할을 하기도 한다. 일반적으로 우리는 좋아하는 일을 잘하기 마련이므로 이 모델을 통해 좋아하는 일을 함으로써 글로벌 경제에 더 많은 가치를 더할 수 있을 것이다.

'돈 버는 게임'이 보여주는 것처럼 NFT의 장기적인 가치는 디지털 자산의 희소성이 아니라 디지털 자산을 진정으로 소유하고, 소유권을 증명하며, 메타버스 내에서 어디를 가든 휴대할 수 있게 하는 데에 있다. 현재 플랫폼에서 사용자는 자신의 데이터를 추출당하고 이용당하며 투입한 시간과 에너지는 주주의 가치로만 이어질 뿐이지만, NFT가 동인이 되는 개방형 메타버스에서는 사람들이 사회 전반에 더 많은 가치를 창출하는 데 소비한 시간에 대한 보상을 받을 수 있다.

탈중앙 금융에서 메타 금융으로

창작자는 개방적이고 탈중앙화된 메타버스에서 상당한 혜택을 얻을 수 있는데, 그러려면 기존의 금융 제도에서 벗어날 필요가 있다. 안타깝게도 기존의 지불 시스템은 경제 활동이 실시간으로 흘러가게 하기에는 너무 비싸고 너무 느리다. 하지만 메타버스에서는 저렴하고 빠른 경제 활동이 가능하다. 이것이 바로 개방형 메타버스에서 암호화폐를 필수적으로 사용해야 하는 이유이다. 또한, '탈중앙 금융DeFi, decentralized finance' 메커니즘을 수용함으로써 자산을 쉽게 현금화할 수 있게 된다.

탈중앙 금융은 블록체인 기술을 활용한 P2P 방식을 통해 기존의 금융기관 없이도 보험, 저축, 대출 등을 포함해 오늘날에 존재하는 모든 금융 서비스에 상응하는 전 세계적 차원의 탈중앙화된 대안을 만드는 것이 핵심이다. 탈중앙 금융은 인터넷에 연결된 스마트폰이 있는 모두에게 금융 도구를 제공하고, 은행을 이용하지 못하는 17억 명에게 금융 서비스를 제공하여[42] 글로벌 경제 시스템 안으로 포섭하는 것을 목표로 한다.[43] 암호화폐는 사업에 드는 비용을 낮추고, 토큰화는 지구상에 있는 모든 이에게 새로운 투자의 기회를 제공한다. 뿐만 아니라 개인과 조직에 힘을 실어주고, 대침체Great Recession 시기(2008년 세계금융위기를 의미함-옮긴이)에 혼돈을 야기했던 '대마불사'의 금융기관에 덜 의존하게 될 것이다.[44] 탈중앙 금융이 글로벌 금융 시스템을 재정립할 수 있음에도 불구하고 2022년 초를 기준으로 탈중앙 금융 앱을 사용하는 사람은 430만 명에 불과했다.[45] 이렇게 낮은 수치는 기존의 탈중앙 금융 앱과 그에 따른 위험 요소(가령 사기나 실수에 대한 보호 장치 부재)를 처리하는 데 필요한 기술적 전문성의 부족 때문일 가능성이 높다. 이를 개선하기 위한 노력이 결실을 맺는다면 앞으로는 창작자와 팬이 탈중앙 금융 메커니즘을 활용해 자산으로 수익을 창출하기가 더 용이해질 것이다.

이러한 메커니즘을 수용하는 개방형 메타버스는 NFT와 그 속에 든 해당 (디지털) 자산을 통해 더 쉽게 수익을 창출하고, 궁극적으로는 대중이 더 쉽게 이용할 수 있게 함으로써 사회에 어마어마한 가치를 가져다줄 수 있다. 아웃라이어 벤처스는 소비자의 편익을 위해 대체불가 토큰과 대체가능 토큰(암호화폐) 간의 금융 활동을 가능하게 하는 모든 프로토콜, 플랫폼 및 제품을 포함하는 '메타 금융-MetaFi,' 즉 메타버스 금융을 만들어냈다.[46] 지금은 탈중앙 금융이 대체가능 토큰에서만 작동하지만, 앞으로는 NFT로도 가능하게 될 것이며, 소비자가 NFT로 수익을 창출하기가 더 수월해질 것이다(메타 금융은 훨씬 더 초기 단계이다).

수익화는 NFT를 분할 소유(대체불가 토큰을 여러 개의 대체가능 토큰으로 나누는 것)하거나 공개 시장에서 거래나 대여를 통해, 또는 대출을 위한 담보로 활용함으로써 달성할 수 있다. 이러한 종류의 진정한 경제적 상호운용성이 달성되면 메타버스에서 많은 사람들의 소득이 증가할 수 있다. 처음에는 최신 기술에 밝은 창작자와 수집가만 유용하게 사용하겠지만 우리는 메타 금융을 신용카드처럼 쉽고 원활하게 이용할 수 있고, 누구나 자신의 디지털 자산을 활용할 수 있도록 만들기 위해 노력해야 한다.

지금으로부터 몇 년 뒤, 가수, 3D 아티스트, 작가 또는 게이머와 같은 창작자가 고유한 콘텐츠를 만들어 어떤 탈중앙화 플랫폼에 업로드한다고 상상해보자. 창작자는 콘텐츠 소비자들에게 암호화폐로 소정의 금액을 받는다. 사용자가 콘텐츠에 접속할 때마다 창작자의 지갑으로 즉시 돈이 들어오며, 해당 콘텐츠를 호스팅하는 플랫폼이 부과하는 수수료가 차감된 금액이 들어올 수도 있다.

사용자가 맛보기로 콘텐츠를 둘러보고, 정해진 시간 내에 경험을 종료하는 경우에는 즉시 환불받게 할 수도 있다. 창작자의 과거 수익은 블록체인에서 모두 투명하게 공개되며, 창작자는 이를 담보로 제출하여 다음 작품을 전개하는 데 필요한 비용을 대출받을 수 있다. 이자율은 과거 수익과 평판에 따라 달라진다. 창작자가 대출금을 제때 상환하지 못할 경우, 사전에 합의된 내용에 따라 해당 작품은 지적재산권 및 저작권과 함께 대출금을 제공한 사용자, 커뮤니티, 또는 조직에 자동으로 이전된다. 대출금을 기한 내에 상환한다면 다음 작품을 위해 다시 대출을 받을 수 있으며, 이로써 창작자로서의 프로필과 평판을 더욱 높이고 사회를 위한 (경제적) 가치를 지속적으로 창출할 수 있다. 물론 상호운용 가능한 메타버스에서는 이와 같은 메타 금융 프로토콜을 사용해 게이머도 자신이 벌거나 구입한 자산을 다른 플랫폼 밖으로 이전하여 다른 플랫폼에서 사용할 수 있고, 공개 시장에서 판매하거나 임대할 수도 있으며, 해당 자산을 담보로 대출을 받을 수도 있다.

게다가 NFT는 현실 세계의 자산, 예를 들면 본인의 집과 연결할 수도 있다. NFT는 당신이 해당 주택을 소유하고 있다는 사실을 명시한 계약의 소유권을 증명한다. 그런 다음 일종의 탈중앙 프로토콜에 드롭하고 주택 담보 대출 재융자 신청을 하면 몇 시간 또는 몇 분 내로 추가 자금을 확보할 수 있다. 이러한 메커니즘은 이미 현실 세계에도 존재하지만 일반적으로 처리 기간이 길고 공증인과 변호사 비용이 많이 든다. 물론 탈중앙 금융을 활용해 주택을 담보로 재융자를 받는 데 위험 요소가 없지는 않다. 탈중앙화된 세계에는 사람들을 보호하는 견제와 균형을 위한 장치가 없기 때문에 사기를 당할 수도 있고, 성급하거나 현명하지 못한 결정으로 재산을 잃을 수도 있다.

메타버스는 전 세계 수백만 명의 창작자, 아티스트 및 게이머에게 엄청난 가치를 창출할 수 있는 목적지가 될 수 있다. 누구나 초소형 사업가가 될 수 있고, 콘텐츠를 제작하여 돈을 벌고 수익을 창출할 수 있으며, 커뮤니티를 구축하고, 메타버스와 사회에 가치 있는 일을 할 수 있다.

우리가 메타버스를 올바르게 구축한다면 인류는 풍요롭고 공정하며 즐거운 사회를 만들 수 있는 최첨단 합의로 가득한 새로운 세상을 만들 기회를 누릴 수 있을 것이다. 2020년에 NFT 시장의 규모는 약 2억 3,200만 달러였고 2021년에는 2,200억 달러로 폭발적인 성장을 이루었다.[47] 개방형 메타버스가 현실화되고 디지털 자산의 경제 상호운용성과 수익화가 보편화된다면, 향후 10년 안에 창작자와 팬들이 만든 소셜 커뮤니티가 고유한 경험을 만들어내고, 창작자 경제에 기여하는 1조 달러 규모의 시장으로 변모할 것이다.

Chapter 8

디지털리즘의
윤리

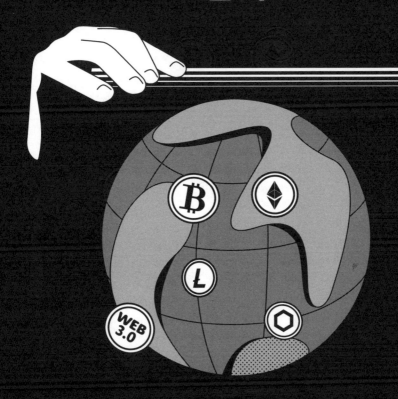

기술은 중립적이다

기술은 중립적이다. 인류에 번영을 선사할 수도 있고 사회에 고통과 파멸을 가져다줄 수도 있다. 메타버스라고 해서 다르지는 않을 것이다. 현실 세계의 온갖 범죄 행위가 몰입형 인터넷에서도 똑같이 벌어지는 건 물론이고 심지어 폭증할 가능성도 있다. 범죄자란 돈 냄새를 맡기 마련인데, 메타버스야말로 소비자와 창작자, 조직이 돈을 벌 기회로 가득한 블루오션이다. 하지만 안타깝게도 온라인 보안은 어려움을 겪고 있다. 많은 조직이 그들의 (고객) 데이터를 제대로 관리하지 못하고 사이버 해킹 때문에 파산에 이른다. 그와 동시에 온라인상의 괴롭힘이나 사이버불링으로 인해 많은 사람이 스스로 목숨을 끊기도 한다.

디지털 범죄 행위는 이미 세계적인 혼란을 불러일으키고 있으며, 우리 사회가 다차원적인 디지털 경험으로 진입함에 따라

메타버스 유토피아

2025년에는 사이버 범죄의 규모가 10.5조 달러까지 늘어나리라 예상된다.[1] 억 단위가 아니라 조 단위 규모이다. 이는 독일, 프랑스, 영국의 GDP를 합친 것보다 많을 뿐만 아니라[2] 전 세계 전자상거래 혹은 상업용 부동산 산업 전체보다도 크다.[3] 무엇보다 빅데이터 분석 기술 및 인공지능이 등장하여, 사물인터넷과 소셜 미디어로 끌어 모은 데이터와 결합하면 사기업이나 국가가 관리하는 감시 사회가 만들어진다. 여기에 AR과 VR 헤드셋을 이용한 극단적 데이터 수집 기술이 추가되면, 조만간 좋든 싫든 데이터가 우리의 자유를 제한하는 반이상향적 미래에 살게 될 것이다. 메타버스에서는 주주 가치를 위해 데이터와 신원을 무한하게 캡처하고 통제할 수 있다. 만약 그런 권한이 사이버 범죄자의 손에 들어간다면, 메타버스는 무한하게 돈을 벌 수 있는 수단이 될 것이다.

저커버그는 2021년 10월 메타라는 새로운 회사명을 발표하며, 메타버스의 시작과 함께 개인정보 보호 및 보안 시스템이 구축되어야 한다고 말했다. 100퍼센트 옳은 소리다. 그의 말대로 개인정보 보호와 보안 및 윤리가 메타버스의 중심이 되어야 하지만, 메타가 정의한 메타버스의 윤리는 마치 양의 탈을 쓴 늑대처럼 느껴진다. 프랜시스 하우건Frances Haugen(페이스북의 전 직원이자 내부고발자로 알려졌다-옮긴이)이 미국 청문회에서 소셜 네트워크가 양극화, 어린이 학대, 민주주의 약화를 촉발한다고 고발한 이후에는 더욱 그렇다.[4] 언제나 접속할 수 있는 몰입형 인터넷은 축복이 될 수도 있고 저주가 될 수도 있다. 유감스럽게도 메타버스의 위험성을 제한하기 위해서는 규제기관과 입법자, 그리고 메타버스를 구축하는 회사 모두의 노력이 필요하다. 아무런 대가 없이 저절로 문제가 해결되기를 기대해서는 안 된다. 메타버스가 완전히 작동하기 시작한 이후에 안전장치를 만들면 너무 늦을 것이다. 그러니 우리를 기다리는 위험을 방지할 해결책을 논의하기 전에 먼저 메타버스에서 무엇이 잘못될 수 있는지 살펴보자. 안전하고 포용적인 메타버스를 만들려면 심각한 기술 문제를 해결하고, 엄격한 규제를 강제하며, 관련한 조기 교육이 이루어져야 한다.

메타버스에 잠재된 위험

메타버스에서 발생할 수 있는 문제점은 대단히 많다. 예를 들어 사생활에 영향을 끼치는 무제한 데이터 수집, 끊임없는 학대 및 괴롭힘, 민감한 정보를 가로채는 사칭 아바타, 광범위한 보안 균열, 편향된 AI, 걷잡을 수 없게 만연한 봇과 트롤(인터넷 공간에서 의도적으로 공격과 도발을 하는 행위 – 옮긴이), 사회 양극화와 불평등의 증가, 그리고 신체적 문제와 정신적인 문제 등을 꼽을 수 있다. 이런 관점에서 보면, 우리는 메타버스가 어떤 식으로 나아가야 할지를 신중하게 생각할 필요가 있다. 유감스럽지만 신생 기업, 조직, 개인, 그리고 범죄자가 서로 자기 몫을 빼앗으려고 경쟁한다면 신중하게 메타버스에 접근하는 것은 불가능할 것이다.

인간은 빠르게 움직이고 부숴버리는 일은 꽤 잘하지만, 그에 비해 천천히 행동하면서 행동하기 전에 생각하고 망친 것을 고치

메타버스 유토피아

는 능력은 부족하다. 오늘날의 인터넷이 문제로 가득한 것처럼 메타버스도 같은 상황에 처할 것인가, 아니면 문제를 해결하게 될까? 사용자가 끊임없이 분비되는 도파민 때문에 몰입형 세계에 중독되고 결국 현실보다 가상 세계를 더 선호하게 될 것인가? 메타버스는 더욱 이국적인 무엇인가를 갈망하는 대중을 위한 아편인가? 아니면 그저 적절하게 필요한 지방과 당의 역할을 할까? 엄격한 규제와 교육을 통해 관련된 위험에 대응해야 할까? 이제부터 함께 알아보자.

모든 것이 데이터화되다

데이터화는 아날로그 프로세스 및 고객과의 접점을 디지털 프로세스 및 디지털 고객 접점으로 전환하는 것을 의미한다.[5] 메타버스에서는 이러한 데이터화가 새로운 단계에 도달할 것이다. 현재 대부분의 헤드셋은 손동작과 주변 환경을 추적하며, 몇 가지 센서를 더하면 몸 동작도 추적할 수 있다. 이러한 측정치는 물리적 세계에서 디지털 세계로 행동을 복제하는 데 유용하게 사용되지만 사용자와 주변 환경에 관한 엄청난 양의 데이터를 축적하기도 한다. 여러분의 손이 어떻게 생겼는지, 집 안에 어떤 물건이 있는지, 집에 누가 있는지, 그리고 질병을 짐작할 만한 떨림이 있는지 등의 데이터를 축적한다. 이것은 매우 개인적인 데이터이지만 눈으로 얻을 수 있는 정보에 비해서는 민감함이 덜한 편이다.

요즘 나오는 헤드셋은 대다수가 시선 추적과 얼굴 추적 기능을 포함하고 있어서, 얼굴 표정을 모방하여 아바타를 더욱 사실적으로 만드는 데 큰 도움이 된다. 사실 의사소통의 많은 부분이 비언어적으로 이루어지므로, 그런 아바타를 이용하면 메타버스에서 의사소통을 하는 것이 더욱 자연스럽고 재미있을 것이다. 비언어적인 미세 동작은 주로 자신이 누구인지, 무엇을 생각하는지, 무엇을 느끼는지, 좋아하는 것과 싫어하는 것은 무엇인지 등 개인적인 이야기를 전하기 때문이다.[6] XR 세이프티 이니셔티브XR SAFETY INITIATIVE(확장 현실에서 보안을 다루는 국제 비영리단체 – 옮긴이)에 따르면 수집할 수 있는 비언어적 데이터에는 빈도, 눈 깜박이는 시간, 눈의 움직임, 눈의 상태(눈물, 건조, 충혈), 동공의 특징, 홍채의 특성, 얼굴 표현 등이 있다. 그런 정보는 사용자의 성격적 특질과 정신 건강, 역량과 능력, 수면의 질, 인지 과정, 약물 복용 여부, 나이, 문화적 배경, 신체 건강, 출신지, 성별, 현재 겪는 정신적 부담 등을 보여주는 매우 개인적인 내용이다.[7]

이 모든 것이 눈 깜박할 사이에 수집되는 정보이며, 안구의 움직임을 분석할 때만 얻을 수 있는 정보이다. 이런 데이터는 사용자의 모든 인터넷 검색 기록뿐만 아니라 가상현실 혹은 증강현실에서 무엇을 얼마나 보고 있는지와 관련이 있으며, 즐거움과 두려움 등의 감정 및 성적인 취향을 비롯해 자신도 모르는 자신에 대한 정보까지 보여준다. 이 모든 데이터는 민감한 개인정보로 분류되기 때문에 보통은 어떤 정보에 관한 것인지 개인에게 사전 동의를 구하지만, 과연 제공하기로 동의한 데이터가 실제로 고지된 것인지는 의문이다.

메타버스 유토피아

사생활이라는 환상

자신이 수십억 명의 사용자를 보유하고 메타버스에 강한 중점을 둔 거대한 소셜 네트워크이자, 앞에서 설명한 기능을 갖춘 VR 헤드셋을 제조하는 하드웨어 업체 소유자라고 상상해보자. 모든 데이터는 소중하다. 수백만 사용자의 데이터 덕분에 정교한 머신러닝 모델을 만들 수 있고, 그 어느 때보다 극도로 개인화된 광고를 팔 수 있기 때문이다. 그러면 이때 걱정해야 할 일은 무엇일까? 케이이치 마쓰다Keiichi Matsuda의 영화 〈하이퍼 리얼리티Hyper-Reality〉에서는 개인화된 광고로 포화 상태에 이른 물리적 세계와 디지털 세계를 엿볼 수 있다.[8]

메타버스가 우리 삶의 많은 부분을 차지함에 따라 사생활은 점차 환상이 되어간다. 특히 빅테크 기업이 운영하는 폐쇄형 메타버스에서 이런 현상이 두드러진다. 빅테크 기업이 데이터를 통제하고 남용하는 것과 별개로, 정부 역시 갈수록 필요한 경우 데이터를 남용하고 있다. 2022년 초반, 독일 경찰이 코로나19 추적 앱으로 범죄 목격자를 찾기 위해 불법적으로 데이터를 남용했다는 사실이 밝혀졌다. 세계적으로 많은 코로나19 접촉자 추적 앱이 사용되고 있는데, 이 앱의 사용자는 민감한 지리적 위치 정보와 연관된 휴대전화 번호 및 이메일 주소 같은 개인 데이터를 입력해야 했다. 독일 경찰은 그런 데이터에 접근하여 21명의 잠재적 증인을 추적했다.[9] 이런 종류의 앱이 남용되리라 예상은 했지만, 가장 사생활에 민감한 국가 중 하나에서 벌어진 사건이라 더욱 놀랍고도 우려되는 일이었다.

학대와 괴롭힘, 불법 콘텐츠

4장에서 이야기했던 것처럼, 가상 세계가 처음 모습을 드러낸 이후로 그 속에서 상당히 많은 성희롱 사건이 발생했다. 불행히도 어떤 사람들은 마음이 비뚤어져 있다. 오늘날 웹에서 벌어지는 괴롭힘, 학대, 사이버불링과 같은 모든 문제는 사용자가 몰입형 환경에서 익명으로 행한 일이 아무런 결과도 가져오지 않을 경우 훨씬 더 늘어날 것이다. 비영리단체인 디지털 혐오 대응 센터Countering Digital Hate에 따르면, VR챗이라는 VR 게임에서 괴롭힘, 폭행, 또는 학대 등의 사고가 7분에 한 번씩 일어난다고 한다.[10] 메타버스 초기에 겨우 하나의 게임에서 이런 일이 발생했는데, 지금부터 5년 후 메타버스가 일상이 되면 과연 어떤 일이 벌어지겠는가.

더 나쁜 점은 가상현실의 추적 및 렌더링 기능이 굉장히 효과적이어서, 뇌가 그런 행위를 진짜 같은 경험으로 인식할 수 있다는 것이다. 슈팅 게임에서 성희롱을 당한 피해자는 이러한 가상의 학대를 매우 사실처럼 느끼고 정신적인 외상을 입을 수 있다.[11] 하지만 가해자를 추적하고 폭행을 입증하기는 어렵다. 보통은 사고가 기록되지 않기 때문이다. 어린이가 관련되면 상황은 더욱 나빠진다. 가해자는 게임 내 대화를 통해 어린이를 대상으로 노골적인 성적 콘텐츠를 보여주거나, 관리 감독 없이 헤드셋으로 직접 대화할 수 있다. 또한 게임 내 대화는 범죄자나 테러리스트의 모의 및 모병에 사용될 수도 있다. 하지만 그런 행위를 추적하여 금지하는 것은 거의 불가능하다고 봐야 한다. 분명히 게임과 헤드셋 제조업체의 이용 약관에 위배되는 행위이지만 실행하는 사람들을 막을 수는 없다. 이유는 단순하다. 잡힐 확률이 없다고 봐도 무방하기 때문이다. 신고당해서 접근 금지 처분을 받아도 다른 계정을 만들어 사용하는 데는 채 몇 분도 걸리지 않는다.

마지막으로, 콘텐츠 중재는 웹 2.0에서부터 어려운 문제였다. 많은 회사가 돈을 쏟아 부어서 발전된 AI를 개발하고 콘텐츠 중재자를 대규모로 고용했지만 이 문제는 아직도 해결되지 않고 있다. 중앙화된 플랫폼에서 이런 문제를 해결할 수 없다면, 가상현실이나 증강현실에 영속적인 콘텐츠가 업로드되는 탈중앙화된 플랫폼의 경우 문제가 더욱 악화될 것이다. 1장에서 다루었던 테러리스트 모집 포스터나 이더리움에 영원히 남게 된 맥도날드의 인종 비방을 보라. 만약 테러리스트나 범죄자가 명예훼손적이고 공격적인 불법 콘텐츠를 탈중앙화된 플랫폼에 게시한다면 그것을 제거하는 것은 불가능하다. 인공지능은 중앙집중식 플랫폼에서 생기는 모든 문제에 대한 해결책이 되지 못했다. 그러니 앞으로 어마어마한 도전이 우리를 기다리고 있는 셈이다.

사칭 아바타

백문이 불여일견이라는 말이 더 이상 통하지 않는다면, 우리는 보는 것을 믿을 수 있을까? 과거에는 딥페이크가 언론의 주목을 받았다. 굉장히 사실적으로 만들어진 오바마와 엘리자베스 여왕의 딥페이크를 보기도 했다. 이들은 좋은 의도로 만들어졌지만, 딥페이크는 실생활에 안 좋은 결과를 초래할 수도 있다. 딥페이크는 온라인 혐오 범죄에 이용되어 수많은 틱톡 스타 및 헤어진 여자 친구가 본인의 동의 없이 딥페이크 음란 영상에 등장하고 있다.[12] 그리고 딥페이크를 만드는 기술이 빠르게 발전되어 목소리마저 복제하는 딥페이크 음향 기술이 앤서니 보데인Anthony Bourdain(사망한 유명 요리사이자 방송인 – 옮긴이)의 다큐멘터리에 사용되기도 했다.

지금까지의 딥페이크는 실제 영상 이미지를 가지고 만들어졌지만, 이제는 극사실주의 디지털 영상을 만드는 것도 가능해졌으며 조만간 실시간 극사실주의 딥페이크를 만들어낼 수도 있을 것이다. 앞서 언급했듯이, 워너 브라더스는 영화 〈매트릭스 리저렉션〉의 프로모션을 위해 언리얼 엔진5를 사용한 비디오게임을 제작했다. 이 게임에는 언리얼 엔진의 메타휴먼MetaHuman 제작 툴로 만든 극사실주의적 키아누 리브스가 등장한다.

물론 워너 브라더스가 키아누 리브스를 디지털 인간으로 만들어낼 수 있었으니, 메타휴먼 프로그램을 사용할 수 있는 전문가라면 누구든 원하는 사람을 재창조할 수 있다. 머지않아 우리는 본인의 의지와 관계없이 디지털로 재창조된 연예인과 정치인, 경영인이 영상 속에서 실제로는 한 적 없는 말과 행동을 하는 모습을 보게 될 것이다. 안타깝지만 그게 끝은 아니다. 메타버스가 현실로 다가온 순간, 유명인들의 사칭 아바타가 메타버스에서 활개를 치고 다니며 그들 또는 회사의 평판에 피해를 주고, 그들과 교류하는 다른 개인에게도 피해를 줄 수 있다. 문제는 아바타의 모습이나 목소리가 자신이 아는 사람과 같으면, 사람들은 자연스럽게 믿어버리는 경향이 있어 쉽게 속아넘어간다는 점이다.

이미 우리는 AI가 만들어낸 목소리가 사업가들을 속여 가짜

메타버스 유토피아

공급 업체나 사기꾼에게 돈을 전달하도록 만든 일을 본 적 있다. 일론 머스크가 트위터에서 무료로 돈을 나눠주고 있으니 가짜 주소로 비트코인을 보내라고 했던 사건이 그것이다. 이번에는 여러분이 하이브리드 전략 회의에 참여 중인데 회사 CEO의 아바타가 사실은 CEO처럼 보이고 들리도록 꾸민 범죄자라고 상상해보자. 아니면 가짜로 만들어진 정치인 가족이 민감한 정보를 훔치려고 들 수도 있다. 그런 경우 심각한 결과가 초래될 것이다. 불행히도 이런 일들이 실제로 벌어지는 건 그저 시간문제일 뿐이다.

데이터 보안

사칭 아바타 문제는 데이터 보안으로 이어진다. 거의 모든 회사가 해킹을 당하게 될 텐데, 만약 자신의 회사가 해킹되지 않는다면 그건 단지 별 볼 일 없는 회사라는 의미이다.[13] 해커와 싸워서 이길 수 있는 회사는 없다. 해커에게는 그것이 핵심 비즈니스이고 조직 입장에서는 비즈니스의 한 부분에 불과하기 때문이다. 메타버스에서는 (자율적인) 인공 에이전트(사용자를 대신해 독자적으로 작업을 수행하는 프로그램 – 옮긴이)를 사용하는 해커가 믿을 수 없을 만큼 빠르고 민첩하게 조직을 공격하고 소비자 및 조직의 데이터를 훔치려 할 것이다. 물론 AI 보안 인력으로 AI 해커에게 대항할 수 있지만 언제나 문제는 있는 법이다. 보안은 예방적인 차원의 일이고 필요할 경우에만 반응하므로 늘 해커를 따라잡으려고 해야 한다. 그러나 더 중요한 문제는 AI가 대응하지 못할 사람의 실수가 항상 존재한다는 사실이다.

그게 전부는 아니다. 넓은 범위의 새로운 해킹 위협이 나타나 가상현실 및 증강현실에 피해를 주고 파괴를 가져올 수 있다. 이러한 공격은 휴먼 조이스틱 공격Human Joystick Attack(사용자의 인지나 동의 없이 아바타의 행동을 통제하거나, 몸값을 지불하지 않으면 빠져나올 수 없는 가상의 방으로 사용자를 속여서 유도하는 행위)을 포함하는데, 여기에는 방 안의 사람 공격the Man in the Room Attack(사람들이 모르게 개인적인 공간을 염탐하는 행위), 샤프롱 공격the Chaperone Attack(가상현실 공간 내의 경계를 수정하여 사람들이 벽에 충돌하거나 넘어지게 하는 행위), 오버레이 공격the Overlay Attack(가상현실에 원하지 않는 이미지나 영상을 표시하고 해당 콘텐츠를 제거할 수 없도록 하는 행위), 혹은 방향 감각 상실 공격the Disorientation Attack(혼란을 생성하거나 불을 껐다 켜는 행위로 간질 발작을 일으키는 행위) 등이 있다.[14] 이제 메타버스에서 규칙을 정하더라도 규칙이 모든 것을 보호해주지는 않는다.

또한 NFT 해킹이 있다. 범죄자가 마음대로 여러분의 지갑에 무료 NFT를 넣고 판매하도록 강요하는 경우이다. 팝업 버튼을 클릭하는 순간 해커가 여러분의 지갑에 접근하는 것이 허락되고 눈앞에서 모든 NFT가 사라질 것이다.[15]

늘어나는 불평등 문제

빅테크 기업은 메타버스에서 생성되는 방대한 양의 데이터를 이용하면서 점점 몸집을 불리고 강력해진다. 높은 전환비용이 줄어들지 않고 개방형 메타버스가 나타나지 않는다면 그런 현상은 더욱 심해질 것이다. 팬데믹 기간 동안 세계 10대 부자들의 자산은 두 배로 증가한 반면 인류의 99퍼센트는 소득이 줄었다. 팬데믹 초반 2년간 10명의 억만장자들은 초당 15,000달러씩 자신의 부를 늘려갔다.[16] 메타버스에서 수집, 남용, 현금화할 데이터가 지금의 100배로 커진다면, 머지않아 세계 최초의 조만장자가 나타날 것이다.

더욱이 아직도 인터넷에 접속해본 적이 없는 사람들이 29억 명에 달하는 시점에서 세계가 메타버스로 진입하면, 이 격차는 더욱 따라잡기 힘겨워지고 현재의 정보 격차 현상이 훨씬 심해질 수밖에 없다.

경제적 불평등 문제 외에도, 메타버스가 신체적인 불평등 속에서 '번영'하는 와중에 수많은 장애인이 소외될 것이다. 시각 장애인이라면 가상 세계나 증강 경험을 탐색하기 힘들고, 청각 장애인이라면 자기 의견을 표현하기 어렵기 때문이다. 게다가 장애인이 메타버스에 자신의 정체성을 가져올 수 있도록 도와줄 가상 세계는 거의 없다. 메타버스는 휠체어를 탄 아바타를 위한 곳이 아니기 때문이다.

웹을 장악한 나쁜 봇들

현재 나쁜 봇은 전체 인터넷 트래픽의 20퍼센트를 차지하고 계속 진화 및 확장하고 있다.[17] 이제는 손쉽고도 재정적인 부담 없이 대규모 봇을 고용하여 상업적인 경쟁자와 정치적 상대방, 혹은 인터넷의 다른 플레이어에게 피해를 줄 수 있다. 또한 봇과 트롤은 온라인 (정치적) 담론을 지배하기 위해 잘못된 정보를 사용한다. 세계적인 행사든 지역적인 행사든 어디서나 봇과 트롤이 떼 지어 나타나서 잘못된 정보를 퍼뜨리는 모습을 볼 수 있다.

물론 메타버스 역시 그런 문제에서 벗어날 수 없다. 2022년 1월 오픈씨가 잠시 운영을 중단하자, 사람들은 자신의 메타마스크 MetaMask 지갑에서 NFT를 볼 수 없게 되었다. 사용자들이 메타마스크 트위터 계정에 접속하려 했을 때 즉시 봇이 끼어들어 그들을 가짜 웹사이트로 이동시켰고 그대로 NFT를 훔쳐갔다.[18] 게다가 봇은 많은 NFT 에어드롭을 가로채서 판매해버렸고, 정직한 사용자는 빈털터리가 되고 말았다.

양극화 현상의 증가

나쁜 봇 이외에 트롤 역시 인터넷에서는 흔한 문제이다. 트롤의 유일한 목적은 온라인 커뮤니티에 선동적이고 주제에서 벗어난 메시지를 던져서 언쟁을 만들거나 사람들을 화나게 해서 결국 인터넷상에 의견 충돌을 일으키는 것이다. 소셜 미디어에서 트롤이란 고의적으로 논란의 여지가 있는 이야기를 꺼내서 잠재적인 감정이나 생각을 끌어내고 분노와 불만을 촉발해서 특정한 정치적, 상업적 문제에 영향을 끼치는 사람(혹은 어떤 것)을 뜻한다.[19] 이런 방식에는 대개 잘못된 정보가 포함된다. 팬데믹 기간 동안 인터넷에는 잘못된 정보가 마치 코로나19 바이러스처럼 넘쳐흘렀으며, WHO는 이런 현상을 '인포데믹infodemic'이라고 명명했다.[20] 2020년 미국의 대통령 선거와 2016년 영국의 브렉시트 국민투표와 같은 사례는 더 설명할 필요도 없다. 잘못된 정보는 인터넷뿐만 아니라 사회에도 위협이 된다. 2019년 48개가 넘는 국가에서 국제적인 대규모 여론 조작 사태가 발생했다.[21] 영리회사 역시 (미래) 고객의 행동 방식을 바꾸기 위해 가상의 인플루언서를 고용한다.[22] 따라서 진정성 및 진실보다는 가짜가 인터넷에서 더욱 힘을 얻게 되고, 시민은 온라인에서 무엇을 믿고, 또 누구를 믿어야 할지 점차 어려움을 겪고 있다.

설상가상으로 필터 버블과 유해한 추천 엔진이 양극화를 조장하고 있다. 추천 알고리즘은 이미 세상을 휩쓸고 빠르게 개인의 자유를 제한하고 있다. 물론 그것을 깨닫는 이는 많지 않다.[23] 무제한으로 이루어지는 데이터 수집 덕분에 AI는 사용자들이 원하는 것을 자신보다 더 잘 알 수 있고, 인터넷 사용자를 더욱 극단적인 방향으로 몰고 가며, 기존의 태도와 신념을 강화할 것이다. 자유의지의 존재 여부는 오랜 세월 동안 논란이 되어왔다. 그러나 이렇듯 생각을 해킹하는 추천 엔진이 등장하여 무제한으로 활동하고 하루하루 발전해갈수록, 자유의지는 사라지고 환상으로 교체되며, 오랜 논란에 영원한 마침표를 찍을 것이다.

이러한 알고리즘은 수집된 데이터를 근거로 하며, 주로 사용자의 프로필에 일치하는 추천만을 제공함으로써 우연한 발견을 할 수 있는 기회 및 자유를 제한하는 순환고리를 만들어낸다. 이는 사실 개인보다는 회사를 위한 알고리즘이라서, 더 많은 상품을 팔거나 사용자를 오랫동안 잡아두고 더 많은 광고를 팔아먹기 위한 의도로 생성되었을 뿐이다. 안타깝지만 정부 역시 점차 그런 알고리즘에 기대서 결정을 내리고 있다.[24] 인위적인 아바타가 잘못된 정보를 퍼뜨리고 선동적인 의견으로 토론을 방해하는 것과 동시에 자신만의 필터 버블에 갇힌 틈새 커뮤니티가 늘어나면, 몰입형 인터넷은 대단히 반이상향적인 메타버스를 만들어내고, 인터넷은 악화되어 넷플릭스의 영화 〈소셜 딜레마Social Dilemma 〉 또는 《스노 크래시》와 《레디 플레이어 원》 같은 소설 속의 모습보다 더 나빠질 것이다.

편향된 AI

인공지능은 메타버스를 운용하고 이용할 수 있도록 유지하는 필수적인 기술이지만, 알고리즘은 블랙박스와 같아서 그 원리를 이해하기 힘들다. 대개는 알고리즘이 어떤 이유로 특정 결과를 가져오는지 모른다. 알고리즘이 넓은 범위의 주제에 대해 훌륭하게 예측할 수 있다지만, 우리가 그 결과의 이면을 추론할 수 없다면 그런 예측이 무슨 가치가 있단 말인가?[25] 무엇보다 인공 신경망 neural network(인간의 뇌를 모방한 네트워크 - 옮긴이) 덕분에 어떤 결정이 왜 이루어지는지 이해하기가 점차 어려워지고 있다. 결국 사회가 운용되는 방식은 불투명해지고, 데이터와 AI를 소유한 엘리트 계층만이 그 비밀을 알게 될 것이다.

더구나 편향된 AI는 예외라기보다 일반적인 현상이라고 봐야 한다. 대다수가 편향된 데이터로 훈련되고 편향된 개발자에 의해 만들어지기 때문이다. 더 나아가 기존의 유해한 고정관념을 고착시켜서 여자, 소수자 및 사회적 약자를 위험에 빠뜨리기도 한다. 사람들이 자유롭게 이용할 수 있는 공용 챗봇에 어쩌면 유해한 성

고정관념이 손쓸 수 없을 정도로 만연할지도 모른다.[26] 그리고 편향된 AI로 인해 건강보험, 교육, 고용 제도 등의 다양한 환경에 부정적인 결과가 발생할 수 있다. 아마존은 재능 있는 인재를 찾는 머신러닝 알고리즘이 여성 지원자에 대한 명백한 편견을 보인다는 사실을 깨닫고 사용을 중단했다.[27] 그 알고리즘은 역사적인 데이터를 기반으로 후보자를 제안했는데, 과거의 고용 형태는 압도적으로 남성 중심이었으므로 남성 지원자를 우선하는 결과를 냈던 것이다. AI가 메타버스를 이끌어가는 상황에서 AI 주도하에 이루어지는 결정에 대항하지 못하면, 편향된 AI는 분명히 많은 사람의 재미를 망치고 그룹 간의 불평등을 확대하거나 악화할 것이다.

건강 문제

비디오게임은 훌륭한 오락물이자 뛰어난 교육 도구가 될 수 있지만, 한편으로는 수많은 신체적, 정신적 건강 문제를 야기할 수도 있다. 과도한 비디오게임은 약물 중독과 비슷한 증상을 일으킬 수 있으며,[28] 그로 인해 심각한 두뇌 및 건강 문제를 겪고 심지어 사망에 이르기도 한다. 또한 사람들은 하루에 몇 시간이고 소셜 미디어에 매달려 자신의 '완벽한' 삶을 자랑하는데, 많은 이가 그에 따른 불안, 스트레스, 우울증을 겪고 있다.

지금의 게임과 소셜 미디어 디자인이 사람의 정신 건강을 무너뜨리고 약화시킨다면, 중독성 높고 뛰어난 몰입형 환경에서 게임과 소셜 미디어를 이용할 경우 훨씬 치명적인 신체적, 심리적 건강 문제가 발생하지 않을까? 사람들이 물리적인 현실보다 가상현실에서 더 많은 시간을 보내고 싶어 한다면 아마 결과는 더욱 파괴적일 것이다. 메타버스의 위험성 및 윤리적 문제는 현실로 다가왔고, 그 미래가 긍정적이지만은 않을 듯하다. 다만 진정한 메타버스는 아직 시작되지 않았다. 문제가 악화되기 전에 수정할 수 있는 기회가 분명 존재한다. 그러나 메타버스가 웹 2.0의 나쁜 버전으로 변하지 않으리라 확신할 수 있을까? 어떻게 하면 사용자가 자신의 데이터와 사생활, 정체성을 완벽하게 제어하면서, 안전하고 환영받는 기분을 느낄 수 있는 포용적인 메타버스를 만들 수 있을까?

검증, 교육, 규정

그동안 이야기했던 잠재적인 위험성과 윤리적 딜레마를 모두 방지할 수는 없겠지만, 우리는 문제를 완화하도록 최선을 다하고 《레디 플레이어 원》과 《스노 크래시》에서 나오는 반이상향의 현실을 막기 위해 노력해야만 한다. 웹 2.0과 소셜 미디어는 이미 벌어진 일이다. 하지만 메타버스는 이제 겨우 시작점에 있다.

아직은 의식 있는 결정을 통해 메타버스를 옳은 방향으로 이끌고 반이상향적 미래를 피할 수 있는 기회가 있다. 다만 지금 행동하고 경계를 늦추지 말아야 한다. 다시 말해, 포용적이고 상호운용적인 메타버스를 확립하기 위해 표준을 만들고 온라인상에서의 정체성과 평판 문제를 해결해야 한다. 그렇게 하려면 자녀와 부모에게 메타버스에서 행동하는 방법을 가르치고 너무 늦기 전에 규정을 세워야 하므로 개발자와 교육자 및 규제기관의 역할이 중요해질 것이다. 그러나 자신의 책임까지 남에게 전가할 수는 없다. 시민이자 소비자로서, 우리도 옳은 일을 해야 할 의무가 있다. 약관을 제대로 읽고 메타버스에서 보내는 시간을 제한할 수 있어야할 뿐만 아니라 스스로 공부하고 행동하기 전에 생각하며, 필요한 곳에 데이터를 제공하고 지갑을 열 줄 알아야 할 것이다.

메타버스에는 셀 수 없이 많은 위험과 윤리적 도전이 존재하지만, 여기서 모든 문제에 대한 정답을 다룰 수는 없다. 하지만 내가 해왔던 연구 조사에 따르면, 메타버스를 안전하게 유지하기 위해 세 가지 버팀목이 필수가 되어야 한다. 바로 검증과 교육, 그리고 규정이다.

검증

신뢰는 일반적으로 보이지 않는 가치이지만, 메타버스 안에서 실질적인 의미를 갖고 있는 모든 상호작용의 근본이 되는 가치, 즉 선善이라고 할 수 있다. 신뢰라고 하면 주로 비즈니스, 은행, 인간관계, 금융을 먼저 생각할 것이다. 그런 분야에서 신뢰에 대한 필요성은 명백하고도 부인할 수 없는 사실이기 때문이다. 신뢰 없이는 어떤 거래도 이루어지지 않는다. 가장 단순한 협상 아이디어마저도 신뢰가 없으면 믿기 어려운 이야기에 불과하다. 신뢰가 없는 법은 독재가 되고, 비즈니스는 해적질과 다를 바 없을 것이다.[29] 첫 번째 버팀목인 검증은 먼저 사용자가 인간임을 확인하고, 사용자가 본인이 맞는지에 대한 신뢰를 제공하는 동시에 부정적인 행위는 그에 맞는 결과를 얻게 만드는 과정이다.

블록체인 기술은 디지털 방식으로 렌더링 된 거래에서뿐만 아니라 일상생활 속 메타버스에서 신뢰의 본질을 바꿀 잠재력을 가지고 있다. 그러나 신뢰는 사생활에 피해를 주기도 한다. 서로를 신뢰하기 위해서는 각자의 사생활 일부를 포기해야 하기 때문이다. 다만 이런 희생도 조만간 사라질지 모른다. 나는 지난 10년간 이 문제를 오래도록 고민했다. 이 문제의 가장 설득력 있는 해결책은 바로 '익명의 책임anonymous accountability'을 허가하는 것이다. 이는 블록체인 및 영지식 증명ZKP, zero-knowledge proof 기술로 가능해진 방법이다. 영지식 증명은 암호 기술을 사용하여 자신이 특정한 지식을 소유하고 있음을 드러내지 않고서도 해당 지식의 소유자임을 증명하는 검증 방법으로, 개인 정보에 대한 걱정 없이 데이터를 공유할 수 있게 된다. 이 방법을 통해 정보를 드러내지 않고 특정한 사실을 증명할 수 있으므로 거래를 수행하기 위한 신뢰를 구축할 수 있는 것이다.

익명의 책임은 나쁜 봇과 트롤, 악의적 행위자가 자유롭게 메타버스를 장악하는 것을 방지할 수 있다. 반면에 사람들이 원한다면 계속해서 기본적인 인권이라고 할 수 있는 익명을 유지할 수 있지만, 그로 인해 발생하는 유해한 행위는 현실 세계와 비슷한 결과를 초래하게 된다. 사용자가 메타버스에 들어가서 익명으로 자신의 평판을 쌓으려면 개방형 표준 및 자기 주권 신원이 있어야 한다. 영지식 증명을 사용하여 은행이나 정부 기관 등의 신뢰할 수 있는 출처로부터 검증된 신원을 가지고 자기 주권 신원에 연결하며, 플랫폼은 계정 뒤의 사용자가 누구인지는 모르는 채 본인 여부를 확인할 수 있다. 이후 특정 플랫폼에서 익명 사용자의 평판이 자기 주권 신원에 암호화 방법으로 연결되면, 그때부터 우리는 자기 주권 신원으로 평판을 쌓기 시작한다.

사용자가 새로운 계정을 개설할 때마다, 플랫폼은 사용자의 정보, 프로필, 취미나 배경을 드러내지 않으면서 사용자에 연결된 평판의 개수 및 평판의 평균점수를 볼 수 있다. 여기서 사용자의 접근을 허용할지 여부는 플랫폼이 결정하게 되며, 만약 접근이 허용될 경우 사용자가 얻는 접근 수준 및 가능성까지 플랫폼이 결정한다. 예를 들어 사용자가 10개 계정에서 매우 높은 평판 점수를 얻으면 신뢰할 수 있는 사용자라는 뜻이고, 반대로 250개 계정에서 낮은 평판 점수를 얻으면 봇을 사용한다는 뜻이다. 물론 사용자는 언제든지 새로운 자기 주권 신원을 만들어 처음부터 새로 시작할 수 있다. 하지만 그런 사용자는 과거 데이터가 부족하기 때문에 자신이 신뢰할 수 있는 사용자라는 것을 증명할 때까지 플랫폼이 그들의 접근을 제한한다. 재미있게도 우리는 현실 세계에서 같은 접근 방식을 사용하고 있다. 새로운 조직의 일원이나 직원으로 합류한 후에 더 많은 혜택이나 접근 권한, 책임을 얻으려면 먼저 자신이 신뢰할 수 있음을 증명해야 한다. 어떤 플랫폼이라도 마음대로 개인 식별 데이터를 얻지 못한다. 그런 부정적인 행동에는 결과가 따르기 마련이며, 이는 안전한 메타버스를 구축하기 위한 필수적인 과정일 것이다.

한 단계 더 나아가 만약 사용자의 자기 주권 신원에 문제가 생기면, 암호화 기술로 보호된 생체 데이터를 사용해서 추가적으로 '인간 증명proof of human'을 할 수 있다. 이런 기술은 하이브리드 회의에 참여할 극사실주의 아바타가 본인인 동시에 본인에 의해 제어되어야 하는 민감한 상황에서 유용하게 사용될 것이다. 결국 앞서 논의한 대로, 시선 추적 및 동작 캡처는 사람을 고유하게 식별할 수 있으며, 만약 해당 데이터가 파일에 해싱(함수를 이용하여 자료를 검색하는 방법 중 하나-옮긴이)된 데이터와 일치하지 않을 경우 위반 사항을 표시할 것이다.

검증은 우리가 극복해야 하는 기술적이며 문화적인 도전이라고 할 수 있다. 익명의 책임에 관한 개방형 표준을 개발하는 것이 어려운 일이기는 하지만, 그것을 모든 웹사이트와 소셜 네트워크, 메타버스 플랫폼에 구현하는 일은 또 다른 문제이다. 모든 프로세스와 플랫폼이 바뀌어야 하기 때문이다. 특히 은행 계좌나 정부에서 인증한 신분이 없고, 신뢰할 수 있는 출처에서 검증받지 못하는 10억 명의 사람들을 배제하지 않도록 해야 한다.[30]

교육

두 번째 버팀목은 현재와 미래의 메타버스 네이티브 및 메타버스 문맹자에게 몰입형 인터넷의 위험성과 윤리적 도전에 대처하는 방법을 교육하는 것이다. 여기에는 어린이들이 자신의 미래를 정의할 언어에 통달할 수 있도록 다양한 프로그래밍 언어를 가르치는 방법 등이 포함된다. 해외여행을 위해 두세 가지 외국어를 배워두면 쓸모 있듯이, (디지털) 세계가 어떻게 작동하는지 그 원리를 알아야 제대로 탐색할 수 있기 때문이다. 우리 사회를 통제하는 기술의 구축 방식을 이해함으로써 어린이들은 기술에 대한 의존도를 줄이며 현재 상황에 안주하지 않고 성장할 것이다. 조기 교육을 통해 새로운 아이디어를 개발하고, 그런 아이디어를 독립적으로 삶에서 실현하게 되면, 기술에 내재된 위험성을 이해하는 데도 도움이 될 수 있다.

프로그래밍 기술을 가르치는 일 외에도 자녀와 부모에게 메타버스에서 행동하는 방법을 교육하는 과정도 필요하다. 안타깝게도 모든 부모가 자녀에게 이런 것을 알려주지는 못한다. 부모 자신도 플랫폼이나 대응 수칙에 대해 알지 못하기 때문이다. 아마 로블록스나 마인크래프트, 포트나이트 작업을 이해하는 부모는 거의 없을 것이다. 그러므로 학교야말로 메타버스에서 할 수 있는 일과 해서는 안 되는 일을 가르칠 책임이 있다. 단순히 말로 설명하는 방법이 아니라 메타버스 자체를 도구로 사용하는 교육이 되어야 할 것이다. 4장에서도 이야기했듯이 몸으로 습득할 때의 기억력은 75퍼센트까지 상승한다. 따라서 가상현실과 증강현실 도구를 이용하여 메타버스의 위험성을 직접 보고 토론하면 이러한 기술을 훨씬 더 능숙하게 다룰 수 있는 세대로 성장할 수 있다.

끝으로 학교와 대학 교육에서는 개인정보 보호, 보안 및 윤리에 중점을 두어야 한다. 내가 대학에 다닐 당시에 들었던 윤리 강의는 희미한 기억으로만 남아 있다. 그렇게 흥미로운 시간도 아니었고 현실에 적용할 예시를 가르쳐주지도 않았기 때문이다. 어린이들이 가능한 어릴 때부터 이러한 사유에 자연스러워질 수 있도록 메타버스에 대해 깊은 윤리적 이해를 길러주어야 한다.

규정

안전하고 포용적인 메타버스를 떠받치는 세 번째 버팀목은 바로 규제이다. 오늘날의 인터넷과 관련해서도 정책 결정자들은 대개 최신 기술에 대한 이해가 전무하다시피 하며, 보통은 규정이 만들어지고 수용되어 정착될 때까지 많은 시간이 소요되기 마련이다. 결과적으로 대부분의 규제가 실제로 효력을 발휘할 때쯤에는 이미 현실에 뒤떨어지고 만다. 메타버스를 위한 규제를 설정하려면 지금부터 시작하여 세계적인 범위에서 협력해야 한다. 어쨌든 메타버스에서 국경은 의미가 없으므로 규제가 약한 나라의 기업 뒤에 범죄자가 숨어드는 것은 막아야 하기 때문이다.

가능한 빠른 시일 내에 시행되어야 하는 여러 가지 규제를 들어보자. 우선 조직은 시각적이면서 이해하기 쉬운 약관을 작성하고 개인정보 보호정책을 세워야 한다. 이는 백만 단위의 사용자를 보유한 대규모 기술 회사에게 특히 중요한 부분이다. 페이스북 사용자에 적용되는 약관 및 정책은 미국 헌법보다 내용이 긴 데다 깨알 같은 세부적인 법률 내용은 읽고도 이해하기 어려운 수준이다. 이것은 잘못된 방식이며, 규제기관은 기업들이 누구나 읽고 이해할 수 있는 약관을 작성하도록 강제해야 한다. 예를 들면 데이터가 어떻게 사용되는지, 플랫폼이 어떤 권리를 갖는지를 데이터 시각화로 설명하는 명확한 약관을 만들도록 하는 것이다. 이는 당연히 모든 회사에 적용되는 규정이어야 하지만 현실적으로 힘들 경우

에는 적어도 공공기업이나 100만 명이 넘는 사용자를 보유한 회사
에는 적용해야 한다.

더구나 건전하고 윤리적인 사용 정보를 위한 책임감이라는 무
거운 짐을 개인에게 지워서는 안 된다. 개인이 조직의 잠재적인 위
험성을 깨닫고 행동하는 것이 아니라, 조직 스스로 건전하고 윤리
적인 기준이 충실히 지켜지도록 환경을 설계해야 한다. 그리고 사
용자와 조직 사이에서 힘과 정보의 불균형이 너무 커지는 바람에
조직의 약관 및 개인정보 보호정책을 신뢰하기가 어려워졌다. 대
부분 플랫폼의 데이터 수집 관행 및 데이터 사용량이 비슷한 수준
이므로, 조직은 산업 표준을 통해 약관 및 개인정보 보호정책 과정
을 단순화해야 한다. 표준화를 시행하면 자신의 데이터가 어떻게
사용되거나 오용되는지 사용자가 계속해서 확인하지 않아도 되며,
표준 기구 혹은 규제기관에서 이러한 표준화를 주도할 수 있다.

다음으로는, AI를 둘러싼 규제 및 편향된 AI, 블랙박스, 비윤
리적 연구를 예방하는 방법이 있다. AI 감사가 공공기업의 알고리
즘을 면밀히 조사하게 만드는 것이다. AI 감사는 AI가 원래 의도한
대로 작동하는지 확인하고, 조직에서조차 이해하지 못하는 블랙박
스로 변하는 일이 없도록 막아야 할 책임이 있다. 이러한 AI 감사
는 회계사가 재무 감사에 대한 책임을 지듯이 감사를 책임질 의무
를 갖는다. 더욱이 대학 연구기관의 연구 프로젝트가 독립적인 윤
리위원회의 승인을 받아야 하는 것처럼, 공기업 역시 독립 AI 윤리
감독 위원회를 설치하여 조직이 대규모 AI (연구) 프로젝트를 운영
할 때 윤리위원회의 승인을 받도록 해야 할 것이다. 물론 이러한

AI 윤리위원회는 어떤 연구나 프로젝트라도 중단할 수 있는 권한을 가지고 있으며, 모든 결과는 사회적 투명성을 보장하기 위해 연례 보고서에 공개되어야 한다.

기타 다른 관리 방식으로는 회사가 신뢰와 안전 책임자를 고용해서 사용자 안전에 힘을 쏟도록 장려하는 규정이 있다. 오아시스 컨소시엄Oasis Consortium의 회장이자 공동 설립자인 티파니 왕Tiffany Xingyu Wang이 제안했던 대로, "사용자 안전은 포용적인 커뮤니티 및 디지털 방식으로 지속 가능한 성장을 만드는 토대가 되기 때문"이다.[31] 또한 어린이가 메타버스에서 노는 시간을 제한하기 위한 조치를 게임 속에 구현하는 규제도 존재한다. 그 예로 (보건 학자들이 규정하는 시간을 기준으로) 메타버스에서 너무 많은 시간을 보낼 경우, 플랫폼이 사전에 부모와 자녀에게 경고를 보내도록 하는 규제가 있다. 마지막으로, 플랫폼에 온라인 학대, 사이버불링, 또는 성희롱을 제한하기 위해 안전 조치를 구현하는 규제가 필요하다.

이런 규제가 극단적으로 보일 수도 있다. 많은 사람이 그런 규제를 지키는 일은 시장의 책임이라고 주장할지도 모르겠다. 그러나 웹 2.0에서 보았듯이 시장은 안전한 온라인 환경을 지키는 데 아무런 책임을 지지 않으며, 따라서 이제는 규제기관이 나서야 할 때이다. 피플레인PeopleReign의 CEO인 댄 투친Dan Turchin은 나의 팟캐스트 방송에서 "데이터 권리는 새로운 시민권이다"라고 말했다. 즉 헌법에서 시민 개인의 기본권을 보호한다면, 시민 개인의 데이터 권리에 대해서도 동일한 보호가 필요할 것이다.[32] 물론 소비자들도 약관을 읽어보고, 필요한 곳에만 데이터를 제공하고, 자신의 권리를 침해하는 플랫폼을 이용하지 않아야 할 책임이 있다.

앞으로 10년에서 15년 안에 차세대 인터넷이 개발될 것이다. 몰입형 인터넷은 우리의 생활과 일, 놀이를 근본적으로 바꿔놓을 것이다. 그 과정에서 우리가 인간을 인지하는 방식이 바뀔 가능성도 크기 때문에, 안전하고 포용적인 메타버스를 확립하고 메타버스와 현실 사이에서 건강하게 균형을 유지할 필요가 있다. 그러려면 검증, 교육, 그리고 규정의 도움이 필요할 것이다. 하지만 지금부터 준비해야 한다.

감시인가, 자율권인가?

기업과 정부는 메타버스의 등장에서 중요한 역할을 맡고 있다. 좋은 정부와 지속 가능한 기업은 사람들이 메타버스에서 안전하게 디지털 또는 물리적으로 상처 입지 않으면서 정직한 삶을 살 수 있는 방법을 찾아, 더욱 평등하고 풍요로운 사회에 기여할 수 있다. 반면에 권위주의체제 및 주주 자본주의 모델에만 집중하는 사회에서는 기업 혹은 국가에 의한 감시가 횡행하고 소수 엘리트에게만 대부분의 가치를 가져다주는 메타버스가 생겨날 것이다.

인터넷이 기하급수적으로 성장하면서 수집되는 데이터의 양이 폭발적으로 증가하는 가운데 한 가지 새로운 가능성이 천천히 고개를 들고 있다. 그것은 다름 아닌 내가 디지털리즘이라고 부르는 하나의 가능성이다. 디지털리즘은 가능한 많은 데이터를 수집하려는 조직 및 정부와, 그에 대항하여 자신의 데이터와 사생활을 지키려는 시민 사이의 데이터를 향한 투쟁과 통제에 관한 이야기이다.[33] 데이터가 있는 곳이라면 어디든 데이터가 수집되고 착취되는데, 메타버스에서는 브론토바이트에 달하는 데이터가 존재한다. 디지털리즘이 그리는 세상은 데이터가 가장 중대한 자원인 세상이다.

데이터에 대한 갈증이 계속 늘어나면서, 정부의 통제에서 벗어난 기업은 지속적이고 의도적으로 소비자의 권리와 신뢰, 사생활과 자유를 침해했다. 날이 갈수록 영리해지는 AI는 가상현실과 증강현실 덕분에 끊임없이 수집되는 데이터와 결합했으며, 결국 우리는 몽유병자처럼 감시사회를 향해 걸어가고 있다.

기계가 점차 사회에서 중요한 역할을 수행함에 따라, 디지털리즘은 인간의 적응을 요구할 것이다. 인간 대 기계의 협업 및 노동력 증강을 시작으로 전 사회와 메타버스가 빠르게 기계 대 기계 협업으로 이어지고, 결국 가능한 일자리의 수를 제한하게 될 것이다.

개방형 메타버스를 만들지 못하면 디지털리즘으로 구성된 사회에서 소수의 엘리트가 디지털 도구를 통제하는 반면 사회의 대다수는 거기에 굴복할지도 모른다. 많은 시민이 디지털 도구의 혜택을 경험하겠지만, 디지털리즘이 잘 관리되고 규제되지 않으면 갈수록 시민의 삶과 일, 미래가 불확실해지며 자신과는 무관한 일이라고 느끼게 될 것이다.

전 세계 정부는 모든 이념적 영역에서 디지털화의 힘을 깨닫기 시작했다. 그리고 국가에 따라서 권리, 보호 및 디지털 자유가 축소되거나, 혹은 권한을 가진 자유로운 시민을 만들어내기도 한다. 앞으로 온라인에 메타버스가 등장하면, 정부와 조직이 데이터를 처리하는 방식 및 시민이 거기에 대응하는 방식을 기반으로 세계적 디지털리즘에는 다음과 같은 세 가지 흐름이 나타날 것이다.

- 국가 디지털리즘은 전례 없는 수준의 국가 감시를 불러올 것이다. 이미 중국에서 첫 번째 조짐이 있었다. 신장 지방은 AI를 이용하여 위구르족의 행동을 감시하는 원형 감옥이라고 불린다. 국가 감시로 이루어진 사회는 국가에 완전한 책임을 넘기게 되고, 시민은 사생활을 박탈당하며 인터넷이 제한되거나 차단된다. 슈타지Stasi(구동독의 비밀경찰–옮긴이)와 KGB(구소련의 첩보 기관–옮긴이)는 비교도 할 수 없을 정도로 중국 정부는 이곳 시민의 모든 것을 알고 있다. 메타버스에서는 조금의 실책이나 실수, 충성심의 약화로도 대규모 감시 시스템에 붙잡혀 즉각적인 심판을 받을 수 있다.

- 신新디지털리즘에서는 현재 우리가 보는 것보다 훨씬 더 극단적인 회사 차원의 감시가 이루어진다. 폐쇄형 메타버스, 극단적으로 자유로운 시장, 무제한 데이터 수집, 극심한 자본주의가 그 특징이라고 할 수 있다. 오늘날 미국에서 서서히 나타나는 신디지털 사회에는 제한된 온라인 책임이 존재한다. 국가는 사람들의 디지털 생활에 거의 관여하지 않으며 어떤 통제도 하지 않는다. 모든 권한은 테크 타이탄tech titan(거대 기술 기업–옮긴이) 기업이 가지고 있기 때문이다. 시민의 사생활은 개인 데이터를 팔아넘겨서 이익을 추구하는 기업의 이해관계에 달려 있다. 자유주의자의 주도하에 규제를 받지 않는 회사는 극단적으로 데이터를 수집한다. 결과적으로 소수의 엘리

트 그룹이 유례없는 수준의 부를 모으고 고도의 불평등을 초래할 것이다.

- 현대 디지털리즘은 디지털 도구의 장점과 함께 엄격한 개인정보 보호, 보안 규제, 개방형 메타버스 등의 특징을 가지고 있으므로, 시민을 위한 최적의 선택이 될 수 있다. 시민의 자율권 덕분에 시민들은 자신의 데이터에 대해 더 큰 통제권을 갖게 된다. 여기서 자기 주권 신원과 개방형의 상호운용적인 메타버스를 추구하며 나아가야 한다. 그렇게 자신의 데이터를 누구에게 어떤 조건으로 공개할지 결정하면, 시민들이 해당 데이터를 추적하고 통제할 수 있게 된다. 그리고 온라인에서 익명의 책임이 보편적인 기준이 되면서, 온라인 영역에서 시민의 사생활을 보호하며 현실 세계의 윤리를 권장할 수 있을 것이다. 현대 디지털리즘은 유럽에서 가장 높은 성공 확률을 보인다. 개인정보 보호규정GDPR, 윤리적 AI 지침, 그리고 앞으로 시행 예정인 디지털 시장법DMA과 디지털 서비스법DSA을 통해 유럽연합은 시민들에게 최소한의 보호를 제공하기 위해 노력하고 있다.

디지털리즘은 메타버스에 대한 이야기가 될 것이다. 국가 디지털리즘이나 신디지털리즘으로 구성된 나라에 살고 있다면 기대하기 어렵겠지만, 올바른 디지털리즘은 오늘날의 긴급한 문제들을 해결하는 데 도움이 될 수 있다. 기술이란 본질적으로 중립적이다. AI 해커나 가짜 뉴스를 만들기 위해 사용된 기술이 반대로 그런 것들에 대항해 싸우고 아름다운 몰입형 경험을 생성하는 데 사용될 수도 있다. 또한 블록체인이 제공하는 권한 덕분에 시민들은 자신의 데이터를 소유하고 자기 주권 신원을 받아들여서 항상 그 데이터를 통제할 수 있다. 시민들에게 그런 권한을 부여하고 추천 엔진을 통제할 수 있게 하면, 앞으로 사용자가 유튜브를 열 때마다 미로에 빠져 헤매지 않도록 할 수 있다. 만약 디지털리즘에 제약이 생기면 그 역효과가 제한되거나 긍정적으로 바뀌게 된다. 현대의 독점을 규제하고 거기에 맞서 싸우고 무너뜨려서 새로운 세계의 독재자가 되는 것을 방지해야 앞으로의 길에 도움이 될 것이다.

디지털리즘의 출현을 막을 수는 없지만 아직 우리는 시민으로서, 기업이나 국가를 위한 메타버스가 아닌 우리 자신과 시민, 창작자를 위한 메타버스를 구축할 기회를 가지고 있다. 그렇다고 해서 스스로를 속이지는 말자. 그 과정에는 고된 노력과 헌신, 모든 이해관계자의 참여가 필요하다. 하지만 분명히 노력할 가치가 있는 일이다.

Chapter 9

메타버스의 미래

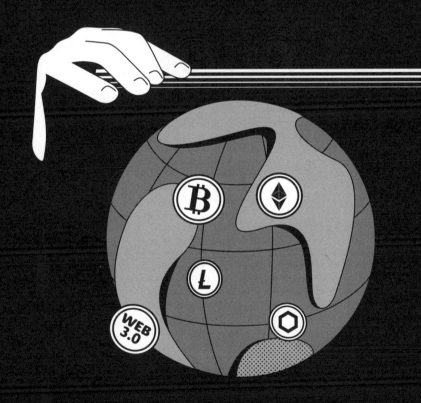

몰입형 경험의 미래, 뇌-컴퓨터 인터페이스

메타버스의 미래는 컴퓨터와 헤드셋이 사라진 세계일 가능성이 높다. 일론 머스크의 뉴럴링크Neuralink가 생각만으로 게임을 조종하는 원숭이 페이저Pager를 소개한 이후로, 뇌-컴퓨터 인터페이스 BCIs, Brain-Computer Interfaces 기술이 사람들의 주목을 받게 되었다. BCI 를 사용하면 손가락 하나 까딱하지 않고 원하는 일을 할 수 있다. 뇌-컴퓨터 인터페이스가 메타버스에 굉장한 미래를 보장한 것이다.[1] BCI는 다른 이름으로도 불리는데, 뇌-기계 인터페이스, 생각-기계 인터페이스, 혹은 신경-제어 인터페이스라는 이름으로 오래 전부터 알려져 있었다. BCI 연구는 1970년대에 캘리포니아대학교에서 시작되었는데, 초기에는 손상된 시력과 청력, 운동 능력을 복원하는 데 중점을 두었다. 그리고 AI와 머신러닝의 등장으로 연구자들은 점점 성과를 보이기 시작했다. BCI는 생각할 때 뇌가 방출하는 아주 미세한 변화를 탐지하여 뇌의 패턴을 인식할 수 있다.[2] 그중 자기공명영상MRI은 우리가 무언가를 생각할 때 뇌의 어떤 부분이 빛을 발하는지 아주 자세히 보여준다. 이를 통해 과학자들은 우리의 꿈과 생각을 읽고 감정을 알 수 있었다.[3] 그러나 MRI 기계는 가지고 다닐 만한 물건이 아닐뿐더러 대단히 비싸고(MRI 기계 한 대의 가격이 최소 25만 달러이다) 작동시키려면 여러 명의 연구진이나 의사가 있어야 한다. 따라서 저렴하고 크기가 작고 누구나 사용할 수 있는 뇌-컴퓨터 인터페이스를 만들어내려는 경쟁이 한창이다. 대표적으로 두 가지 유형의 BCI가 있는데, 뉴럴링크에서 개발하는 삽입형 BCI는 정교한 인공두뇌 임플란트를 사용하며 넥스트마인드NextMind나 오픈마인드OpenMind에서는 장착형 BCI를 개발하고 있다.

뉴럴링크의 비전은 초고대역폭의 뇌-기계 인터페이스를 개발하여 인간과 컴퓨터를 연결함으로써 다가오는 AI 시대에서 살아남고, 새로운 방식으로 메타버스를 탐색하는 것이다. 일론 머스크의 말에 따르면, 초지능 AI가 등장할 때 살아남을 가능성이 있는 유일한 방법은 우리도 AI가 되는 것이라고 했다. 그 말을 뒷받침하듯 뉴럴링크의 회사 강령은 "이길 수 없다면 하나가 되어라"이다.[4] 그들이 이루어낸 진전은 놀라울 정도다. 2020년 여름에는 세 마리의 돼지에 외과적으로 뉴럴링크를 이식해서 돼지가 냄새를 맡고 움직이는 등의 뇌 활동을 매일 기록했다. 그리고 불과 1년 만에 페이저라는 원숭이가 생각만으로 게임을 하는 모습을 선보였다. 심지어 그 원숭이는 게임에 능숙하기까지 했다. 경이로운 기술의 위업이 아닐 수 없다.[5] 페이저의 뇌에는 외과수술 로봇이 삽입한 동전만 한 크기의 연결 디스크가 있어서, 그 칩에서부터 수천 개나 되는 미세 스레드를 특정 뉴런에 연결하여 뇌의 패턴을 기록했다. 많은 훈련을 거친 후에 페이저는 탁구를 하는 동작을 생각하는 것만으로 탁구 게임을 할 수 있게 되었다. 원숭이가 삽입형 BCI로 이만한 성취를 이룰 수 있었는데, 만약 인간의 두뇌가 컴퓨터나 가상현실 헤드셋에 연결되면 과연 어떤 일을 해낼 수 있을지 상상해보라.

인조인간과 트랜스 휴머니스트(과학기술로 인간의 정신과 육체를 개선하려는 사람들-옮긴이)는 어떻게 생각할지 모르지만, 작은 컴퓨터를 뇌에 삽입하는 방법으로만 컴퓨터에 연결될 수 있는 건 아니다. 다행히 소중한 몸속 장기에 로봇 수술을 감행하지 않고도 사용할 수 있는 장착형 BCI 방식도 존재한다.

비침습형 뇌-컴퓨터 인터페이스는 뇌파를 기록하는 외부 장치를 사용한다. 이러한 BCI는 뇌전도검사Electroencephalography, 즉 EEG 모자의 형태로 오랫동안 사용되어왔다. EEG는 신경 활동을 기록하는 방법 중에서 MRI 다음으로 가장 많이 사용되는 기술일 것이다.[6] 이는 두피에 전극을 부착해서 뇌의 전기적 활동을 기록하는 방법인데, 가격은 저렴하지만(알리바바에서 20달러만 주면 살 수 있다) 착용하기 편안하거나 멋있는 장비는 아니다. 게다가 유용하게 쓰려면 수많은 소프트웨어가 개발되어야 한다.

현재 개발 중인 새로운 장착형 BCI는 누구나 자신의 뇌를 메타버스에 연결할 수 있는 인터페이스이다. 일례로 프랑스 회사인 넥스트마인드는 착용하기 편하고 쉬운 EEG 센서를 사용하여, 휴대 가능하고 누구나 쓸 수 있으며 확장성까지 뛰어난 두뇌 활동 측정 장치를 개발하고 있다. 어느 순간부터 우리는 머리로 컴퓨터를 제어하고 뇌를 마우스처럼 사용할 수 있게 될 것이다. 신경과학자이자 넥스트마인드의 창립자인 시드 쿠이데르Sid Kouider에 따르면, 이것은 단지 시작일 뿐이다. 몇 십 년 안에 장착형 BCI 기술은 메타버스 안에서 우리의 생각을 텔레파시처럼 전송할 수 있을 것이다.[7] 이미 생각만으로 자동차를 운전할 수 있게 되었고, BCI는 마비된 사람이 의사소통을 재개할 수 있게 도와주었다.

브레인게이트 컨소시엄BrainGate Consortium이 교통사고로 척추가 부러져 가슴 아래로 마비 상태였던 네이선 코프랜드의 뇌에 센서를 이식하자, 몸을 움직이지 못했던 그가 분당 90단어를 쓸 수 있게 되었다. 오래된 노키아 휴대폰으로 작성하는 것보다 빠른 속도였다.[8] 앞으로는 더 많은 애플리케이션이 뒤따라 나올 것이다.[9] 앞에서 언급한 대로 디지털 트윈은 메타버스의 주요한 부분이다. 2022년 뉴로트윈NeuroTwin이라는 회사는 우리 뇌의 디지털 트윈을 만들겠다고 발표했다. 그렇게 되면 BCI를 연결해서 메타버스를 뇌에 직접 스트리밍할 수 있게 된다.[10]

2022년 증강현실 회사인 스냅이 넥스트마인드를 인수하며 그러한 비전이 현실로 더 가까이 다가왔다. 가상 세계에서 친구와 소통하고 싶다면 생각만 하면 된다. 메타버스에서 이루어질 아리아나 그란데의 다음 콘서트를 경험할 수 있고, 자신의 생각을 말로 설명할 필요 없이 친구들에게 바로 전달할 수 있다. 친구들도 여러분이 보는 것을 그대로 보고, 듣고, 또한 완전히 새로운 경험의 일부가 될 것이다. 밸브Valve의 설립자인 게이브 뉴웰Gabe Newell은 뇌-컴퓨터 인터페이스가 게임의 미래라고 이야기했다.[11] 밸브는 장착형 BCI의 개발사인 오픈 BCI와 협력하여 공개 소프트웨어를 개발했는데, 이는 게임 개발자를 도와서 게임이 플레이어의 뇌에 어떤 반응을 일으키는지 자세히 살펴볼 수 있는 프로그램이다. 또한 오픈 BCI는 특별히 밸브가 자체 개발한 가상현실 헤드셋인 밸브 인덱스Valve Index와 함께 사용할 수 있도록 설계된 게일러Galea라는 헤드셋을 만들고 있다.[12]

뉴웰은 "2022년인데도 테스트 랩에 이런 BCI 장비를 갖추지 않은 소프트웨어 개발자는 멍청한 실수를 저지르는 것과 같다"라고 말했다.[13] (머지않은) 미래에는 게임 개발자가 BCI를 사용해서 게임을 업데이트할 뿐만 아니라 플레이어 역시 BCI를 사용하여 완전히 새로운 방식의 게임을 경험하게 될 것이다. 밸브의 실험 심리학자인 마이크 앰바인더Mike Ambinder에 따르면, 밸브의 목표는 17개나 되는 버튼으로 조작하는 기존 방식의 게임에서 벗어나 더욱 자연주의적인 게임을 만드는 것이다.[14] 뉴웰은 우리의 신체적인 시각 능력에 대해 비판적으로 이야기하며, 대신 BCI가 시각 요소를 직접 머리로 전송하는 미래를 그린다.[15] 이와 같은 좀 더 직접적인 경로는 게임을 훨씬 자연스럽게 만들고, 한때 무색무취였던 경험을 우리 상상보다 훨씬 더 풍부한 경험으로 바꾸어놓을 수 있다.

BCI는 컴퓨터, 기계, 심지어 컴퓨터와 기계 사이에서 완전히 새로운 방식의 상호작용을 가능하게 할 것이다. 그러나 새로운 방식의 소통은 사생활에 새로운 재난을 가져올 수도 있다. 생각은 우리에게 마지막으로 남은 진정한 사적 영역이지만, BCI는 이 사실마저 바꿔버릴 가능성이 매우 높다.

BCI가 우리 삶에 통합될수록 컴퓨터와 우리의 관계도 달라질 것이다. 컴퓨터와의 소통 방법은 지난 수십 년 동안 쓰기에서 말하기로 변화해왔으며, 조만간 말하기에서 생각하기로 바뀌게 될 것이다. 알렉사, 시리, 에코 등의 음성 AI가 컴퓨터 및 우리 사이의 관계를 바꾸어놓은 것처럼, BCI를 통해 메타버스에서 텔레파시를 사용할 수 있게 되면 같은 일이 생길지도 모른다.

우리 생각을 간단하게 세계 반대편으로 보낼 수 있는 시대가 와도 여전히 물리적인 컴퓨터와 스마트폰과 가상현실 헤드셋이 필요할까? 트위터 대신 미래형 소셜 미디어에서 모든 사람이 자기 생각을 '외치면' 소셜 미디어는 어떻게 될까? 뇌로 들어오는 특정한 메시지를 차단할 방법이 있을까? 그리고 원치 않은 생각이 돌발적으로 상사에게 전송되는 것을 막을 방법이 있을까?

이 새로운 기술로 무엇을 할 수 있을지 알아보는 것은 분명히 신나는 일이지만, 우리와 컴퓨터 및 기계 사이의 관계가 어떻게 변할지에 대해서는 아직도 모르는 부분이 많다. 침습형 혹은 비침습형 BCI를 다루는 최적의 방법을 이해하려면 상당한 연구가 필요하다. 그러나 메타버스에 미치는 BCI의 영향은 대단해서 우리가 상상도 못 했던 몰입형 경험을 가능하게 만들 것이다.

예술과 창의성, 혁신의 르네상스

BCI가 현실에 대한 우리의 관점을 극적으로 바꿔놓기 전에, 먼저 우리가 정말로 메타버스의 일부가 되고 싶은지를 확실하게 해야 한다. 팀 버너스 리는 2016년 개최된 탈중앙화 웹 회담에서 이렇게 말했다. "웹은 본래 탈중앙화를 통해 모든 사람이 자신만의 영역과 웹 서버를 소유하며 참여할 수 있도록 설계되었지만 제대로 실현되지 못했다."[16] 웹은 기업을 위한 황금알을 낳는 거위가 되었고 끝없는 학대와 괴롭힘의 온상이 되었다. 실제로 2021년 퓨 리서치 센터Pew Research Center의 조사를 보면 10명 중 4명의 미국인이 온라인 괴롭힘을 경험했다고 한다.[17] 오늘날의 인터넷 형태에 문제가 있다는 점을 명백하게 보여주는 충격적인 숫자가 아닐 수 없다.

차세대 인터넷 시대가 다가오면서 우리에게 모든 것을 다시 시작할 기회가 주어졌다. 더 좋은 무엇인가를 만들 수 있는 새로운 시작이다. 그러므로 설계와 코딩 단계에서부터 신뢰와 안전, 그리고 사생활 보호 장치가 내재된 메타버스를 만들어야 한다. 메타버스의 형태를 빚고 앞으로 어떤 모습이 될지 결정하는 것은 바로 우리 자신이다. 새로운 메타버스가 현재의 웹과 비슷해지든, 아니면 전혀 다른 방향으로 나아가 개방적인 몰입형 세계로 만들어지든, 그 결과는 우리의 선택에 달려 있다. 몰입형 세계에 무턱대고 뛰어들기 전에 우리는 메타버스의 필수 조건이 웹 2.0의 경우에서처럼 뒤늦은 생각으로만 남지 않고 실질적인 표준이 되도록 만들어야 한다. 그것을 위해 규제 기관과 입법자는 더욱 분발할 필요가 있으며, 표준화 기구는 개방형 메타버스에 걸맞은 표준을 세워야 할 것이다.

그러면 메타버스는 우리가 개발한 기술로 우리가 원하는 것을 계속 만들어낼 평행 디지털 세계가 될 것이다. 따라서 오늘날의 사상가와 전문가, 창작자가 한데 모여 우리가 어떤 메타버스를 만들어 살고 싶은지, 무엇을 해야 하는지에 대해 다양한 토론을 벌여야 한다. 그렇지 않으면 우리는 몽유병 환자처럼, 저커버그가 통제하는 폐쇄형 메타버스를 향해 정신없이 걸어가버릴 수도 있다.

에미넴(미국의 유명 백인 힙합 아티스트-옮긴이)이 이렇게 노래했다. "만일 단 한 번의 기회가 있다면, 원했던 전부를 한순간에 움켜잡을 기회가 온다면, 그것을 붙잡을 것인가, 아니면 놓아버릴 것인가."[18] 우리는 인류의 새로운 세계를 창조할 수 있는 단 한 번의 기회를 가지고서 새 시대의 여명에 서 있다. 사회를 새로 구성하고, 인터넷을 더 좋게 변화시키고, 실수에서 배우며, 우리가 꿈꿔온 피지털 현실을 구축할 수 있는 그런 기회가 눈앞에 있다. 그 기회를 붙잡아서 개방적이고 상호운용 가능한 메타버스를 만들 것인가, 아니면 놓쳐버린 채 반이상향적 악몽에 빠질 것인가?

나는 우리가 함께 만들어갈 디지털 세상이 우리 내면을 살펴볼 수 있는 특별한 경험으로 구성되고, 우리 스스로 정체성, 데이터, 자산을 완전히 통제할 수 있는 곳이기를 바란다. 동시에 그곳은 항상 우리 곁에서 소통하고 그 안에서 우리가 원하는 사람이 될 수 있으며 언제 어디든 갈 수 있는 세상이 되어야 한다.

미래에도 '메타버스가 나타났다!' 하고 이야기할 만한 결정적인 순간은 없을 것이다. 대신 우리는 시간의 흐름에 따라 몰입형 인터넷으로 조금씩 이동하면서, 놀랍고도 즐거운 디지털 경험을 점차 받아들이게 되지 않을까? 10년 후에 메타버스가 어떤 모습일지 예측하는 것은 불가능하다. 특히 고유한 개인과 창작자가 개방적이고 상호운용 가능한 메타버스를 창조해낸다면, 저커버그의 비전은 한참은 빗나가게 될 것이다.

메타버스를 구축할 때, 그것을 설계하고 창조하는 일은 밀레니얼 세대나 X세대의 역할이 아니다. 디지털 세상에서 자라난 메타버스 네이티브인 Z세대와 알파 세대야말로 메타버스를 만들어 낼 세대이다. 《은하수를 여행하는 히치하이커를 위한 안내서The Hitchhiker's Guide to the Galaxy》를 쓴 더글러스 애덤스Douglas Adams는 그의 다른 작품인 《의심의 연어The Salmon of Doubt》에서 이렇게 말한다.[19]

- 사람은 자신이 태어났을 때 세상에 존재한 모든 기술을 평범하고 자연스러운 일상으로 받아들인다.
- 사람은 15세에서 35세 사이에 발명된 기술을 새롭고 흥미로운 획기적인 경험이라고 생각하며, 그 경험을 토대로 경력을 쌓는다.
- 사람은 35살 이후에 발명된 모든 것을 자연의 법칙에 위배되는 기술이라고 여긴다.

지금부터 10년 후, 최첨단 기술을 가지고 놀며 초창기 메타버스의 흔적을 탐색하던 세대가 설계자와 개발자로 자라나 역량을 펼칠 세상은 과연 어떤 모습일까?

우리가 지금은 상상도 하지 못할 만큼 진정으로 창의적이고 몰입되는 경험을 보게 될 것이다.[20] 마치 캄브리아기 대폭발처럼 정체성과 창의성이 급증한 세상에서, 모두가 다중 정체성을 가지고 평범한 디지털 인간부터 세상의 틀을 깬 독특한 창조물에 이르기까지, 다양한 아바타를 자랑하지 않을까? 우리는 극사실적 환상의 세계 속에서 하이브리드 회의에 참석하고, VR로 공부하며, 물리적 세계 위에 무한한 계층으로 이루어진 증강현실에서 오락 거리와 비즈니스를 찾아 다닐지도 모른다. 이때 일부 계층은 모두에게 공개되지만, 일부는 암호화폐를 지불한 사람이나 올바른 자격 증명을 가진 사람에게만 접근을 허용할 것이다.

증강현실이 우리 삶에 더 많은 부분을 차지하면서 가상현실을 능가함에 따라, 사람들은 좋든 나쁘든 현실에 대한 독특한 관점을 갖게 된다. 메타버스는 인류를 게임화(게임 외적인 부분에 재미와 보상 등의 게임 요소를 적용하는 행위-옮긴이)할 수 있지만, 우리의 미래가 〈블랙 미러Black Mirror〉(첨단 기술의 부정적인 면을 다루는 영국의 SF 드라마-옮긴이)의 에피소드처럼 끝나지 않도록 주의해야 한다. 또한 온종일 온라인에 머물지 않고 현실의 삶을 사는 것을 잊어서는 안 된다. 디지털 방해 없이 현실의 친구나 가족과 함께하는 시간도 중요하다.

기술이 발전을 거듭하며 우리는 로우 폴리곤 세계를 떠나 독특하고 다양한 고성능의 하이 폴리곤 가상 세계 및 증강 경험과 상호작용하고, 더 나아가 메타버스를 우리 뇌에 직접 전달할 수 있는 세계에 도달할 것이다. 몰입형 세계를 창조하는 일이 더욱 쉬워지겠지만, 가장 즐거운 일이 생길 수 있는 환경은 창의성과 혁신에 보상하면서도 사람들이 원활하게 자기 일로 수익을 창출할 수 있는 환경이다. 더욱이 새로 부상하는 기술이 통합되면 전 세계에 예술과 창의성, 혁신의 르네상스를 가져오고, 그 힘은 인류를 발전시키며 상상력의 시대를 정의할 돌파구로 사람들을 이끌어갈 것이다.

인류는 이제 겨우 메타버스가 무엇인지 이해하기 시작했다. 메타버스의 미래는 무한한 선택지와 창의성을 지닌 개인에 달려 있다. 그리고 우리는 BCI 이식 및 추가적인 감각을 제공하는 센서 등 다양한 기술과 우리 자신을 통합함으로써 새로운 단계의 인류를 목격하게 될 것이다. 메타버스에 우리가 가지 못할 곳은 없다. 저 멀리 개인화된 AI가 직접 우리 뇌와 소통할 수 있는 주도적 공간 웹이 보인다. 그곳에서는 컴퓨터와 인간의 차이가 점점 희미해지고 결국 실제 삶과 디지털 삶이 자연스럽게 하나가 될 것이다. 이제 메타버스로 출발하자, 험난하지만 신나는 여정이 우리를 기다리고 있다!

메타버스 유토피아

감사의 말

메타버스에 관한 책을 쓰는 일은 놀라움으로 가득한 여정이었으며, 나를 도와주고, 통찰력을 주고, 피드백을 해준 많은 분들의 도움 없이는 불가능했을 것이다. 이 작업을 시작할 때 내게 아이디어는 많았는지 모르나 확실히 모든 해답을 갖고 있지는 않았다. 메타버스를 만들어나가는 데 일조하고 있는 250여 명이 기꺼이 자신의 의견과 통찰력을 나누어주었고, 이러한 공동의 노력에서 이 책이 탄생했다. 부디 이 책이 개방형 메타버스를 구축하려는 사람들에게 도움이 되기를 희망한다.

먼저, 내가 3개월 동안 나의 빈 자리를 채워준 내 파트너, 루이즈에게 고맙다는 말을 전한다. 그러한 배려가 없었다면 이렇게 짧은 시간 안에 책을 쓰는 일은 불가능했을 것이다. 책을 쓰는 동안 나를 응원하고 귀중한 피드백을 해준 편집자 크리스 넬슨과 발행인 짐 미나텔, 피트 고한, 멜리사 버록에게도 감사한다. 추천사를 써준 제이미 버크에도 깊은 감사의 말을 전한다.

다음으로는 인터뷰에 응해준 모든 분들과 교정 작업을 통해 귀중한 피드백 제공해준 모든 분들에게 감사의 마음을 전한다. 알렉 라자레스쿠, 아비나쉬 카우쉭, 벤저민 버트럼 골드먼, 크리스티안 아이스베르크, 대니얼 시슨, 조지 비스니우크, 존 가에타, 저스틴 혹버그, 케빈 오도너번, 린지 맥이너니, 미카엘라 라로제, 닐 트레빗, 폴 해밀턴, 라빈드라 라탄, 라구 발라, 로버트 롱, 티파니 싱규 왕에게 감사의 말을 전한다.

또한, 이 책을 호의적으로 검토해준 카탈린 반 리즈메넘, 피터 보스, 샘 존스턴과 캐스린 브루스에게도 감사를 표한다.

훌륭한 인터뷰를 통해 귀중한 통찰을 준 모든 분들에게 감사드린다. 아딜 부감자, 아도니스 자카리아데스, 알렉스 리, 아나 간드라부라, 안토니 트란, 아테나 데모스, 에이본, 바얀 타우픽, 벨랄 미아, 블레이크 레젠스키, 카이 펠립, 설레스트 리어, 찰스 마케트, 챠비 고, 크리스티안 울스트럽, 클레멘트 오, 데이비드 프랜시스, 델즈 에린레, 더그 제이콥슨, 더글러스 박, 에드먼드 루, 에드윈 마타, 에릭 콘, 이브 로구노바-파커, 에블린 모라, 에보 헤이닝, 에즈라 데이, 프란체스카 타보르, 가브리엘 르네, 조르지나 웰먼, 해나 글라스, 임란 셰이크, 제이미 버크, 제이슨 캐시디, 제이 에스, 제리 하인즈, 지미 다우두, 지미 챈, 조이 듄, 존 라도프, 줄리안 볼, 저스틴 라체, 카비야 펄맨, 콘라트 길, 릴리 리, 리사 콜브, 루크 그니웨키, 마티아스 칼사다, 매슈 브루베이커, 매슈 스콧 존스, 맥스 케닉, 마이클 패트릭 포츠, 밀라 베스만, 네이선 그로티첼리, 닐 하란, 폴

휴잇, 랄프 칼시, 레이 루, 리처드 케리스, 로버트 롱, 로버트 라이스, 라이언 길, 라이언 키퍼, 샌드라 에스커베이도, 샤우나 리 랭, 시단 구란, 지트젤 뤼터 로셍콜, 슬라비카 보그다노프, 스튜어트 홀, 타메르 가리프, 팀무 토케, 비자이 다나세카란, 빈센트 헌트와 자비에 이건에게 감사를 표한다.

온라인에서 실시한 설문조사에 응해준 모든 분에게 감사드린다. 모든 분들께 긴 설문조사를 작성해준 것에 대해 감사의 말을 전하고자 한다. 링크드인 정보를 공유한 모든 분들의 이름을 알파벳 순으로 나열했다. 아비오둔 빅토리아, 아킬 굽타, 앨런 로드리게스, 알렉세이 슈마톡, 아미트 콜룸비카르, 에이미 펙, 안 코펜스, 안드레아스 파울러, 안드리 고르벤코, 앤디 우드, 안슈만 트리파티, 아리안 코스터, 아슈라프 알타예브, 아스티르 메이어스, 악셀 슈마허, 벤 멀로니, 브라이언 부, 캐머런 스텁스, 찰스 L. 퍼킨스, 찰스 V., 클리프 볼드리지, 대런 테, 데이브 샘슨, 데니스 산텔리, 디마 릴릭, 디마 쇼트, 딕슨 멜리트 제임스, 도미니크 우, 제인 토마슨 박사, 리치 멜하임 박사, 더스틴 위시, 드웨인 미토, 에우제니오 갈리오토, 파테메 몬파레드, 페르난도 카리온, 플로리안 쿠레, 프란시스코 아센시 비아나, 프라뇨 마레틱, 가르비엘레 카르바냐 본토시, 지안루카 로자니아, 가이 퍼디, 행크 칼리노프스키, 헨리 챈, 호라시오 토렌델, 일라나 밀크스, 재닌 요리오, 야르노 에롤라, 제한-미셸 베르나르, 제주스 G. 보닐라, 조 스와티, 조너선 웨이드, 줄리안 데무스, 저스틴 추, 카렌 주브, 켈리 마틴, 케네스 메이필드, 케리 F. 스미스, 케빈 러셀, 키쇼어 다르마라잔, 크리스티나 포드나

르, 리 이, 릴리 스나이더, 리사 랙스턴, 루카 리시, 마오 린 리아오, 마르쿠스 아르네, 마리아 보티넬리, 마크 단도, 마틴 페트코브, 마티 M. 와이스, 마시모 부오노모, 마티아 크레스피, 메이 마부브, 미즈 루텐, 마이클 D. 폴락, 마이클 루비, 미하엘 바이만스, 무루간 벨사미, 너대니얼 지라드, 넬슨 이노, 닉 데하드레이, 닉 메리트, 니콜라스 웨른, 파스칼 니글리, 파울라 마리 킬가리프, 피터 트라파소, 필립 모스터트, 푸시팍 키푸람, 라지A. 카푸르, 랄프 벤코, 롭 충, 로드 보웰, 론 반 레이스베이크, 루슬란 모길레베츠, 샘 존스턴, 산자이 오하, 숀 로우, 세카이 무탐비르와, 쉬라반 라즈푸로히트, 쉬라완 바네르지, 사이먼 그라프, 스테판 해클렌더, 스테파노 산드리, 스테파니 브레토니에르, 스벤 반 드 페레, 탐신 오한론, 테르켈 샌드 테르켈센, 티스 페핑, 팀 와일드, 톰 사전트, 토마시 피가르스키트, 트리스탄 슈뢰더, 발렌틴 발레, 빈센트 테시어, 완 웨이, 웬디 다이아몬드, 윌리엄 번스 III, 블라디미르 바라노프 로신, 자이라스토, 유리 필립척, 제이넵 발칸에게 감사의 말을 전한다.

마지막으로 메타버스를 만들어 가고 있는 모든 창작자와 창의성을 추구하는 모든 이들에게 고마운 마음을 전하고 싶다. 인류를 위한 특별한 경험을 창조할 힘을 가진 여러분, 당신이 하는 모든 일에 진심으로 고마운 마음을 전한다.

　　　　　　　　　　　　　　메타버스 유토피아

주

머리말

1 Mike Proulx and Jessica Liu, "The Metaverse Won't Fix Facebook," October 25, 2021, www.forrester.com/blogs/the-metaverse-wont-fix-facebook

2 Dr Mark van Rijmenam, LinkedIn poll, www.linkedin.com/posts/markvanrijmenam_book-metaverse-trust-activity-6869742614535557121-N7oX, December 2021

프롤로그

1 Lil Nas X's Roblox concert was attended 33 million times, by Jacob Kastrenakes, The Verge, www.theverge.com/2020/11/16/21570454/lil-nas-x-roblox-concert-33-million-views, November 16, 2020, visited January 27, 2022

2 Merch sales from Lil Nas X Roblox gig near 'eight figures,' by Stuart Dredge, Musically, https://musically.com/2021/07/06/merch-sales-from-lil-nas-x-roblox-gig-near-eight-figures, July 6, 2021, visited January 27, 2022

3 "Metaverse Festival" website, https://themetaversefestival.io

4 Decentraland announces the Metaverse Festival, by Kristin Houser, Freethink, www.free-think.com/culture/metaverse-festival,October20, 2021, visited January 27, 2022

5 The first Metaverse Festival in Decentraland!, Besancia, Non Fungible, https://nonfungi-ble.com/blog/first-metaverse-festival-decentraland,October 25, 2021, visited January 27, 2022

6 "A Magazine Is an iPad That Does Not Work," User Experiences Works, *YouTube*, Oct 25, 2011, accessed November 10, 2021,www.youtube.com/watch?v=aXV-yaFmQNk

7 Ernest Cline, *Ready Player One* (Crown Publishing Group, 2011)

8 Keynote Address: Tim Berners-Lee, Re-decentralizing the web, some strategic ques-tions, https://archive.org/details/DWebSummit2016_Keynote_Tim_Berners_Lee, 08-06-2016,accessed November 10, 2021

9 Cybercrime To Cost The World $10.5 Trillion Annually By 2025, by SteveMorgan, Cyber-crime Magazine, https://cybersecurityventures.com/cybercrime-damage-costs-10-trillion-by-2025, November 13, 2020, visited January 24, 2022

10 As discussed by Matthew Ball in the 'Building the Open Metaverse' Podcast, Episode 1, https://open.spotify.com/episode/5Vo1a5EPxDWI5quQOSf9wy

Chapter 1 메타버스, 무한한 블루오션

1 "The First Mainframes," *Computer History Museum*, www.computerhistory.org/revolu-tion/mainframe-computers/7/166, visited November 14, 2021

2 Shen, PC., Su, C ., Lin, Y., et al., Ultralow contact resistance between semimetal and mono-layer semiconductors, Nature 593, 211 – 217 (2021), https://doi.org/10.1038/s41586-021-03472-9

3 www.nano.gov/nanotech-101/what/nano-size, National Nanotechnology Initiative, visited November 14, 2021

4 Ada Lovelace, "Notes" to a "Sketch of the Analytical Engine Invented by Charles Babbage," by L.F. Menabrea, in Scientific Memoirs (London, 1843), vol. 3

5 "BASIC," *Wikipedia*, last modified on February 6, 2022, https://en.wikipedia.org/wiki/BASIC

6 Cerf, V. G. & Leiner, B. M. (1997), Brief history of the internet, internet Society

7 The New Yorker cartoon by Peter Steiner, 1993

8   The Biggest Companies in the world, Visual Capitalist, Jenna Ross, www.visualcapitalist.
    com/the-biggest-companies-in-the-world-in-2021, visited November 14, 2021

9   Bailenson, J. (2018), Protecting nonverbal data tracked in virtual reality, JAM Apediatrics,
    172(10), 905 – 906

10 Zuckerberg's Meta Endgame Is Monetizing All Human Behavior, The Verge, Janus Rose,
    www.vice.com/en/article/88g9vv/zuckerbergs-meta-endgame-is-monetizing-all-hu-
    man-behavior, visited December 13, 2021

11 Zuckerberg and team consider shutting down Facebook and Instagramin Europe if Meta can
    not process Europeans' data on US servers, byMichiel Willem, City A.M., www.cityam.
    com/mark-zuckerberg-and-team-consider-shutting-down-facebook-and-insta-
    gram-in-europe-if-meta-can-not-process-europeans-data-on-us-server, February
    6, 2022, visited February 7, 2022

12 Maddison Connaughton, "Her Instagram Handle Was 'Metaverse.' Last Month, It Van-
    ished." www.nytimes.com/2021/12/13/technology/instagram-handle-metaverse.html
    By Maddison Connaughton, The New York Times, December 13, 2021, visited December
    17, 2021

13 Nakamoto, S. (2008), Bitcoin: A peer-to-peer electronic cash system, *Decentralized Busi-
    ness Review*, 21260

14 Harari, Y. N. (2016), *Homo Deus: A Brief History of Tomorrow*, Random House

15 Morton Heilig, "The Cinema of the Future," *Espacios* 23 – 24, (1955)

16 Morton Heilig, (1962), US Patent #3,050,870

17 Bailenson, J. (2018), Experience on demand: What virtual reality is, how it works, and what
    it can do, WW Norton & Company

18 Kuo: Apple plans to replace the iPhone with AR in 10 years, 9To5Mac, José Adorno,
    https://9to5mac.com/2021/11/25/kuo-apple-plans-to-replace-the-iphone-with-
    ar-in-10-years, November 25, 2021, visited December 13, 2021

19 Why is Occlusion in Augmented Reality So Hard?, by Neil Mathew, Hackernoon, https://
    hackernoon.com/why-is-occlusion-in-augmented-reality-so-hard-7bc8041607f9,
    January 28, 2018, visited February 7, 2022

20 Snap Inc. Introduces the Next Generation of Spectacles, Investor Relations Snap, May
    20, 2021, https://investor.snap.com/news/news-details/2021/Snap-Inc.-Introduc-
    es-the-Next-Generation-of-Spectacles/default.aspx, visited December 14, 2021

21 Kura AR Gallium, by Kura AR, CES Innovation Awards 2022, www.ces.tech/Innova-
    tion-Awards/Honorees/2022/Honorees/K/Kura-AR-Gallium.aspx

22 LinkedIn post ARun Prasath, LinkedIn, www.linkedin.com/posts/arunxr_augmentedreali-
ty-ar-tourismmarketing-activity-6893046514395029506-l73s, February 2, 2022

23 Lik-Hang Lee, Tristan Braud, Pengyuan Zhou, Lin Wang, Dianlei Xu, Zijun Lin, Abhishek
Kumar, Carlos Bermejo, Pan Hui, (2021), "All one needs to know about metaverse: A
complete survey on technological singularity, virtual ecosystem, and research agenda." arXiv
preprint, https://arxiv.org/abs/2110.05352

23a Clarke, Arthur C. (1968-01-19), "Clarke's Third Law on UFO's". Science. 159 (3812):
255. doi:10.1126/science.159.3812.255-b. ISSN 0036-8075

24 The Age of Imagination, by Charlie Magee, Second International Symposium: National
Security & National Competitiveness: Open Source Solutions Proceedings, 1993 Volume
I, https:// web.archive.org/web/20110727132753/www.oss.net/dynamaster/file_ar-
chive/040320/4a32a59dcdc168eced6517b5e6041cda/OSS1993-01-21.pdf

25 internet Statistics 2021: Facts You Need-to-Know, by Artem Minaev, https://firstsite-
guide.com/internet-stats, November 30, 2021, visited December 19, 2021

26 Announcement Satya Nadella about the Enterprise Metaverse, November 2, 2021, www.
linkedin.com/feed/update/urn:li:activity:6861388591730372608

27 Interview with Bayan Towfiq, CEO of Subspace, December 16, 2021

28 Madden NFL 22 & Nike NRC App Super Bowl Challenge! EARN AARON DONALD!,
EA, https://answers.ea.com/t5/Madden-NFL-Ultimate-Team/Madden-NFL-22-
amp-Nike-NRC-App-Super-Bowl-Challenge-EARN-AARON/m-p/11266356,
February 7, 2022, visited February 8, 2022

29 De 'verbeterde mens' is onder ons, by Lex Rietman, FD, December 17, 2021, https://
fd.nl/samenleving/1422461/de-verbeterde-mens-is-onder-ons, visited December 23,
2021

30 Mark van Rijmenam, & Philippa Ryan, (2018), *Blockchain: Transforming Your Business
and Our World, Routledge*

31 The Elephant in the Metaverse, Shannon Low, October 3, 2021, https://shannonlow.sub-
stack.com/p/the-elephant-in-the-metaverse

32 Interview with Neil Trevett, elected President of The Khronos Group, December 16, 2022

33 Morini, M., From 'Blockchain Hype' to a Real Business Case for Financial Markets. Avail-
able at SSRN 2760184, 2016

34 Luu, L., et al., Making smart contracts smarter, 2016, Cryptology ePrint Archive, Report
2016/633, 2016, http://eprint/. iacr. org/2016/633

35 Pascuale Forte, Diego Romano, and Giovanni Schmid, "Beyond Bitcoin-Part I: A critical

look at blockchain-based systems," IACR Cryptol. eprint Arch, 2015 Melanie Swan, *Blockchain: Blueprint for a new economy*, 2015: O'Reilly Media, Inc.

36 Mark van Rijmenam and Philippa Ryan, (2018), *Blockchain: Transforming Your Business and Our World*, Routledge

37 Andreessen Horowitz, "How to Win the Future: An Agenda for the Third Generation of the Internet," October 2021, https://a16z.com/wp-content/uploads/2021/10/How-to-Win-the-Future-1.pdf

38 The Metaverse: What It Is, Where to Find It, and Who Will Build It, Matthew Ball, January 13, 2020, www.matthewball.vc/all/themetaverse, visited December 23, 2021

39 *The Spatial Web: How Web 3.0 Will Connect Humans, Machines, and AI to Transform the World*, by Gabriel Rene and Dan Mapes, 2019, Self-published: Gabriel Rene (27 August 2019)

40 "The Metaverse Takes Shape as Several Themes Converge," by Pedro Palandrani, Global X, www.globalxetfs.com/content/files/The-Metaverse-Takes-Shape-as-Several-Themes-Converge.pdf

41 Mark van Rijmenam & Philippa Ryan, (2018), *Blockchain: Transforming Your Business and Our World*, Routledge

42 The 5P's of a Self-Sovereign Identity, by Dr Mark van Rijmenam, TheDigitalSpeaker.com, www.thedigitalspeaker.com/5ps-self-sovereign-identity, September 25, 2018

43 9 Megatrends Shaping the Metaverse, by Jon Radoff, https://medium.com/building-the-metaverse/9-megatrends-shaping-the-metaverse-93b91c159375, May 20, 2021, visited December 24, 2021

44 "Seeing is believing," PwC, www.pwc.com/gx/en/industries/technology/publications/economic-impact-of-vr-ar.html, November 19, 2019

45 The Metaverse Explained Part 3: Economics, Gene Munster & Pat Bocchicchio, https://loupfunds.com/the-metaverse-explained-part-3-economics/, December 21, 2018, visited December 24, 2021

46 David Grider & Matt Maximo, "The Metaverse, Web 3.0 Virtual Cloud Economies," Grayscale Research, https://grayscale.com/wp-content/uploads/2021/11/Grayscale_Metaverse_Report_Nov2021.pdf, November 2021

Chapter 2 개방형 플랫폼의 가치

1 Mark Zuckerberg's metaverse could fracture the world as we know it —lettingpeople 'reality block' things they disagree with and making polarization even worse, by Katie Canales, Business Insider, www.businessinsider.com.au/facebook-meta-metaverse-splinter-reality-more-2021-11, November 11, 2021, visited February 10, 2022

2 Interview with Jamie Burke, Founder and CEO Outlier Ventures, November 16, 2021

3 Jamie Burke, The Open Metaverse OS, Outlier Ventures, https://outlierventures.io/wp-content/uploads/2021/02/OV-Metaverse-OS-V5.pdf

4 Why Axie Infinity Is at the Forefront Towards a Sustainable P2E Economy, by Jungruethai Songthammakul, Alpha Finance, https://blog.alphafinance.io/why-axie-infinity-is-at-the-forefront-towards-a-sustainable-p2e-economy, December 20, 2021, visited December 24, 2021

5 Axie Infinity facing taxes in the Philippines, Market Business News, by Edward Bishop, https://marketbusinessnews.com/axie-infinity-facing-taxes-in-the-philippines/280528, November 4, 2021, visited January 18, 2022

6 Axie Infinity Raising $150M at $3B Valuation: Report, by James Rubin, CoinDesk, www.coindesk.com/business/2021/10/04/axie-infinity-to-raise-150m-series-b-at-3b-valuation-report, October 5, 2021, visited January 18, 2022

7 CoinMarketCap web site https://coinmarketcap.com, January 18, 2022

8 Earnings for Axie Infinity players drop below Philippines minimum wage, by Lachlan Keller, Forkast, https://forkast.news/headlines/earnings-axie-infinity-below-minimum-wage, November 16, 2021, visited February 12, 2022

9 Mansoor Iqbal, "Fortnite Usage and Revenue Statistics (2022)," *Business of Apps*, January 11, 2022, www.businessofapps.com/data/fortnite-statistics

10 Soulbound, by Vitalik Buterin, https://vitalik.ca/general/2022/01/26/soulbound.html, January 26, 2022, visited February 13, 2022

11 Interview with Lindsey McInerney, November 29, 2021

12 Jamie Burke, The Open Metaverse OS, Outlier Ventures, https://outlierventures.io/wp-content/uploads/2021/02/OV-Metaverse-OS-V5.pdf

13 "Hashrate Distribution," Blockchain.com, https://blockchain.info/pools, as reported on January 18, 2022

14 Bitcoin: Who owns it, who mines it, who's breaking the law, by Betsy Vereckey, MIT Management Sloan School, https://mitsloan.mit.edu/ideas-made-to-matter/bitcoin-who-owns-it-who-mines-it-whos-breaking-law, October 14, 2021, January 18, 2022

15 Report Preview: The 2021 NFT Market Explained [UPDATED 1/13/22], Chainanlysis, https://blog.chainalysis.com/reports/nft-market-report-preview-2021, December 6, 2021, visited January 18, 2022

16 @ryancrucible, *Twitter*, May 10, 2021 https://twitter.com/RyanCrucible/status/1391851471243726851

17 Interview with Neil Trevett, The Khronos Group, December 16, 2021

Chapter 3 아바타, 또 다른 나의 탄생

1 Kellie Patrick, "A Brief History of Avatars," *The Philadelphia Inquirer* (March 18, 2007): www.inquirer.com/philly/entertainment/20070318_A_Brief_History_of_Avatars.html

2 What are some different types of gender identity?, by Veronica Zambon, Medical News Today, www.medicalnewstoday.com/articles/types-of-gender-identity, November 5, 2020, visited January 15, 2022

3 "About NFT Profile Pictures on Twitter," *Twitter*, https://help.twitter.com/en/using-twitter/twitter-blue-fragments-folder/nft

4 Interview with Timmu Toke, CEO and co-founder of Wolf3D, November 19, 2021

5 VRChat, "Avatar Performance Stats and Rank Blocking," https://medium.com/vrchat/avatar-performance-stats-and-rank-blocking-1ae0feddc775, June 12, 2019, Visited December 29, 2021

6 CA18, "The Matrix Awakens: you have to try this crazy Unreal Engine5 demo!" California 18, https://california18.com/the-matrix-awakens-you-have-to-try-this-crazy-unreal-engine-5-demo/2021062021, December 10, 2021, visited December 29, 2021

7 Why "Uncanny Valley" Human Look-Alikes Put Us on Edge, by Jeremy Hsu, Scientific American, www.scientificamerican.com/article/why-uncanny-valley-human-look-alikes-put-us-on-edge, April 3, 2012, visited January 2, 2022

8 Ready Player Me, a metaverse avatar platform, raises $13M in funding, by Rachel Kaser, VentureBeat, https://venturebeat.com/2021/12/28/ready-player-me-a-metaverse-avatar-platform-raises-13m-in-funding, December 28, 2021, visited December 29, 2021

9 Rabindra Ratan, David Beyea, Benjamin J. Li, & Luis Graciano Velazquez, (2020). Avatar characteristics induce users' behavioral conformity with small-to-medium effect sizes: A meta-analysis of the proteus effect. Media Psychology, 23(5), 651 – 675

10   Nick Yee & Jeremy Bailenson, (2007). The proteus effect: The effect of transformed self-representation on behavior. Human Communication Research, 33(3), 271 – 290. doi:10.1111/hcre.2007.33.issue-3

Rabindra Ratan, David Beyea, Benjamin J. Li, & Luis Graciano Velazquez (2020). Avatar characteristics induce users' behavioral conformity with small-to-mediumeffect sizes: A meta-analysis of the proteus effect. Media Psychology, 23(5), 651 – 675

11   Ready Player Me, a metaverse avatar platform, raises $13M in funding, by Rachel Kaser, VentureBeat, https://venturebeat.com/2021/12/28/ready-player-me-a-metaverse-avatar-platform-raises-13m-in-funding, December 28, 2021, visited, January 3, 2022

12   Kim Kardashian's Met Gala Look Rewrote the Red Carpet's Rules, by Janelle Okwodu, Vogue, www.vogue.com/article/kim-kardashian-balenciaga-met-gala-2021-look, September 13, 2021, visited January 2, 2022

13   Twitter search, https://twitter.com/search?q=kim%20kardashian%20unlocked%20character&src=typed_query&f=top

14   Epic's high-fashion collaboration with Balenciaga in Fortnite includes a hoodie for a walking dog, Jay Peters, The Verge, www.theverge.com/2021/9/20/22679754/fortnite-balenciaga-collaboration-epic-games-unreal-engine, September 20, 2021, visited January 2, 2022

15   Balenciaga Brings High Fashion to Fortnite, Epic Games, www.epicgames.com/site/en-US/news/balenciaga-brings-high-fashion-to-fortnite, September 21, 2021, visited January 2, 2022

16   Balenciaga makes phygital haute couture with Fortnite, Robin Driver, Fashion Network, https://ww.fashionnetwork.com/news/Balenciaga-makes-phygital-haute-couture-with-fortnite,1336247.html, September 21, 2021, visited January 2, 2022

17   Gucci Garden by Roblox, www.roblox.com/games/6536060882/Gucci-Garden

18   A digital Gucci bag sold for US$4,000 on gaming platform Roblox – will virtual fashion really become a US$400 billion industry by 2025?, www.scmp.com/magazines/style/news-trends/article/3136325/digital-gucci-bag-sold-us4000-gaming-platform-roblox, June 7, 2021, visited January 2, 2022

19   LOOK: Dolce and Gabbana sells virtual suit for R18m, by Gerry Cupido, IOL, www.iol.co.za/lifestyle/style-beauty/fashion/look-dolce-and-gabbana-sells-virtua-suit-for-r18m-a870a72f-59ba-482b-b2de-a7508fc12ac6, October 6, 2021, visited January 3, 2022

334

Dolce & Gabbana's NFT Experiment Is A Million-Dollar Success Story, by Alex Kessler, Vogue, www.vogue.co.uk/news/article/fashion-nft-dolce-and-gabbana, September 30, 2021, visited January 3, 2022

20   Interview with Michaela Larosse, Head of Content & Strategy at The Fabricant, December 8, 2021

21   Digital Fashion House 3.0, The Fabricant, https://the-fab-ric-ant.medium.com/the-fabricant-91e88b5b6b76, October 12, 2021, visited January 3, 2022

22   Unlocking utility is key for fashion brands launching NFTs in 2022, by Rachel Wolfson, Cointelegraph, https://cointelegraph.com/news/unlocking-utility-is-key-for-fashion-brands-launching-nfts-in-2022, January 3, 2022, visited January 3, 2022

23   Interview with Lindsey McInerney, November 29, 2021

24   Fewer Than Half of Returned Goods Are Re-Sold at Full Price: Here's Why, by Jasmine Glasheen, The Robin Report, October 23, 2019, visited January 3, 2022

25   Your brand new returns end up in landfill, by Harriet Constable, BBC, www.bbcearth.com/news/your-brand-new-returns-end-up-in-landfill, visited February 9, 2022

26   CGTN, "'Smart' mirrors delight shoppers in fitting rooms across China," *YouTube*, www.youtube.com/watch?v=GNKa8ZDOnF4, published October 8, 2017

27   How on earth is trading virtual items in video games a $50 billion industry?, WAX.io, https://medium.com/wax-io/how-on-earth-is-trading-virtual-items-in-video-games-a-50-billion-industry-5972c211d621, December 12, 2017, visited January 3, 2022

28   Interview with Konrad Gill, NeosVR, December 15, 2021

Chapter 4   무한대의 가능성을 품은 공간

1   Richard A. Bartle, (2004). *Designing Virtual Worlds*. New Riders

2   Mulligan, Jessica & Patrovsky, Bridgette (2003), Developing Online Games: An Insider's Guide, New Riders, pp. 444, ISBN 978-1-59273-000-1, 1980 [...] Final version of MUD1 completed by Richard Bartle. Essex goes on the ARPANet, resulting in internet MUDs!

3   Presentation by Benjamin Bertram Goldman, Beyond Games Conference in November 2021, https://benjamin.tv/virtual-worlds

4   Richard Bartle: we invented multiplayer games as a political gesture, Keith Stuart, The

Guardian, www.theguardian.com/technology/2014/nov/17/richard-bartle-multiplayer-games-political-gesture,November 17, 2014, visited January 6, 2022

5   Presentation by Benjamin Bertram Goldman, Beyond Games Conference in November 2021, https://benjamin.tv/virtual-worlds

6   Keynote Raph Koster, Still Logged In: What AR and VR Can Learn from MMOs, 2017 Game Developers Conference, www.raphkoster.com/games/presentations/still-logged-in-what-social-vr-and-ar-can-learn-from-mmos

7   Do MUDs still exist?, Board Game Tips, https://boardgamestips.com/wow/do-muds-still-exist/#Do_MUDs_still_exist

8   The Metaverse Explained Part 3: Economics, by Gene Munster & Pat Bocchicchio, Loup, https://loupfunds.com/the-metaverse-explainedpart-3-economics, December 21, 2018, visited January 5, 2022

9   Duan, H., Li, J., Fan, S., Lin, Z., Wu, X., & Cai, W. (2021, October 17). Metaverse for Social Good, Proceedings of the 29th ACM International Conference on Multimedia, https://doi.org/10.1145/3474085.3479238

10   First millionaire in Second Life, Guinness World Records, www.guinnessworldrecords.com/world-records/first-millionaire-in-second-life

11   Taking a Second Look at Second Life, by Jonathan Schneider, ORCA Views, https://qrcaviews.org/2020/11/10/taking-a-second-look-at-second-life, November 10, 2020, visited January 5, 2022

12   Black Rock City 2022, https://burningman.org/event

13   Mark W. Bell, (2008), "Toward a Definition of 'Virtual Worlds,'" Virtual worlds research: Past, Present and Future issue, *Journal of Virtual Worlds Research*, 1(1)

14   Presentation by Benjamin Bertram Goldman, Beyond Games Conference in November 2021, https://benjamin.tv/virtual-worlds

15   Elizabeth Reid (1994), *Cultural Formations in Text-Based Virtual Realities*, (master's thesis), University of Melbourne

16   Keynote Raph Koster, Still Logged In: What AR and VR Can Learn from MMOs, 2017 Game Developers Conference, www.raphkoster.com/games/presentations/still-logged-in-what-social-vr-and-ar-can-learn-from-mmos

17   People Are Already Using Pokemon Go as a Real Estate Selling Point, by Cara Giaimo and Sarah Laskow, Atlas Obscura, www.atlasobscura.com/articles/people-are-already-using-pokemon-go-as-a-real-estate-selling-point, July 12, 2016, visited January 6, 2022

18 Criminals Targeting Victims with the Geo-Located Pokémon Go Game, Reyhan Harmonic, Atlas Obscura, www.atlasobscura.com/articles/criminals-targeting-victims-with-the-geolocated-pokemon-go-game, July 10, 2016, visited January 6, 2022

19 Pokemon Go Turns Man's Home into a 'Gym,' Causing Chaos, by Andrew Griffin, Independent, www.independent.co.uk/life-style/gadgets-and-tech/gaming/pokemon-go-man-s-house-accidentally-turned-into-a-gym-causing-huge-problems-a7129756.html, July 14, 2016, visited January 6, 2022

20 Virtual Pedophilia Report Bad News For Second Life, TechCrunch, https://techcrunch.com/2007/10/30/virtual-pedophilia-report-bad-news-for-second-life, October 31, 2007, visited January 6, 2022

21 Pink penis attack on Second Life chat show, by Paul Kevan, Metro, https://metro.co.uk/2006/12/22/pink-penis-attack-on-second-life-chat-show-3433996, December 22, 2006, visited January 6, 2022

22 My First Virtual Reality Groping, by Jordan Belamire, Athena Talks, https://medium.com/athena-talks/my-first-virtual-reality-sexual-assault-2330410b62ee#.wxqm21s7v, October 21, 2016, visited January 6, 2022

23 Meta opens up access to its VR social platform Horizon Worlds, Alex Heath, The Verge, www.theverge.com/2021/12/9/22825139/meta-horizon-worlds-access-open-metaverse, December 9, 2021, visited January 6, 2022

24 Woman claims she was virtually 'groped' in Meta's VR metaverse, by Hannah Sparks, New York Post, https://nypost.com/2021/12/17/woman-claims-she-was-virtually-groped-in-meta-vr-metaverse, December 17, 2021, visited January 6, 2022

The State of Online Harassment, Pew Research Center, www.pewresearch.org/internet/2021/01/13/the-state-of-online-harassment, January 13, 2021

25 Dealing With Harassment in VR, by Aaron Stanton, UploadVR, https://uploadvr.com/dealing-with-harassment-in-vr, October 25, 2016, visited January 6, 2022

26 Meta opens up access to its VR social platform Horizon Worlds, Alex Heath, The Verge, www.theverge.com/2021/12/9/22825139/meta-horizon-worlds-access-open-metaverse, December 9, 2021, visited January 6, 2022

27 Meta to bring in mandatory distances between virtual reality avatars, by Dan Milmo, The Guardian, www.theguardian.com/technology/2022/feb/04/meta-to-bring-in-mandatory-distances-between-virtual-reality-avatars, February 5, 2022, visited February 9, 2022

28 My First Virtual Reality Groping, by Jordan Belamire, Athena Talks, https://medium.com/

athena-talks/my-first-virtual-reality-sexual-assault-2330410b62ee#.wxqm21s7v, October 21, 2016, visited January 6, 2022

29   Gaming: the new super platform, Accenture, www.accenture.com/us-en/insights/software-platforms/gaming-the-next-super-platform, April 2021

30   Film And Video Global Market Report 2021, The Business Research Group, www.thebusinessresearchcompany.com/report/film-and-video-global-market-report-2020-30-covid-19-impact-and-recovery

31   35% of the total world's population are gamers, by Justinas Baltrusaitis, Finbold, https://finbold.com/35-of-the-total-worlds-population-are-gamers, August 15, 2020, visited January 7, 2022

32   The Metaverse: What It Is, Where to Find It, and Who Will Build It, by Matthew Ball, www.matthewball.vc/all/themetaverse, January 13, 2020, visited January 7, 2022

33   Fortnite earned $9bn in two years, by Tom Phillips, Eurogamer, www.eurogamer.net/articles/2021-05-04-fortnite-earned-usd9bn-in-two-years, May 18, 2021, visited January 7, 2022

34   Fortnite Usage and Revenue Statistics (2021), by Mansoor Iqbal, Business of Apps, www.businessofapps.com/data/fortnite-statistics, November 12, 2021, visited January 7, 2022

35   Minecraft boasts over 141 million monthly active users and other impressive numbers, by Zachary Boddy, Windows Central, www.windowscentral.com/minecraft-live-2021-numbers-update, October 16, 2021, visited January 7, 2022

36   Roblox User and Growth Stats 2022, by Brian Dean, Backlinko, https://backlinko.com/roblox-users, January 5, 2022, visited January 7, 2022

37   Over half of US kids are playing Roblox, and it's about to host Fortnite-esque virtual parties too, by Taylor Lyles, The Verge, www.theverge.com/2020/7/21/21333431/roblox-over-half-of-us-kids-playing-virtual-parties-fortnite, July 21, 2021, visited January 7, 2022

38   The Metaverse: What It Is, Where to Find It, and Who Will Build It, by Matthew Ball, www.matthewball.vc/all/themetaverse, January 13, 2020, visited January 7, 2022

39   What is Roblox? | An In-Depth Guide To Roblox, by Werner Geyser, Influencer Marketing Hub, https://influencermarketinghub.com/what-is-roblox, August 16, 2021, visited January 7, 2022

40   This 21-year-old is paying for college (and more) off an amateur video game he made in high school, by Tom Huddleston Jr., CNBC, www.cnbc.com/2019/09/23/college-student-video-game-creator-made-millions-from-jailbreak.html, March 9, 2021, visited January 7, 2022

41 The Metaverse Overview: From the Past to the Future (Part 2), by LD Capital, https:// ld-capital.medium.com/the-metaverse-overview-from-the-past-to-the-future-part-2-c4e60ce10e00, August 16, 2021, visited January 7, 2022

42 Business models in the blockchain gaming world, by Devin Finzer, https://devinfinzer. com/blockchain-gaming-business-models, December 31, 2018, visited January 7, 2022

43 Beyond Sports, Blocky Nickelodeon NFL Wildcard Game, Beyond Sports, https://vimeo. com/555851612/c8d9a6aaed

44 Nickelodeon aired an NFL game and proved technology can make football way more fun, by Julia Alexander, The Verge, www.theverge.com/2021/1/11/22224770/nickelodon-nfl-wild-card-new-orleans-saints-chicago-bears-spongebob-squarepants-slime, January 11, 2021, visited February 14, 2022

45 How to Explain the 'Metaverse' to Your Grandparents, by Aaron Frank, https://medium. com/@aaronDfrank/how-to-explain-the-metaverse-to-your-grandparents-b6f6a-cae17ed, January 9, 2022, visited February 14, 2022

46 Intel, "Intel True View, Intel in Sports," www.intel.com/content/www/us/en/sports/technology/true-view.html

47 The Ultimate Echo Arena on the Quest Resource Guide, by Sony Haskins, VR FItness Insider, www.vrfitnessinsider.com/the-ultimate-echo-arena-on-the-quest-resource-guide, May 6, 2020, visited January 7, 2022

48 IOC launches Beijing Olympics-themed mobile game with NFTs, by Ryan Browne, CNBC, www.cnbc.com/2022/02/03/ioc-launches-beijing-olympics-themed-mobile-game-with-nfts.html, February 3, 2022, visited February 14, 2022

49 AO releases exclusive NFT's to celebrate iconic moments in history, Australian Open, https://ausopen.com/articles/news/ao-releases-exclusive-nfts-celebrate-iconic-moments-history, Janiuary 17, 2022, visited February 10, 2022

50 AO launches into Metaverse, serves up world-first NFT art collection linked to live match data, Australian Open, https://ausopen.com/articles/news/ao-launches-metaverse-serves-world-first-nft-art-collection-linked-live-match-data, January 11, 2022, visited February 10, 2022

51 10m players attended Fortnite's Marshmello concert, by Tom Phillips, Eurogamer, www. eurogamer.net/articles/2019-02-04-10m-players-attended-fortnites-marshmello-concert, February 4, 2019, visited January 7, 2022

52 Fortnite — Twitter, https://twitter.com/FortniteGame/status/1254817584676929537, April 28, 2020

53 How Hip-Hop Superstar Travis Scott Has Become Corporate America's Brand Whisperer, by Abram Brown, Forbes, www.forbes.com/sites/abrambrown/2020/11/30/how-hip-hop-superstar-travis-scott-has-become-corporate-americas-brand-whisperer/?sh=5477095574e7, November 30, 2020, visited January 7, 2022

54 Travis Scott reportedly grossed roughly $20m for Fortnite concert appearance, by Rebekah Valentine, Games Industry, www.gamesindustry.biz/articles/2020-12-01-travis-scott-reportedly-grossed-roughly-USD20m-for-fortnite-concert-appearance, December 1, 2020, visited January 7, 2022

55 Ivors Academy, "8 out of 10 music creators earn less than £200 a year from streaming," https://ivorsacademy.com/news/8-out-of-10-music-creators-earn-less-than-200-a-year-from-streaming-finds-survey-ahead-of-songwriters-and-artists-giving-evidence-to-a-select-committee-of-mps, December 7, 2020, visited January 7, 2022

56 Music NFTs: A centre-stage investment?, Raphael Sanis, Currency.com, https://currency.com/music-nft, November 9, 2021, visited January 7, 2022

57 Susan Sonnenschein & Michele L. Stites (2021), The Effects of COVID-19 on Young Children's and Their Parents' Activities at Home, Early Education and Development, 32:6, 789-793, DOI: 10.1080/10409289.2021.1953311
Stanford researchers identify four causes for 'Zoom fatigue' and their simple fixes, by Vignesh Ramachandran, Stanford News, https://news.stanford.edu/2021/02/23/four-causes-zoom-fatigue-solutions,February 23, 2021, visited January 8, 2022

58 The Learning Pyramid, The Peak Performance Center, https://thepeakperformancecenter.com/educational-learning/learning/principles-of-learning/learning-pyramid

59 The Experiences of the Metaverse, by Jon Radoff, https://medium.com/building-the-metaverse/the-experiences-of-the-metaverse-2126a7899020, May 28, 2021, visited January 8, 2022

60 Public Policy for the Metaverse: Key Takeaways from the 2021 AR/VR Policy Conference, by Ellysse Dick, ITIF, https://itif.org/publications/2021/11/15/public-policy-metaverse-key-takeaways-2021-arvr-policy-conference, November 15, 2021, visited January 8, 2022

61 Example Use Cases of How to Use Virtual Reality (VR) for Training, www.instavr.co/articles/general/example-use-cases-of-how-to-use-virtual-reality-vr-for-training, visited February 10, 2022

Chapter 5 창의적인 브랜드 마케팅의 세계

1 7 Mad Men Quotes That Applied Both Then and Now, Glad Works, www.gladworks.com/blog/7-mad-men-quotes-applied-both-then-and-now, visited January 9, 2022

2 Warner Music is determined not to make another Napster mistake as it plots A-list concerts in the metaverse, by Marco Quiroz-Gutierrez, Fortune, https://fortune.com/2022/01/27/warner-music-metaverse-theme-park-concerts-sandbox-napster-cardi-b-dua-lipa, January 28, 2022, visited February 14, 2022

3 JPMorgan's Dimon says bitcoin 'is a fraud', by David Henry, Anna Irrera, Reuters, www.reuters.com/article/legal-us-usa-banks-conference-jpmorgan-idUSKCN1BN2PN, September 21, 2017, visted February 18, 2022

4 JPMorgan opens a Decentraland lounge featuring a tiger as the bank seeks to capitalize on $1 trillion revenue opportunity from the metaverse, by Natasha Dailey, Business Insider, https://markets.businessinsider.com/news/currencies/jpmorgan-decentraland-onyx-lounge-metaverse-virtual-real-estate-crypto-dao-2022-2, visited February 16, 2022, visited February 18, 2022
Opportunities in the metaverse, by Christine Moy & Adit Gadgil, J.P. Morgan, www.jpmorgan.com/content/dam/jpm/treasury-services/documents/opportunities-in-the-metaverse.pdf, February 2022

5 Visions for 2020: Key trends shaping the digital marketing landscape, by Jacel Booth, Oracle Advertising Blog, https://blogs.oracle.com/advertising/post/visions-for-2020-key-trends-shaping-the-digital-marketing-landscape, January 18, 2020, visited January 9, 2022

6 Are you ready for the metaverse?, The Customer Experience Column, Circlesquare, https://ezine.moodiedavittreport.com/ezine-301/the-customer-experience-column, visited January 10, 2022

7 Stella Artois Gallops Into The Metaverse With Horse Racing NFTs, by Cathy Hackl, Forbes, www.forbes.com/sites/cathyhackl/2021/06/18/stella-artois-gallops-into-the-metaverse-with-horse-racing-nfts, June 18, 2021, visited, February 14, 2022

8 Interview with Lindsey McInerney, November 29, 2021

9 Virtual-world simulator, United States Patent, Coffey, et al., 2021, https://patft.uspto.gov/netacgi/nph-Parser?Sect1=PTO2&Sect2=HITOFF&u=%2F-netahtml%2FPTO%2Fsearch-adv.htm&r=1&f=G&l=50&d=PTXT&p=1&S1=11210843&OS=11210843&RS=11210843

10 Big Data Meets Walt Disney's Magical Approach, Dr Mark van Rijmenam, The Digital Speaker, www.thedigitalspeaker.com/big-data-meets-walt-disneys-magical-approach, May 21, 2013, visited February 10, 2022

11 Distribution of Roblox games users worldwide as of September 2020, by age, Statista, www.statista.com/statistics/1190869/roblox-games-users-global-distribution-age

12 Wendy's: Keeping Fortnite Fresh by VMLY&R, www.thedrum.com/creative-works/project/vmlyr-wendys-keeping-fortnite-fresh

13 Keeping Fortnite Fresh, Cannes Lions 2019, https://canneslions2019.vmlyrconnect.com/wendys

14 David Robustelli, LinkedIn post, www.linkedin.com/feed/update/urn:li:activity:6884489471849480192, January 16, 2022

15 McDonald's® USA Unveils First-Ever NFT to Celebrate 40th Anniversary of the McRib, https://corporate.mcdonalds.com/corpmcd/en-us/our-stories/article/OurStories.40-anniversary-mcrib.html, Press Release October 28, 2021

16 McDonald's McRib NFT Project Links to Racial Slur Recorded on Blockchain, by Will Gottsegen & Andrew Thurman, www.coindesk.com/business/2021/12/11/mcdonalds-mcrib-nft-project-links-to-racial-slur-recorded-on-blockchain, December 11, 2021, visited January 10, 2022
    Etherscan – Transaction details, https://etherscan.io/tx/0xd3a616c65e94f0a78d77a0ef-0da699e294043c94b3643bc2c718577f2179b1b1

17 Interview with Justin Hochberg, CEO of the Virtual Brand Group, January 11, 2021

18 The brands are at it again —Taco Bell is hopping on the NFT train, by Mitchell Clark, The Verge, www.theverge.com/2021/3/8/22319868/taco-bell-nfts-gif-tacos-sell, March 8, 2021, visited January 11, 2022

19 Coca-Cola NFT Auction on OpensSea Fetches More than $575,000, Coca-Cola Press Release, www.coca-colacompany.com/news/coca-cola-nft-auction-fetches-more-than-575000, 06 August 2021, visited January 11, 2022

20 What fashion week looks like in the metaverse, Maghan McDowell, Vogue Business, www.voguebusiness.com/technology/what-fashionweek-looks-like-in-the-metavere, visited April 16, 2022, published February 1, 2022

21 Metaverse Fashion Week Draws Big Brands, Startups, Ann-Marie Alcantara, The Wall Street Journal, www.wsj.com/articles/metaverse-fashionweek-draws-big-brands-startups-11648166916, visited April 16, 2022, published March 24, 2022

22 Metaverse Fashion Week: The hits and misses, Maghan Mcdowel, Vogue Business, www.

voguebusiness.com/technology/metaverse-fashion-weekthe-hits-and-misses, visited April 16, 2022, published March 29, 2022

23 Mel Slater, et al. (2020), "The Ethics of Realism in Virtual and Augmented Reality," Frontiers in Virtual Reality, 1, 1

24 Rare Bored Ape Yacht Club NFT Sells for Record $3.4 Million, by Rosie Perper, Hypebeast, https://hypebeast.com/2021/10/bored-ape-yacht-club-nft-3-4-million-record-sothebys-metaverse, October 26, 2021, visited January 12, 2022

25 10:22 pm Forms Kingship, The First-Ever Group Consisting of NFT Characters from Bored Ape Yacht Club, Press Release, Universal Music Group, www.universalmusic.com/1022pm-forms-kingship-the-first-ever-group-consisting-of-nft-characters-from-bored-ape-yacht-club, November 11, 2021, visited January 12, 2022

26 Adidas to enter the metaverse with first NFT products, by Rima Sabina Aoef, Dezeen, www.dezeen.com/2021/12/19/adidas-enter-metaverse-first-nft-products-design, December 19, 2021, visited January 12, 2022

27 ADIDAS Has Landed On The Ethereum Metaverse with Sandbox, BAYC, and Coinbase!, by Dennis Weldner, Cryptoticker, https://cryptoticker.io/en/adidas-ethereum-metaverse, November 29, 2021, visited January 12, 2022

28 Truly Immersive Retail Experiences: How Brands Like Nike Are Using Augmented Reality in 2021, by Madeleine Streets, Footwear News, https://footwearnews.com/2021/business/retail/nike-hovercraft-studio-augmented-virtual-reality-experience-1203103817, February 4, 2021, visited January 12, 2022

29 Nike Creates NIKELAND on Roblox, Press Release Nike, https://news.nike.com/news/five-things-to-know-roblox, November 18, 2021, visited January 12, 2022

30 What the metaverse will (and won't) be, according to 28 experts, by Mark Sullivan, Fast Company, www.fastcompany.com/90678442/what-is-the-metaverse, October 26, 2021, visited January 12, 2022

Chapter 6   디지털화를 꿈꾸는 뉴노멀 시대

1 How to Quit Your Job in the Great Post-Pandemic Resignation Boom, by Arianne Cohen, Bloomberg, www.bloomberg.com/news/articles/2021-05-10/quit-your-job-how-to-resign-after-covid-pandemic, May 10, 2021, visited January 14, 2022

2 Pieter Levels, There will be 1 billion digital nomads by 2035, https://levels.io/fu-

ture-of-digital-nomads, October 25, 2015, visited January 14, 2022

3   Jeremy N. Bailenson, (2021), Nonverbal Overload: A Theoretical Argument for the Causes of Zoom Fatigue, Technology, Mind, and Behavior, 2(1), https://doi.org/10.1037/tmb0000030
   Vignesh Ramachandran, (2021), Stanford researchers identify four causes for Zoom fatigue and their simple fixes, Retrieved from Stanford News: https://news. Stanford. edu/2021/02/23/four-causes-zoom-fatigue-solutions

4   *Augmenting Your Career*, by David Shrier, Piatkus, 2021

5   Erik Brynjolfsson & Andrew McAfee, (2011), *Race Against the Machine: How the Digital Revolution is Accelerating Innovation, Driving Productivity, and Irreversibly Transforming Employment and the Economy*, Brynjolfsson and McAfee

6   John Deere's self-driving tractor lets farmers leave the cab — and the field, by James Vincent, The Verge, www.theverge.com/2022/1/4/22866699/john-deere-autonomous-farming-ai-machine-vision-kit, January 4, 2022, visited January 14, 2022

7   TECH TRENDS The rush to deploy robots in China amid the coronavirus outbreak, by Rebecca Fannin, CNBC.com, www.cnbc.com/2020/03/02/the-rush-to-deploy-robots-in-china-amid-the-coronavirus-outbreak.html, March 2, 2020, visited January 14, 2022

8   Welcoming our new robots overlords, by Sheela Kolhatkar, The New Yorker, www.newyorker.com/magazine/2017/10/23/welcoming-our-new-robot-overlords, October 16, 2017, visited January 14, 2022

9   Augmented and Virtual Reality in Operations, Capgemini, www.capgemini.com/wp-content/uploads/2018/09/AR-VR-in-Operations1.pdf, September 2018

10 Farrand, P., Hussain, F., & Hennessy, E., (2002), The efficacy of the mind map study technique, Medical education, 36(5), 426 – 431

11 New Employees, Come to Metaverse!, Hyundai, https://news.hyundaimotorgroup.com/Article/New-Employees-Come-to-Metaverse, August 26, 2021, visited January 15, 2022

12 Big companies thinking out of the box for recruitment, Korea JoongAng Daily, https://koreajoongangdaily.joins.com/2021/09/15/business/industry/metaverse-job-fair-recruitment/20210915180700311.html, September 15, 2021, visited January 15, 2022

13 Looking for a job? You might get hired via the metaverse, experts say, CNBC, www.cnbc.com/2021/11/30/looking-for-a-job-you-might-get-hired-via-the-metaverse-experts-say.html, November 30, 2021, visited January 15, 2022

14 5 Virtual Reality Training Benefits HR Managers Should Know, by Andrew Hughes, eLearning Industry, https://elearningindustry.com/virtual-reality-training-benefits-hr-managers-know-5, March 5, 2019, visited January 15, 2022

15 Cecilie Vapenstad, Erlend Fagertun Hofstad, Thomas Langø, Ronald Marvik, Magdalena Karolina Chmarra, Perceiving haptic feedback in virtual reality simulators, Surg Endosc., 2013 Jul;27(7):2391-7, doi: 10.1007/s00464-012-2745-y, Epub 2013 Jan 26, PMID: 23355154

16 How does a digital twin work?, IBM, www.ibm.com/topics/what-is-a-digital-twin

17 How does a digital twin work?, IBM, www.ibm.com/topics/what-is-a-digital-twin

18 Lik-Hang Lee, et al., (2021), All one needs to know about metaverse: A complete survey on technological singularity, virtual ecosystem, and research agenda, arXiv preprint, https://arxiv.org/abs/2110.05352

19 Digital Twin, Siemens, www.plm.automation.siemens.com/global/en/our-story/glossary/digital-twin/24465, visited February 13, 2022

20 Varjo, "The world's first mixed reality test drive" (case study), https://varjo.com/testimonial/xr-test-drive-with-volvo

21 Varjo, "Case Volvo Cars" with Christian Braun, https://varjo.com/testimonial/volvo-cars-on-varjo-mixed-reality-this-is-the-future-of-creativity

22 Taking Digital Twins for a Test Drive with Tesla, Apple, by Jesse Coors-Blankenship, IndustryWeek, www.industryweek.com/technology-and-iiot/article/21130033/how-digital-twins-are-raising-the-stakes-on-product-development, April 30, 2020, visited February 10, 2022

23 The B1M, "Building a $2BN Skyscraper From Home," *YouTube*, www.youtube.com/watch?v=4lnncgMCLKA, October 7, 2020

24 The B1M, "Why This Korean Stadium Will Be a Game Changer for Football," *YouTube*, www.youtube.com/watch?v=88nWMhURPgc, January 26, 2022, watched, February 14, 2022

25 EXPO 2020 Dubai hosts ISALEX 2.0, the world's first law enforcement exercise in the metaverse, by International Security Alliance Secretariat, PR Newswire, www.prnewswire.com/news-releases/expo-2020-dubai-hosts-isalex-2-0--the-worlds-first-law-enforcement-exercise-in-themetaverse-301508827.html, visited April 16, 2022, published March 23, 2022

26 Interview with Guillaume Alvergnat and Faraz Hashmi, Advisors, International Affairs Bureau, UAE Ministry of Interior, March 25, 2022

27 Why Blockchain is Quickly Becoming the Gold Standard for Supply Chains, by Dr Mark van Rijmenam, Datafloq, https://datafloq.com/read/blockchain-gold-standard-supply-chains, November 22, 2018, visited January 16, 2022

28 Seoul will be the first city government to join the metaverse, by Camille Squires, Quartz, https://qz.com/2086353/seoul-is-developing-a-metaverse-government-platform, November 10, 2021, visited January 16, 2022

29 Working towards a Digital Twin of Earth, ESA, www.esa.int/Applications/Observing_the_Earth/Working_towards_a_Digital_Twin_of_Earth, October 14, 2021, visited January 16, 2022

30 Interview with Richard Kerris, VP of the NVIDIA Omniverse platform, December 15, 2021

31 ESA moves forward with Destination Earth, by European Space Agency, www.esa.int/Applications/Observing_the_Earth/ESA_moves_forward_with_Destination_Earth, October 22, 2021, visited January 16, 2022

32 Edward Castronova, (2008), *Exodus to the Virtual World: How Online Fun Is Changing Reality*, Palgrave Macmillan

33 David J. Chalmers, *Reality+: Virtual Worlds and the Problems of Philosophy*, New York: W. W. Norton, 2022

Virtual reality is reality, too, by Sean Illing, Vox, www.vox.com/vox-conversations-podcast/2022/1/12/22868445/vox-conversations-david-chalmers-the-matrix-reality, January 12, 2022, visited January 16, 2022

Chapter 7 치열한 가상 경제의 흐름

1 Hernando de Soto, "The Power of the Poor," 2009, www.freetochoosenetwork.org/programs/power_poor

2 The Creator Economy Survey by The Influencer Marketing Factory, by Globe Newswire, MarTech Series, https://martechseries.com/social/influencer-marketing/the-creator-economy-survey-by-the-influencer-marketing-factory, September 21, 2021, visited January 21, 2022

3 22 Creator Economy Statistics That Will Blow You Away, by Werner Geyser, Marketing Hub, https://influencermarketinghub.com/creator-economy-stats, May 15, 2021, visited January 21, 2022

4 MetaFi: DeFi for the Metaverse, Outlier Ventures, https://outlierventures.io/wp-content/uploads/2021/12/OV_MetaFi_Thesis_V1B.pdf

5 What Is Lens?, https://docs.lens.dev/docs, visited February 11, 2022 A New Decentralized Social Network for Web3 Is Coming, by Tatiana Kochkareva,BeinCrypto, https://beincrypto.com/a-new-decentralized-social-network-for-web3-is-coming, January 3, 2022, visited February 11, 2022

6 Crypto Crime Trends for 2022: Illicit Transaction Activity Reaches All-Time High in Value, All-Time Low in Share of All Cryptocurrency Activity, Chainalysis, https://blog.chainalysis.com/reports/2022-crypto-crime-report-introduction, January 6, 2022, visited January 21, 2022

7 Criminals Use USD More in Illicit Affairs Than Cryptocurrency Says US Treasury, by Osaemezu Emmanuel, ZyCrypto, https://zycrypto.com/criminals-use-usd-illicit-affairs-cryptocurrency-says-us-treasury, January 3, 2018, visited January 21, 2022

8 The DOJ's $3.6B Bitcoin Seizure Shows How Hard It Is to Launder Crypto, by Andy Greenberg, Wired, www.wired.com/story/bitcoin-seizure-record-doj-crypto-tracing-monero, February 9, 2022, visited February 12, 2022

9 Bitcoin Energy Consumption Index, Alex de Vries, Digiconomist, https://digiconomist.net/bitcoin-energy-consumption, visited February 11, 2022

10 Bitcoin Electronic Waste Monitor, Alex de Vries, Digiconomist, https://digiconomist.net/bitcoin-electronic-waste-monitor,visited February 11, 2022

11 Bitcoin Uses More Electricity Than Many Countries. How Is That Possible?, by Hiroko Tabuchi, Claire O'Neill, & Jon Huang, the New York Times, www.nytimes.com/interactive/2021/09/03/climate/bitcoin-carbon-footprint-electricity.html, September 3, 2021, visited February 11, 2022

12 Coin Market Cap website https://coinmarketcap.com, visited January 21, 2022

13 Mark van Rijmenam, (2019), *The Organisation of Tomorrow: How AI, blockchain, and analytics turn your business into a data organisation*, Routledge

14 Clarifying the path to tokenisation, Dr Mark van Rijmenam in combination with the 2Tokens Foundation, www.thedigitalspeaker.com/clarifying-path-tokenisation, December 18, 2019, visited January 20, 2022

15 How Security Tokens Could Change Liquidity and Transform the World's Economy, by Dr Mark van Rijmenam, The Digital Speaker, www.thedigitalspeaker.com/security-tokens-change-liquidity-economy, February 14, 2019, visited January 20, 2022

16 NFTs: But Is It Art (or a Security)?, by Latham & Watkins LLP, www.fintechandpayments.com/2021/03/nfts-but-is-it-art-or-a-security,March 12, 2021, visited January 20, 2022

17 Most artists are not making money off NFTs, and here are some graphs to prove it, Kimberly

Parker, https://thatkimparker.medium.com/most-artists-are-not-making-money-off-nfts-and-here-are-some-graphs-to-prove-it-c65718d4a1b8, April 20, 2021, visited January 22, 2022

18   Investing in the Art Market: A $1.7 Trillion Asset Class, by Mike Parsons, CAIA Association, https://caia.org/blog/2021/07/22/investing-art-market-17-trillion-asset-class, July 22, 2021, visited January 20, 2022

19   NFTexplained.info, "Where Is an NFT Stored? — A Simple and Comprehensive Breakdown", https://nftexplained.info/where-is-an-nft-stored-a-simple-and-comprehensive-breakdown

20   "My first impressions of web3," Jan 07, 2022, https://moxie.org/2022/01/07/web3-first-impressions.html

21   OpenSea Steps in After NFT Art Theft Raising Questions About Decentralization, by Bob Mason, FX Empire, www.fxempire.com/news/article/opensea-steps-in-after-nft-art-theft-raising-questions-about-decentralization-853408, December 31, 2021, visited January 20, 2022

22   Are your NFTs on the wrong blockchain?, by David Z. Morris, Fortune, https://fortune.com/2021/03/10/are-your-nfts-on-the-wrong-blockchain, March 11, 2021, visited January 20, 2022

23    $300,000 Bored Ape NFT sold for $3,000 because of the misplaced decimal point, by James Vincent, The Verge, www.theverge.com/2021/12/13/22832146/bored-ape-nft-accidentally-sold-300000-fat-finger, December 13, 2021, January 20, 2022

24   Two NFT copycats are fighting over which is the real fake Bored Ape Yacht Club, by Adi Robertson, The Verge, www.theverge.com/2021/12/30/22860010/bored-ape-yacht-club-payc-phayc-copycat-nft, December 30, 2021, January 20, 2022

25   Hermes Sues NFT Creator Over 'MetaBirkin' Sales, by Robert Williams, Business of Fashion, www.businessoffashion.com/news/luxury/hermes-sues-nft-creator-over-metabirkin-sales, January 17, 2022, visited February 14, 2022

26   Marketplace suspends most NFT sales, citing 'rampant' fakes and plagiarism, by Elizabeth Howcroft, Reuters, www.reuters.com/business/finance/nft-marketplace-shuts-citing-rampant-fakes-plagiarism-problem-2022-02-11, February 11, 2022, visited February 13, 2022

27   James Felton, "NFT Group Buys Copy of Dune for €2.66 Million, Believing It Gives Them Copyright," IFL Science, www.iflscience.com/technology/nft-group-buys-copy-of-dune-for-266-million-believing-it-gives-them-copyright, January 2022, visited February 11, 2022

348   메타버스 유토피아

28 @philiprosedale – Twitter, https://twitter.com/philiprosedale/status/1467640781494095877, December 6, 2021

29 taetaehoho and ryanshon.xyz, "Economic Primitives of the Metaverse 2: Mortgages," Blockchain@Colombia, https://blockchain.mirror.xyz/MZmMEDUckY5Vo3QMwZPHcgcSr_FTpg1X025VUad_s9o, December 2, 2021, visited January 21, 2022

30 NFT Real Estate: Why Buying Land in the Metaverse Is Not It, Spatial, https://spatial.io/blog/nft-real-estate-why-buying-land-in-the-metaverse-is-not-it, February 9, 2022, visited February 14, 2022

31 Rabobank website, www.rabobank.com/en/about-rabobank/cooperative/index.html

32 ConstitutionDAO: Paving the Future of Web3, Identity Review, https://identityreview.com/constitutiondao-paving-the-future-of-web3, January 19, 2022, visited January 21, 2022

33 Pieter Bergstrom on LinkedIn, www.linkedin.com/posts/peterbergstrom_blockchain-gaming-economics-play-to-earn-activity-6890574350089637888-TDpx, January 22, 2022

34 How Purpose-Driven Tokenisation Will Enable Innovative Ecosystems, Dr Mark van Rijmenam, The Digital Speaker, www.thedigitalspeaker.com/purpose-driven-tokenisation-innovative-ecosystems, January 29, 2020, visited January 22, 2022

35 Web3 Is Not a Scam, But It Can Feel Like One, by Jeff John Roberts, Decrypt, https://decrypt.co/90480/web-3-nft-game-axie-infinity-hard-to-use, January 16, 2022, visited January 22, 2022

36 3 problems that might hinder Axie Infinity's quest for game immortality, by Derek Lim –Techin Asia, www.techinasia.com/3-problems-hinder-axie-infinitys-quest-game-immortality, August 2, 2021, visited January 22, 2022

37 3 problems that might hinder Axie Infinity's quest for game immortality, by Derek Lim – Tech in Asia, www.techinasia.com/3-problems-hinder-axie-infinitys-quest-game-immortality, August 2, 2021, visited January 22, 2022

38 Play-to-earn crypto games have exploded onto the scene and are shaking up gaming business models. Here's how they work, and where the value comes from for investors, by Shalini Nagarajan, Market Insider, https://markets.businessinsider.com/news/currencies/play-to-earn-crypto-axie-infinity-business-model-gaming-value-2022-1, January 23, 2022, visited February 13, 2022

39 Ubisoft Reveals Plans to Step into Play-to-Earn Gaming, by Robert Hoogendoorn, Dapp Radar, https://dappradar.com/blog/ubisoft-reveals-plans-to-step-into-play-to-earn-gaming, November 1, 2021, visited January 22, 2022

40 Philippines Looks to Tax Hit Blockchain Game Axie Infinity: Report, by Eliza Gkritsi, CoinDesk, www.coindesk.com/markets/2021/08/25/philippines-looks-to-tax-hit-blockchain-game-axie-infinity-report, August 25, 2021, visited January 22, 2022

41 Korea pushes Google, Apple to pull play-to-earn games from stores, by Miguel Cordon, Tech in Asia, www.techinasia.com/korea-pushes-google-apple-pull-playtoearn-games-stores, December 29, 2021, visited January 22, 2022

42 Financial Inclusion on the Rise, But Gaps Remain, Global Findex Database Shows, The World Bank, Press Release, www.worldbank.org/en/news/press-release/2018/04/19/financial-inclusion-on-the-rise-but-gaps-remain-global-findex-database-shows, April 19, 2018, visited January 20, 2022

43 How Decentralised Finance Will Change the World's Economy, by Dr Mark van Rijmenam, The Digital Speaker, www.thedigitalspeaker.com/decentralised-finance-change-world-economy, February 13, 2020, visited January 22, 2022

44 How Decentralised Finance Will Change the World's Economy, Dr Mark van Rijmenam, The Digital Speaker, www.thedigitalspeaker.com/decentralised-finance-change-world-economy, February 13, 2020, visited January 20, 2022

45 @rchen8, "DeFi users over time," Dune Analytics, https://dune.xyz/rchen8/defi-users-over-time, visited January 23, 2022

46 MetaFi: DeFi for the Metaverse, Outlier Ventures, https://outlierventures.io/wp-content/uploads/2021/12/OV_MetaFi_Thesis_V1B.pdf

47 NFT Market Size Statistics and Forecast Report, 2022 – 2031, www.marketdecipher.com/report/nft-market

Chapter 8 디지털리즘의 윤리

1 Cybercrime to Cost The World $10.5 Trillion Annually by 2025, by Steve Morgan, Cybercrime Magazine, https://cybersecurityventures.com/cybercrime-damage-costs-10-trillion-by-2025, November 13, 2020, visited January 24, 2022

2 The Top 25 Economies in the World, by Caleb Silver, Investopedia, www.investopedia.com/insights/worlds-top-economies, February 3, 2022, visited February 17, 2022

3 Trish Novicio, "5 Biggest Industries in the World in 2021," www.insidermonkey.com/blog/5-biggest-industries-in-the-world-in-2021-925230/ 3, March 24, 2021, visited January 24, 2022

4　Statement of Frances Haugen, October 4, 2021, www.commerce.senate.gov/services/files/FC8A558E-824E-4914-BEDB-3A7B1190BD49

5　Mark van Rijmenam, (2019), *The Organisation of Tomorrow: How AI, blockchain, and analytics turn your business into a data organisation*, Routledge

6　Kavya Pearlman, Marco Magnano, Ryan Cameron, Sam Visner, (2021), "Securing the Metaverse, Virtual Worlds Need REAL Governance," Simulation Interoperability Standards Organization, www.academia.edu/66984560/Securing_the_Metaverse_Virtual_Worlds_Need_REAL_Governance

7　Kavya Pearlman, Marco Magnano, Ryan Cameron, Sam Visner, S. (2021), "Securing the Metaverse, Virtual Worlds Need REAL Governance," Simulation Interoperability Standards Organization, www.academia.edu/66984560/Securing_the_Metaverse_Virtual_Worlds_Need_REAL_Governance

8　Hyper-Reality, by Keiichi Matsuda, www.youtube.com/watch?v=YJg02ivYzSs, May 20, 2016, visited February 11, 2022

9　German police used a tracking app to scout crime witnesses. Some fear that's fuel for covid conspiracists, by Rache Pannett, The Washington Post, www.washingtonpost.com/world/2022/01/13/german-covid-contact-tracing-app-luca January 13, 2022, visited January 24, 2022

10　Sheera Frenkel and Kellen Browning, "The Metaverse's Dark Side: Here Come Harassment and Assaults," The New York Times, www.nytimes.com/2021/12/30/technology/metaverse-harassment-assaults.html, December 30, 2021, visited January 24, 2022

11　The Metaverse Has a Sexual Harassment Problem and It's Not Going Away, by Kishalaya Kundu, Screenrant, https://screenrant.com/vr-harassment-sexual-assault-metaverse, December 16, 2021, visited January 25, 2022

12　TikTok Stars Are Being Turned into Deepfake Porn Without Their Consent, by Geordie Gray, RollingStone, https://au.rollingstone.com/culture/culture-features/tiktok-creators-deepfake-pornography-discord-pornhub-18511, October 27, 2020, visited January 24, 2022

13　Mark van Rijmenam, (2014), Think Bigger: Developing a Successful Big Data Strategy for Your Business, AMACOM

14　Peter Casey, Ibrahim Baggili, and Ananya Yarramreddy, "Immersive Virtual Reality Attacks and the Human Joystick," in IEEE Transactions on Dependable and Secure Computing, vol. 18, no. 2, pp. 550 – 562, 1 March-April 2021, doi: 10.1109/TDSC.2019.2907942

15　Found a random NFT in your wallet? Interacting with it could be a big mistake, by Morgan Linton, www.morganlinton.com/found-a-random-nft-in-your-wallet-interactingwith-it-could-be-a-big-mistake, September 21, 2021, visited January 24, 2022

16 Ten richest men double their fortunes in pandemic while incomes of 99 percent of humanity fall, Oxfam International, www.oxfam.org/en/press-releases/ten-richest-men-double-their-fortunes-pandemic-while-incomes-99-percent-humanity, January 17, 2022, visited January 24, 2022

17 Imperva, "Bad Bot Report 2021: The Pandemic of the internet," www.imperva.com/re-sources/resource-library/reports/bad-bot-report

18 Scammers are impersonating MetaMask tech support on Twitter, by Will Gendron, Input, www.inputmag.com/tech/beware-of-scammers-impersonating-metamask-support-on-twitter, January 22, 2022, visited January 24, 2022

19 The Problem of Misinformation, Bad Bots and Online Trolls, Especially during the Coronavirus Crisis, Dr Mark van Rijmenam, The Digital Speaker, www.thedigitalspeaker.com/problem-misinformation-bad-bots-online-trolls-coronavirus, March 19, 2020, visited January 25, 2022

20 Managing the COVID-19 infodemic: Promoting healthy behaviours and mitigating the harm from misinformation and disinformation, WHO, www.who.int/news/item/23-09-2020-managing-the-covid-19-infodemic-promoting-healthy-be-haviours-and-mitigating-the-harm-from-misinformation-and-disinformation, September 23, 2020, visited February 11, 2022

21 Samantha Bradshaw and Philip N. Howard, "Challenging Truth and Trust: A Global Inventory of Organized Social Media Manipulation," Computational Propaganda Research Project, Oxford internet Institute, https://demtech.oii.ox.ac.uk/wp-content/uploads/sites/93/2018/07/ct2018.pdf

22 Brands Are Building Their Own Virtual Influencers. Are Their Posts Legal?, by Jesselyn Cook, Huffington Post, www.huffpost.com/entry/virtual-instagram-influencers-spon-con_n_5e31cbefc5b6328af2ef97fd, January 29, 2020, visited January 24, 2022

23 How Recommendation Algorithms Run the World, by Zeynep Tufekci, Wired, www.wired.com/story/how-recommendation-algorithms-run-the-world, April 22, 2019, visited January 24, 2022

24 AI Experts Want to End 'Black Box' Algorithms in Government, by Tom Simonite, Wired, www.wired.com/story/ai-experts-want-to-end-black-box-algorithms-in-government, October 10, 2017, visited January 24, 2022

25 Algorithms Are Black Boxes, That Is Why We Need Explainable AI, Dr Mark van Rijmenam, The Digital Speaker, www.thedigitalspeaker.com/algorithms-black-boxes-explainable-ai, March 1, 2017, January 24, 2022

26 "I'd Blush If I Could," EQUALS Global Partnership and UNESCO, https://en.unesco.org/Id-blush-if-I-could

27 Amazon scraps secret AI recruiting tool that showed bias against women, by Jeffrey Dastin, Reuters, www.reuters.com/article/us-amazon-com-jobs-automation-insight/amazon-scraps-secret-ai-recruiting-tool-that-showed-bias-against-women-idUSKCN-1MK08G, October 11, 2018, visited January 24, 2022

28 Aviv Weinstein and Michel Lejoyeux (March 2015), "New developments on the neurobiological and pharmaco-genetic mechanisms underlying internet and videogame addiction." The American Journal on Addictions (Review), 24 (2): 117-25. doi:10.1111/ajad.12110. PMID 25864599

29 How Zero-Knowledge Proof Enables Trustless Transactions and Increases Your Privacy, Dr Mark van Rijmenam, The Digital Speaker, www.thedigitalspeaker.com/zero-knowledge-proof-enables-trustless-transactions-increases-privacy, December 20, 2017, visited January 25, 2022

30 Vyjayanti T. Desai, Anna Diofasi, and Jing Lu, "The global identification challenge: Who are the 1 billion people without proof of identity?", The World Bank, https://blogs.worldbank.org/voices/global-identification-challenge-who-are-1-billion-people-without-proof-identity, April 25, 2018, visited January 25, 2022

31 Oasis Consortium, www.oasisconsortium.com/usersafetystandards and interview with Tiffany Xingyu Wang on January 26, 2022

32 Why Data Rights Will Be The New Civil Rights, Dr Mark van Rijmenam, The Digital Speaker, www.thedigitalspeaker.com/why-data-rights-new-civil-rights-the-digital-speaker-series-ep12, June 24, 2021, visited February 11, 2022

33 The Rise of Digitalism: Will the Coronavirus Trigger the End of Liberalism?, Dr Mark van Rijmenam, The Digital Speaker, www.thedigitalspeaker.com/rise-digitalism-coronavirus-trigger-end-liberalism, April 2, 2020, visited January 24, 2022

Chapter 9 메타버스의 미래

1 The Future of Computing: How Brain-Computer Interfaces Will Change Our Relationship with Computers, Dr Mark van Rijmenam, The Digital Speaker, www.thedigitalspeaker.com/brain-computer-interfaces-change-relationship-computers, October 21, 2021,

visited January 26, 2022

2 The Brief History of Brain–Computer Interfaces, Brain Vision UK, www.brainvision.co.uk/ blog/2014/04/the-brief-history-of-brain-computer-interfaces, April 30, 2014, January 26, 2022

3 Scientists Can Now Read Your Thoughts with a Brain Scan, by Avery Thompson, Popular Mechanics, www.popularmechanics.com/science/health/a27102/read-thoughts-with-brain-scan, June 17, 2017, visited January 26, 2022

Scientists 'read dreams' using brain scans, by Rebecca Morelle, BBC, www.bbc.com/ news/science-environment-22031074, April 4, 2013, visited January 26, 2022

Scientists are using MRI scans to reveal the physical makeup of our thoughts and feelings, by Lesley Stahl, CBS News, www.cbsnews.com/news/functional-magnetic-resonance-imaging-computer-analysis-read-thoughts-60-minutes-2019-11-24, November 24, 2019, visited January 26, 2022

4 @elonmusk – Twitter, https://twitter.com/elonmusk/status/1281121339584114691, July 9, 2020

5 Monkey MindPong, by Neuralink, www.youtube.com/watch?v=rsCul1sp4hQ, April 9, 2021

6 How to measure brain activity in people, Queensland Brain Institute, The University of Queensland, https://qbi.uq.edu.au/brain/brain-functions/how-measure-brain-activity-people

7 Sid Kouider interviewed by Marques Browniee, https://youtu.be/MhKiMPiZOdE, April 16, 2021, visited January 26, 2022

8 Dr Mark van Rijmenam, The Future of Computing: How Brain–Computer Interfaces Will Change Our Relationship with Computers, The Digital Speaker, www.thedigitalspeaker. com/brain-computer-interfaces-change-relationship-computers, October 21, 2021, visited February 17, 2022

9 NextMind brings Brain–Computer Interface wearable to IAA Mobility, Business Wire, www.businesswire.com/news/home/20210909005669/en/NextMind-brings-Brain-Computer-Interface-wearable-to-IAA-Mobility, September 21, 2021, visited January 26, 2022

10 The Quest to Make a Digital Replica of Your Brain, by Grace Browne, Wired, www.wired. com/story/the-quest-to-make-a-digital-replica-of-your-brain, February 15, 2022, visited February 17, 2022

11 Gabe Newell says brain-computer interface tech will allow video games far beyond what human 'meat peripherals' can comprehend, by Luke Appleby, 1News, www.1news.

co.nz/2021/01/25/gabe-newell-says-brain-computer-interface-tech-will-allow-video-games-far-beyond-what-human-meat-peripherals-can-comprehen, January 25, 2021, visited January 26, 2022

12 Tobii, Valve & OpenBCI Collaborate on 'Galea' VR Brain-Computer Interface, by Peter Graham, GMW3, www.gmw3.com/2021/02/tobii-valve-openbci-collaborate-on-galea-vr-brain-computer-interface, February 5, 2021, visited January 26, 2022

13 Gabe Newell says brain-computer interface tech will allow video games far beyond what human 'meat peripherals' can comprehend, by Luke Appleby, 1News, www.1news.co.nz/2021/01/25/gabe-newell-says-brain-computer-interface-tech-will-allow-video-games-far-beyond-what-human-meat-peripherals-can-comprehen, January 25, 2021, visited January 26, 2022

14 Valve psychologist explores controlling games directly with your brain, by Dean Takahashi, VentureBeat, https://venturebeat.com/2019/03/24/valve-psychologist-explores-controlling-games-directly-with-your-brain, March 24, 2019, visited January 26, 2022

15 Valve Founder Says Brain-Computer Interfaces Could One Day Replace Our 'Meat Peripherals', by Mike Fahey, Kotaku, https://kotaku.com/valve-founder-says-brain-computer-interfaces-could-one-1846124830, January 25, 2021, visited January 26, 2022

16 Tim Berners-Lee, Re-decentralizing the web: Some strategic questions, 2016. Available from: https://archive.org/details/DWebSummit2016_Keynote_Tim_Berners_Lee

17 The State of Online Harassment, Pew Research Center, www.pewresearch.org/internet/2021/01/13/the-state-of-online-harassment, January 13, 2021, visited January 26, 2022

18 Eminem – Lose Yourself. Album: 8 Mile – Music from and Inspired by the Motion Picture, 2002

19 Douglas Adams, (2002). The Salmon of Doubt: Hitchhiking the Galaxy One Last Time (Vol. 3). Harmony

20 Metaverse Marketing Podcast, EP08 as discussed by Jonathan Glick, www.adweek.com/category/metaverse-marketing-podcast

주   355

KI신서 10987

메타버스 유토피아

1판 1쇄 인쇄 2023년 6월 12일
1판 1쇄 발행 2023년 6월 19일

지은이 마크 반 리메남
옮긴이 김혜린 이주현
펴낸이 김영곤
펴낸곳 ㈜북이십일 21세기북스

콘텐츠개발본부 이사 정지은
정보개발팀장 이리현
정보개발팀 강문형 박종수
출판마케팅영업본부장 민안기
마케팅1팀 배상현 한경화 김신우 강효원
해외기획실 최연순 이윤경
출판영업팀 최명열 김다운 김도연
제작팀 이영민 권경민
디자인 THIS-COVER

출판등록 2000년 5월 6일 제406-2003-061호
주소 (10881) 경기도 파주시 회동길 201 (문발동)
대표전화 031-955-2100 팩스 031-955-2151 이메일 book21@book21.co.kr

(주)북이십일 경계를 허무는 콘텐츠 리더

21세기북스 채널에서 도서 정보와 다양한 영상자료, 이벤트를 만나세요!
페이스북 facebook.com/jiinpill21   포스트 post.naver.com/21c_editors
인스타그램 instagram.com/jiinpill21   홈페이지 www.book21.com
유튜브 youtube.com/book21pub

서울대 가지 않아도 들을 수 있는 명강의! 〈서가명강〉
유튜브, 네이버, 팟캐스트에서 '서가명강'을 검색해보세요!

ⓒ 마크 반 리메남, 2023
ISBN 978-89-509-8514-1 03320